Rudolf Steiner Taschenbücher
aus dem Gesamtwerk

ZU DIESER AUSGABE

«Nach dem Ende des Weltkrieges hielt Rudolf Steiner ... auch in Stuttgart seine umfassenden Vorträge über die Dreigliederung des sozialen Organismus, welche den Inhalt seines Buches ‹Die Kernpunkte der sozialen Frage› bilden. Die darin gegebenen Anregungen ließen damals bei Kommerzienrat Emil Molt den Entschluß reifen, eine Schule zu gründen, die eine Art Keimzelle eines freien Geisteslebens darstellen sollte. Auf seine Bitte übernahm Rudolf Steiner die geistige Leitung dieser Schule und war um ihr Gedeihen unermüdlich besorgt.

Der Eröffnung der Freien Waldorfschule ging ein pädagogischer Kursus voraus, den Rudolf Steiner durch drei Wochen im August und September des Jahres 1919 den ersten Lehrern der Waldorfschule und einer Reihe von Persönlichkeiten, die im Sinne seiner Pädagogik wirken wollten, hielt.

Dieser Kursus umfaßte drei Veranstaltungen. Zunächst wurden vierzehn Vorträge über anthroposophische Menschenkunde als Grundlage einer unserer Zeit und der nächsten Zukunft entsprechenden Pädagogik gehalten.*...

Es schlossen sich Vorträge an, welche die Wirksamkeit der anthroposophischen Menschenkunde in der Handhabung von Methodik und Didaktik in Unterricht und Erziehung offenbarten.**...

Den Vortragsveranstaltungen folgten Besprechungen in seminaristischer Form***, in denen Rudolf Steiner mit den Lehrern die praktische Ausarbeitung bestimmter Unterrichtsgebiete und die Wege zu einer Lösung erzieherischer Probleme erörterte.» (Aus dem Vorwort zur ersten Buchausgabe der Vorträge über «Allgemeine Menschenkunde».)

Die Vorträge wurden frei gesprochen. Eine Durchsicht der Vortragsnachschriften konnte Rudolf Steiner aus zeitlichen Gründen nicht vornehmen. Obwohl die Texte als weitgehend wörtlich anzusehen sind, können Hör- und Übertragungsfehler nicht vollständig ausgeschlossen werden.

---

   * Rudolf Steiner: «Allgemeine Menschenkunde als Grundlage der Pädagogik». Bibl.-Nr. 293. Taschenbuchausgabe tb 617.
  ** Enthalten in vorliegender Ausgabe.
*** Rudolf Steiner: «Erziehungskunst. Seminarbesprechungen und Lehrplanvorträge». Bibl.-Nr. 295. Taschenbuchausgabe tb 639.

Rudolf Steiner

Erziehungskunst
Methodisch-Didaktisches

Ein Vortragskurs, gehalten in Stuttgart
vom 21. August bis 6. September 1919
bei der Begründung der Freien Waldorfschule
(Zweiter Teil)

RUDOLF STEINER VERLAG
DORNACH/SCHWEIZ

Nach vom Vortragenden nicht durchgesehenen Vortragsnachschriften
herausgegeben von der Rudolf Steiner-Nachlaßverwaltung

Ungekürzte Ausgabe nach dem gleichnamigen Band
der Rudolf Steiner Gesamtausgabe
herausgegeben von H. R. Niederhäuser
(Bibliographie-Nr. 294, ISBN 3-7274-2940-2)
6. Auflage, Dornach 1990

Taschenbuchausgabe

1.–10. Tsd. Dornach 1975
11.–20. Tsd. Dornach 1981
21.–30. Tsd. Dornach 1986
31.–35. Tsd. Dornach 1997

Zeichen auf dem Umschlag und Titelblatt von Rudolf Steiner
Alle Rechte bei der Rudolf Steiner-Nachlaßverwaltung, Dornach/Schweiz
© 1997 by Rudolf Steiner-Nachlaßverwaltung, Dornach/Schweiz
Printed in Germany by Clausen & Bosse, Leck

ISBN 3-7274-6180-2

INHALT

Ausführliche Inhaltsangaben siehe Seite 207 ff.

ERSTER VORTRAG, Stuttgart, 21. August 1919 7
Einleitung – Aphoristische Bemerkungen über künstlerische Betätigung,
Rechnen, Lesen und Schreiben

ZWEITER VORTRAG, 22. August 1919 23
Von der Sprache – Von der Verbundenheit des Menschen mit dem Kosmos

DRITTER VORTRAG, 23. August 1919 37
Vom Plastisch-Bildnerischen und vom Musikalisch-Dichterischen

VIERTER VORTRAG, 25. August 1919 52
Die erste Schulstunde – Handgeschicklichkeit, Zeichnen und Malen.
Von den Anfängen der Sprachlehre

FÜNFTER VORTRAG, 26. August 1919 67
Schreiben und Lesen, Rechtschreibung

SECHSTER VORTRAG, 27. August 1919 80
Vom Rhythmus des Lebens und von der rhythmischen Wiederholung
im Unterricht

SIEBENTER VORTRAG, 28. August 1919 95
Der Unterricht im 9. Lebensjahr – Naturgeschichtliches aus dem Tierreich

ACHTER VORTRAG, 29. August 1919 111
Vom Unterricht nach dem 12. Lebensjahre – Geschichte – Physik

NEUNTER VORTRAG, 30. August 1919 124
Vom deutschen Sprachunterricht und von den Fremdsprachen

ZEHNTER VORTRAG, 1. September 1919 136
Gliederung der Lehrfächer und Handhabung des Unterrichts bis zum
9., bis zum 12. und bis zum 14. Lebensjahr

ELFTER VORTRAG, 2. September 1919 150
    Vom Geographieunterricht

ZWÖLFTER VORTRAG, 3. September 1919 161
    Wie alles dasjenige, was das Kind lernt im Laufe seiner Schuljahre, zu-
    letzt so verbreitert werden soll, daß es überall die Fäden hineinzieht ins
    praktische Menschenleben

DREIZEHNTER VORTRAG, 4. September 1919 172
    Über die Gestaltung des Lehrplans

VIERZEHNTER VORTRAG, 5. September 1919 183
    Wie die Moral der Pädagogik in der Didaktik zur Unterrichtspraxis wird

SCHLUSSWORTE, 6. September 1919 193

Hinweise
    Zu dieser Ausgabe 197
    Hinweise zum Text 198
Namenregister 205
Ausführliche Inhaltsangaben 207
Literaturhinweise 213
Rudolf Steiner über die Vortragsnachschriften 215
Übersicht über die Rudolf Steiner Gesamtausgabe 219

ERSTER VORTRAG

Stuttgart, 21. August 1919

Meine lieben Freunde, wir werden trennen müssen die Vorträge, die wir in diesen Kurs einbeziehen wollen, in die allgemein-pädagogischen und in diese mehr speziell methodisch-didaktischen. Auch zu diesen Vorträgen möchte ich eine Art von Einleitung sprechen, denn auch in der eigentlichen Methode, die wir anzuwenden haben, werden wir uns in aller Bescheidenheit unterscheiden müssen von den Methoden, die sich heute aus ganz andern Voraussetzungen herausgebildet haben, als denjenigen, die wir machen müssen. Wahrhaftig nicht deshalb werden sich die Methoden, die wir anwenden, von denjenigen unterscheiden, die bisher eingehalten worden sind, weil wir aus Eigensinn etwas Neues oder Anderes haben wollen, sondern weil wir aus den Aufgaben unseres besonderen Zeitalters werden erkennen sollen, wie eben der Unterricht wird verlaufen müssen für die Menschheit, wenn sie ihren Entwickelungsimpulsen, die ihr einmal von der allgemeinen Weltenordnung vorgeschrieben sind, in der Zukunft wird entsprechen sollen.

Wir werden vor allen Dingen einmal in der Handhabung der Methode uns bewußt sein müssen, daß wir es mit einer Harmonisierung gewissermaßen des oberen Menschen, des Geist-Seelenmenschen, mit dem körperleiblichen Menschen, mit dem unteren Menschen zu tun haben werden. Sie werden ja die Unterrichtsgegenstände nicht so zu verwenden haben, wie sie bisher verwendet worden sind. Sie werden sie gewissermaßen als Mittel zu verwenden haben, um die Seelen- und Körperkräfte des Menschen in der rechten Weise zur Entwickelung zu bringen. Daher wird es sich für Sie nicht handeln um die Überlieferung eines Wissensstoffes als solchen, sondern um die Handhabung dieses Wissensstoffes zur Entwickelung der menschlichen Fähigkeiten. Da werden Sie vor allen Dingen unterscheiden müssen zwischen jenem Wissensstoff, der eigentlich auf Konvention beruht, auf menschlicher Übereinkunft – wenn das auch nicht ganz genau und deutlich gesprochen ist –, und demjenigen Wissensstoff, der auf der Erkenntnis der allgemeinen Menschennatur beruht.

7

Betrachten Sie nur äußerlich, wenn Sie heute dem Kinde Lesen und Schreiben beibringen, wie dieses Lesen und Schreiben eigentlich in der allgemeinen Kultur drinnensteht. Wir lesen, aber die Kunst des Lesens hat sich ja im Laufe der Kulturentwickelung herausgebildet. Die Buchstabenformen, die entstanden sind, die Verbindung der Buchstabenformen untereinander, das alles ist eine auf Konvention beruhende Sache. Indem wir dem Kinde das Lesen in der heutigen Form beibringen, bringen wir ihm etwas bei, was, sobald wir absehen von dem Aufenthalt des Menschen innerhalb einer ganz bestimmten Kultur, für die Menschenwesenheit doch gar keine Bedeutung hat. Wir müssen uns bewußt sein, daß dasjenige, was wir in unserer physischen Kultur ausüben, für die überphysische Menschheit, für die überphysische Welt überhaupt keine unmittelbare Bedeutung hat. Es ist ganz unrichtig, wenn von manchen, namentlich spiritistischen Kreisen geglaubt wird, die Geister schrieben die Menschenschrift, um sie hineinzubringen in die physische Welt. Die Schrift der Menschen ist durch die Tätigkeit, durch die Konvention der Menschen auf dem physischen Plan entstanden. Die Geister haben gar kein Interesse daran, dieser physischen Konvention sich zu fügen. Es ist, auch wenn das Hereinsprechen der Geister richtig ist, eine besondere Übersetzung durch die mediale Tätigkeit des Menschen, es ist nicht etwas, was der Geist unmittelbar selbst ausführt, indem das, was in ihm lebt, in diese Schreibe- oder Leseform hereingeführt wird. Also was Sie dem Kinde beibringen als Lesen und Schreiben, beruht auf Konvention; das ist etwas, was entstanden ist innerhalb des physischen Lebens.

Etwas ganz anderes ist es, wenn Sie dem Kinde Rechnen beibringen. Sie werden fühlen, daß da die Hauptsache nicht liegt in den Zifferformen, sondern in dem, was in den Zifferformen von Wirklichkeit lebt. Und dieses Leben hat schon mehr Bedeutung für die geistige Welt, als was im Lesen und Schreiben lebt. Und wenn wir gar dazu übergehen, gewisse künstlerisch zu nennende Betätigungen dem Kinde beizubringen, dann gehen wir damit in die Sphäre hinein, die durchaus eine ewige Bedeutung hat, die hinaufragt in die Betätigung des Geistig-Seelischen des Menschen. Wir unterrichten im Gebiete des Allerphysischesten, indem wir den Kindern Lesen und Schreiben beibringen;

wir unterrichten schon weniger physisch, wenn wir Rechnen unterrichten, und wir unterrichten eigentlich den Seelengeist oder die Geistseele, indem wir Musikalisches, Zeichnerisches und dergleichen dem Kinde beibringen.

Nun können wir aber im rationell betriebenen Unterricht diese drei Impulse des Überphysischen im Künstlerischen, des Halbüberphysischen im Rechnen und des Ganzphysischen im Lesen und Schreiben miteinander verbinden, und gerade dadurch werden wir die Harmonisierung des Menschen hervorrufen. Denken Sie, wir gehen zum Beispiel – heute ist alles nur Einleitung, wo nur aphoristisch einzelnes vorgebracht werden soll – an das Kind so heran, daß wir sagen: Du hast schon einen Fisch gesehen. Mache dir einmal klar, wie das ausgesehen hat, was du als Fisch gesehen hast. Wenn ich dir dieses hier (siehe Zeichnung links) vormache, so sieht das einem Fisch sehr ähnlich. Was du

als Fisch gesehen hast, sieht etwa so aus, wie das, was du da an der Tafel siehst. Nun denke dir, du sprichst das Wort Fisch aus. Was du sagst, wenn du Fisch sagst, das liegt in diesem Zeichen (siehe Zeichnung links). Jetzt bemühe dich einmal, nicht Fisch zu sagen, sondern nur anzufangen, Fisch zu sagen. – Man bemüht sich nun, dem Kinde beizubringen, daß es nur anfangen soll, Fisch zu sagen: F-f-f-f-. – Sieh einmal, jetzt hast du angefangen, Fisch zu sagen; und nun bedenke, daß die Menschen nach und nach dazugekommen sind, das, was du da siehst, einfacher zu machen (siehe Zeichnung rechts). Indem du anfängst, Fisch zu sagen, F-f-f-f-, drückst du das so aus, indem du es niederschreibst, daß du nun dieses Zeichen machst. Und dieses Zeichen

9

nennen die Menschen f. Du hast also kennengelernt, daß das, was du in dem Fisch aussprichst, beginnt mit dem f – und jetzt schreibst du das auf als f. Du hauchst immer F-f-f- mit deinem Atem, indem du anfängst, Fisch zu schreiben. Du lernst also kennen das Zeichen für das Fischsprechen im Anfange.

Wenn Sie in dieser Weise beginnen, an die Natur des Kindes zu appellieren, so versetzen Sie das Kind richtig zurück in frühere Kulturepochen, denn so ist das Schreiben ursprünglich entstanden. Später ist der Vorgang nur in Konvention übergegangen, so daß wir heute nicht mehr den Zusammenhang erkennen zwischen den abstrakten Buchstabenformen und den Bildern, die rein zeichnerisch hervorgegangen sind aus der Anschauung und aus der Nachahmung der Anschauung. Alle Buchstabenformen sind aus solchen Bildformen entstanden. Und nun denken Sie sich, wenn Sie dem Kinde nur die Konvention beibringen: Du sollst das f so machen! – dann bringen Sie ihm etwas ganz Abgeleitetes bei, herausgehoben aus dem menschlichen Zusammenhang. Dann ist das Schreiben herausgehoben aus dem, woraus es entstanden ist: aus dem Künstlerischen. Und daher müssen wir, wenn wir Schreiben unterrichten, mit dem künstlerischen Zeichnen der Formen, der Laut-Buchstabenformen beginnen, wenn wir so weit zurückgehen wollen, daß das Kind ergriffen wird von dem Unterschiede der Formen. Es genügt nicht, daß wir das dem Kinde bloß mit dem Munde vorsagen, denn das macht die Menschen zu dem, wozu sie heute geworden sind. Indem wir die Schriftform herausheben aus dem, was heute Konvention ist und zeigen, woraus sie hervorgequollen ist, ergreifen wir den ganzen Menschen und machen aus ihm etwas ganz anderes, als wir aus ihm machen würden, wenn wir bloß an sein Erkennen appellieren. Daher dürfen wir nicht bloß in abstracto denken: Wir müssen Kunst lehren im Zeichnen und so weiter, wir müssen Seelisches lehren im Rechnen, und wir müssen auf künstlerische Art Konventionelles lehren im Lesen und Schreiben; wir müssen den ganzen Unterricht durchdringen mit einem künstlerischen Element. Daher werden wir von Anfang an einen großen Wert darauf zu legen haben, daß wir das Künstlerische im Kinde pflegen. Das Künstlerische wirkt ja ganz besonders auf die Willensnatur des Menschen. Dadurch dringen wir zu etwas vor, das mit dem ganzen Menschen zusammenhängt, während das, was mit dem Konventionellen zusammenhängt, nur mit dem Kopfmenschen zu tun hat. Daher werden wir so vorgehen, daß wir jedes Kind etwas Zeichnerisches und etwas Malerisches pflegen lassen. Wir beginnen also mit dem Zeichnerischen und Zeichnerisch-Malerischen in der einfachsten Weise. Aber auch mit Musikalischem beginnen wir, so daß das Kind sich von Anfang an gewöhnt, gleich irgendein Instrument zu handhaben, damit künstlerisches Gefühl in dem Kinde belebt werde. Dann wird es auch Gefühl dafür bekommen, etwas aus dem ganzen Menschen heraus zu fühlen, was sonst nur konventionell ist.

Es wird in der Methodik unsere Aufgabe sein, daß wir immer den ganzen Menschen in Anspruch nehmen. Wir würden das nicht können, wenn wir nicht auf die Ausbildung eines im Menschen veranlagten künstlerischen Gefühls unser Augenmerk richten würden. Damit werden wir auch für später den Menschen geneigt machen, seiner ganzen Wesenheit nach Interesse für die ganze Welt zu gewinnen. Der Grundfehler war bisher immer der, daß sich die Menschen nur mit ihrem Kopfe in die Welt hineingestellt haben; den andern Teil haben sie nur nachgeschleppt. Und die Folge ist, daß sich jetzt die andern Teile nach ihren animalischen Trieben richten, sich emotionell ausleben – wie wir es jetzt an dem erleben, was sich in so merkwürdiger Weise vom Osten Europas her ausbreitet. Das tritt dadurch ein, daß nicht der ganze Mensch gepflegt worden ist. Aber nicht nur, daß das Künstlerische auch gepflegt werden muß, sondern es muß das Ganze des Unterrichts herausgeholt sein aus dem Künstlerischen. Ins Künstlerische muß alle Methodik getaucht werden. Das Erziehen und Unterrichten muß zu einer wirklichen Kunst werden. Das Wissen darf auch da nur zugrunde liegen.

So werden wir herausholen aus dem zeichnerischen Element zuerst die Schreibformen der Buchstaben, dann die Druckformen. Wir werden das Lesen aufbauen auf dem Zeichnen. Sie werden auf diese Weise schon sehen, daß wir damit eine Saite anschlagen, mit der die kindliche Seele sehr gerne mitschwingen wird, weil das Kind dann nicht nur ein äußerliches Interesse hat, weil es zum Beispiel das, was es im Hauch hat, tatsächlich im Lesen und Schreiben zum Ausdruck kommen sieht.

Dann werden wir manches umkehren müssen im Unterricht. Sie werden sehen, daß wir das, was wir heute erreichen wollen im Lesen und Schreiben, natürlich nicht restlos in dieser Weise aufbauen können, wie wir das hier angedeutet haben, sondern wir werden nur die Kräfte erwecken können zu einem solchen Aufbau. Denn würden wir in dem heutigen Leben den ganzen Unterricht so aufbauen wollen, daß wir aus dem Zeichnen herausholen wollten das Lesen und Schreiben, dann würden wir damit die Zeit bis zum 20. Lebensjahr brauchen, wir würden nicht in den Schuljahren damit auskommen. Wir können das also zunächst nur im Prinzip ausführen und müssen dann trotzdem weitergehen, aber im künstlerischen Element verbleiben. Wenn wir also eine Zeitlang in dieser Weise einzelnes herausgehoben haben aus dem ganzen Menschen, dann müssen wir dazu übergehen, dem Kinde begreiflich zu machen, daß nun die großen Menschen, wenn sie diese eigentümlichen Formen vor sich haben, darin einen Sinn entdecken. Indem das weiter ausgebildet wird, was das Kind so an Einzelheiten gelernt hat, gehen wir dazu über – ganz gleichgültig, ob das Kind das einzelne versteht oder nicht versteht –, Sätze aufzuschreiben. In diesen Sätzen wird dann das Kind solche Formen bemerken, wie es sie hier als f am Fisch kennengelernt hat. Es wird dann andere Formen daneben bemerken, die wir jetzt aus Mangel an Zeit nicht herausholen können. Wir werden dann daran gehen, an die Tafel zu zeichnen, wie der einzelne Buchstabe im Druck aussieht, und wir werden eines Tages einen langen Satz an die Tafel schreiben und dem Kinde sagen: Dies haben nun die Großen vor sich, indem sie das alles ausgebildet haben, was wir besprochen haben als das f beim Fisch und so weiter. – Dann werden wir das Kind nachschreiben lehren. Wir werden darauf halten, daß das, was es sieht, ihm in die Hände übergeht, so daß es nicht nur liest mit dem Auge, sondern mit den Händen nachformt, und daß es weiß: alles was es auf der Tafel hat, kann es selbst auch so und so formen. Also es wird nicht lesen lernen, ohne daß es mit der Hand nachformt, was es sieht, auch die Druckbuchstaben. So erreichen wir also das außerordentlich Wichtige, daß nie mit dem bloßen Auge gelesen wird, sondern daß auf geheimnisvolle Weise die Augentätigkeit übergeht in die ganze Gliedertätigkeit des Menschen. Die Kinder fühlen dann unbewußt bis in die Beine hinein dasjenige, was sie sonst nur mit dem Auge überschauen. Das Interesse des ganzen Menschen bei dieser Tätigkeit ist das, was von uns angestrebt werden muß.

Dann gehen wir den umgekehrten Weg: Den Satz, den wir hingeschrieben haben, zergliedern wir, und die andern Buchstabenformen, die wir noch nicht aus ihren Elementen herausgeholt haben, zeigen wir durch Atomisieren der Worte, gehen von dem Ganzen zu dem Einzelnen. Zum Beispiel: hier steht KOPF. Jetzt lernt das Kind zuerst «KOPF» schreiben, malt es einfach nach. Und nun spalten wir das KOPF in K, O, P, F, holen die einzelnen Buchstaben aus dem Worte heraus; wir gehen also von dem Ganzen ins Einzelne.

Dieses Von-dem-Ganzen-ins-Einzelne-Gehen setzen wir überhaupt durch den ganzen Unterricht fort. Wir machen es so, daß wir vielleicht zu einer andern Zeit ein Stück Papier in eine Anzahl von kleinen Papierschnitzeln zerspalten. Wir zählen dann diese Papierschnitzel; sagen wir, es sind 24. Wir sagen dann dem Kinde: Sieh einmal, diese Papierschnitzel bezeichne ich mit dem, was ich da aufgeschrieben habe und nenne es: 24 Papierschnitzel. – Es könnten natürlich auch Bohnen sein. – Jetzt wirst du dir das merken. Nun nehme ich eine Anzahl Papierschnitzel weg, die gebe ich auf ein Häufchen, dort mache ich ein anderes Häufchen, dort ein drittes und hier ein viertes; jetzt habe ich aus den 24 Papierschnitzeln vier Häufchen gemacht. Nun sieh: jetzt zähle ich, das kannst du noch nicht, ich kann es, und das, was da auf dem einen Häufchen liegt, nenne ich 9, was auf dem zweiten liegt, nenne ich 5 Papierschnitzel, was auf dem dritten liegt, nenne ich 7 Papierschnitzel, und was auf dem vierten Häufchen liegt, nenne ich 3 Papierschnitzel. Siehst du, früher hatte ich einen einzigen Haufen: 24 Papierschnitzel; jetzt habe ich vier Häufchen: 9, 5, 7, 3 Papierschnitzel. Das ist ganz dasselbe Papier. Das eine Mal, wenn ich es zusammen habe, nenne ich es 24; jetzt habe ich es in vier Häufchen abgeteilt und nenne es das eine Mal 9, dann 5, dann 7 und dann 3 Papierschnitzel. – Jetzt sage ich: 24 Papierschnitzel sind zusammen 9 und 5 und 7 und 3. – Jetzt habe ich dem Kinde das Addieren gelehrt. Das heißt, ich bin nicht ausgegangen von den einzelnen Addenden und habe dann die Summe herausgebildet; das ist niemals der ursprünglichen

Menschennatur entsprechend – ich verweise dabei auf meine «Erkenntnistheorie der Goetheschen Weltanschauung» –, sondern das Umgekehrte entspricht der Menschennatur: die Summe ist zuerst ins Auge zu fassen, und die ist dann zu spalten in die einzelnen Addenden. So daß wir das Addieren dem Kinde umgekehrt beibringen müssen, als es gewöhnlich gemacht wird: von der Summe ausgehend, zu den Addenden übergehend. Dann wird das Kind den Begriff des «Zusammens» besser begreifen, als wenn wir in der bisherigen Weise das einzelne zusammenklauben. Dadurch werden wir unseren Unterricht von dem bisherigen unterscheiden müssen, daß wir gewissermaßen umgekehrt dem Kinde das beibringen müssen, was Summe ist im Gegensatz zu den Addenden. Dann können wir darauf rechnen, daß ein ganz anderes Verständnis uns entgegengebracht wird, als wenn wir umgekehrt vorgehen. Das Wichtigste daran werden Sie eigentlich erst durch die Praxis durchschauen. Denn Sie werden ein ganz anderes Eingehen in die Sache, eine ganz andere Aufnahmefähigkeit des Kindes bemerken, wenn Sie den gekennzeichneten Weg einschlagen.

Den umgekehrten Weg können Sie dann im weiteren Rechnen durchführen. Sie können sagen: Jetzt werfe ich diese Papierschnitzel alle wieder zusammen; nun nehme ich eine Anzahl davon wieder weg, mache zwei Häufchen, und ich nenne das Häufchen, das mir da abgesondert geblieben ist, 3. Wodurch habe ich diese 3 erhalten? Dadurch, daß ich sie von dem andern weggenommen habe. Wie es noch zusammen war, nannte ich es 24; jetzt habe ich 3 weggenommen und nenne nun das, was da zurückgeblieben ist, 21. – Auf diese Weise gehen Sie über zu dem Begriff des Subtrahierens. Das heißt, Sie gehen wieder nicht aus von Minuend und Subtrahend, sondern von dem Rest, der geblieben ist, und gehen von diesem über zu dem, woraus der Rest entstanden ist. Sie machen auch da den umgekehrten Weg. Und so können Sie es – wie wir in der speziellen Methodik noch sehen werden – über die ganze Kunst des Rechnens ausdehnen, daß sie immer aus dem Ganzen ins Einzelne gehen. In dieser Beziehung werden wir uns schon angewöhnen müssen, einen ganz andern Lehrgang einzuhalten, als wir gewohnt sind. Wir gehen da so vor, daß wir mit der Anschauung – die wir durchaus nicht vernachlässigen dürfen, die aber heute einseitig herausgehoben wird – zugleich das Autoritätsgefühl pflegen. Denn wir sagen ja fortwährend: Das nenne ich 24, das nenne ich 9. – Indem ich in den anthroposophischen Vorträgen hervorhebe: zwischen dem 7. und dem 14. Jahre solle das Autoritätsgefühl gepflegt werden, soll man nicht denken an ein Abrichten zum Autoritätsgefühl, sondern was nötig ist, kann schon hineinfließen in die Methodik des Unterrichtes. Das waltet da wie ein Unterton. Das Kind hört: Aha, das nennt er 9, das nennt er 24 und so weiter. – Es gehorcht von selbst. Durch dieses Hinhören auf den, der diese Methode handhabt, infiltriert sich das Kind mit dem, was dann als das Autoritätsgefühl herauskommen soll. Das ist das Geheimnis. Jedes künstliche Abrichten zum Autoritätsgefühl soll durch das Methodische selbst ausgeschlossen werden.

Dann müssen wir uns ganz klar sein, daß wir immer zusammenwirken lassen wollen: Wollen, Fühlen und Denken. Indem wir so unterrichten, wirken Wollen, Fühlen und Denken schon zusammen. Es handelt sich nur darum, daß wir das Wollen nie durch falsche Mittel in die verkehrte Richtung bringen, sondern daß wir die Erstarkung des Wollens durch künstlerische Mittel richtig zum Ausdruck bringen. Dazu soll von Anfang an malerische, künstlerische Unterweisung dienen und auch musikalische. Wir werden dabei bemerken, daß gerade in der ersten Zeit der zweiten Lebensepoche das Kind für die autoritative Unterweisung durch das Künstlerische am allerempfänglichsten ist und daß wir da am meisten mit ihm erreichen können. Es wird wie von selbst hereinwachsen in das, was wir ihm übertragen wollen, und es wird seine denkbar größte Freude haben, wenn es zeichnerisch oder sogar malerisch dieses oder jenes auf das Papier bringen wird, wobei wir nur absehen müssen von allem bloß äußerlichen Nachahmen. Auch da werden wir uns im Unterrichten erinnern müssen, daß wir gewissermaßen das Kind zurückversetzen müssen in frühere Kulturepochen, aber daß wir nicht so verfahren können wie diese früheren Kulturepochen. Da waren die Menschen eben anders. Sie werden jetzt mit ganz anderem Seelen- und Geistesgestimmtsein das Kind in frühere Kulturepochen zurückversetzen. Daher werden wir im Zeichnen nicht darauf ausgehen, du sollst dieses oder jenes nachahmen, sondern wir werden ihm ursprüngliche Formen im Zeichnen beibringen, werden ihm

15

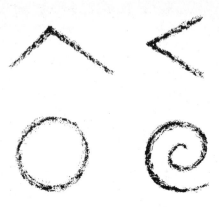

beibringen, einen Winkel so zu machen, einen andern so; wir werden versuchen, ihm den Kreis, die Spirale beizubringen. Wir werden also von den in sich geschlossenen Formen ausgehen, nicht davon, ob die Form dieses oder jenes nachahmt, sondern wir werden sein Interesse an der Form selbst zu erwecken versuchen. – Erinnern Sie sich an den Vortrag, in welchem ich versucht habe, ein Gefühl zu erwecken für die Entstehung des Akanthusblattes. Ich habe darin ausgeführt, daß der Gedanke, man habe dabei das Blatt der Akanthuspflanze nachgeahmt in der Form, wie er in der Legende auftritt, ganz falsch ist, sondern das Akanthusblatt ist einfach entstanden aus einer inneren Formgebung heraus, und man hat nachträglich gefühlt: das sieht der Natur ähnlich. Man hat also nicht die Natur nachgeahmt. – Das werden wir beim zeichnerischen und malerischen Element zu berücksichtigen haben. Dann wird endlich das Furchtbare aufhören, was so sehr die Gemüter der Menschen verwüstet. Wenn ihnen etwas vom Menschen Gebildetes entgegentritt, dann sagen sie: Das ist natürlich, das ist unnatürlich. – Es kommt gar nicht darauf an, das Urteil zu fällen: Dies ist richtig nachgeahmt und so weiter. – Diese Ähnlichkeit mit der Außenwelt muß erst als ein Sekundäres aufleuchten. Was im Menschen leben muß, muß das innere Verwachsensein mit den Formen selbst sein. Also man muß, selbst wenn man eine Nase zeichnet, ein inneres Verwachsensein mit der Nasenform haben, und nachher erst stellt sich die Ähnlichkeit mit der Nase heraus. Das Gefühl für innere Gesetzmäßigkeit wird in der Zeit vom 7. bis zum 14. Jahre nie durch äußerliches Nachahmen erweckt. Denn dessen muß man sich bewußt sein: Was man zwischen dem 7. und dem 14. Jahre entwickeln kann, das kann man später nicht mehr entwickeln. Die Kräfte, die da walten, sterben dann ab; später kann man nur noch ein Surrogat davon haben, wenn nicht gerade eine solche Umgestaltung des Menschen zustande kommt, die man eine Einweihung nennt, natürlich oder unnatürlich.

Ich werde jetzt etwas Außergewöhnliches sagen, aber wir müssen auf die Prinzipien der Menschennatur zurückgehen, wenn wir heute im richtigen Sinne Unterrichter sein wollen. Es gibt Ausnahmefälle, wo im späteren Lebensalter der Mensch noch etwas nachholen kann. Dann muß er aber durch eine schwere Krankheit durchgegangen sein, oder er muß sonstwie Deformationen erlitten haben, muß etwa ein Bein gebrochen haben, das dann nicht mehr richtig eingerenkt ist, muß also eine gewisse Loslösung des ätherischen Leibes vom physischen Leibe erlitten haben. Das ist natürlich eine gefährliche Sache. Wenn sie durch das Karma eintritt, muß man sie hinnehmen. Aber man kann nicht damit rechnen und eine gewisse Vorschrift geben für das öffentliche Leben, daß einer etwas Versäumtes auf diese Weise nachholen könnte – von andern Dingen gar nicht zu sprechen. Es ist die Entwickelung des Menschen eine geheimnisvolle Sache, und was durch Unterricht und Erziehung angestrebt werden soll, darf nie mit dem Abnormen rechnen, sondern muß immer mit dem Normalen rechnen. Daher ist das Unterrichten immer eine soziale Sache. Daher muß immer damit gerechnet werden: In welches Lebensalter muß die Ausbildung gewisser Kräfte hineinfallen, damit diese Ausbildung den Menschen in der richtigen Art ins Leben hineinstellen kann? Wir müssen also damit rechnen, daß gewisse Fähigkeiten nur zwischen dem 7. und dem 14. Lebensjahre des Menschen so entwickelt werden können, daß der Mensch später den Lebenskampf bestehen kann. Würde man diese Fähigkeiten in dieser Zeit nicht ausbilden, so würden die Menschen später dem Lebenskampf nicht gewachsen sein, sondern ihm unterliegen müssen, was heute bei den meisten Menschen der Fall ist.

Diese Art, künstlerisch sich ins Weltengetriebe zu stellen, die ist es, welche wir als Erzieher dem Kinde angedeihen lassen müssen. Da werden wir bemerken, daß die Natur des Menschen so ist, daß er gewissermaßen als Musiker geboren ist. Würden die Menschen die richtige Leichtigkeit dazu haben, so würden sie mit allen kleinen Kindern tanzen, würden sich mit allen kleinen Kindern irgendwie bewegen. Der Mensch wird in die Welt so hereingeboren, daß er seine eigene Leiblichkeit in musikalischen Rhythmus, in musikalischen Zusammenhang mit der Welt bringen will, und am meisten ist diese innere musikalische Fähigkeit zwischen dem 3. und dem 4. Lebensjahre bei den Kindern vorhanden. Ungeheuer viel könnten Eltern tun, wenn sie dieses bemerkten und dann weniger an das äußere musikalische Gestimmtsein anknüpften, sondern an das Bestimmtsein des eigenen Leibes, an das Tänzerische. Und gerade in diesem Lebensalter könnte man durch das Durchdringen des Kinderleibes mit elementarer Eurythmie unendlich viel erreichen. Wenn die Eltern lernen würden, sich eurythmisch mit dem Kinde zu beschäftigen, so würde etwas ganz anderes in den Kindern entstehen, als es sonst der Fall ist. Sie würden eine gewisse Schwere, die in den Gliedern lebt, überwinden. Alle Menschen haben heute eine solche Schwere in ihren Gliedern; die würde überwunden werden. Und was dann übrigbliebe, wenn es zum Zahnwechsel kommt, das ist die Veranlagung für das gesamte Musikalische. Die einzelnen Sinne, das musikalisch gestimmte Ohr, das plastisch gestimmte Auge entstehen erst aus diesem Musikalischen; das ist eine Spezifizierung des ganzen musikalischen Menschen, was man das musikalische Ohr oder das zeichnerisch-plastische Auge nennt. Daher wird man den Gedanken durchaus hegen müssen, daß man gewissermaßen das, was im ganzen Menschen veranlagt ist, in den oberen Menschen, in den Nerven-Sinnesmenschen hineinnimmt, indem man zum Künstlerischen geht. Sie tragen die Empfindung in das Intellektuelle hinauf, indem Sie entweder des Mittels des Musikalischen oder des Mittels des Zeichnerisch-Plastischen sich bedienen. Das muß in der richtigen Weise geschehen. Heute schwimmt alles durcheinander, insbesondere wenn das Künstlerische gepflegt wird. Wir zeichnen mit der Hand und wir plastizieren auch mit der Hand – und dennoch ist beides völlig verschieden. Das kann insbesondere dann zum Ausdruck kommen, wenn wir Kinder in das Künstlerische hineinbringen. Wir müssen, wenn wir Kinder ins Plastische hineinbringen, möglichst darauf sehen, daß sie die Formen des Plastischen mit der Hand verfolgen. Indem das Kind sein eigenes Formen fühlt, indem es die Hand bewegt und zeichnerisch irgend etwas macht, können wir es dahin bringen, daß es mit dem Auge, aber mit dem durch das Auge gehenden Willen die Formen verfolgt. Es ist durchaus nicht etwas die Naivität des Kindes Verletzendes, wenn wir das Kind anweisen, selbst mit der hohlen Hand die Körperformen nachzufühlen, wenn wir es aufmerksam machen auf das Auge, indem es die Wendungen des Kreises zum Beispiel verfolgt, und ihm sagen: Du machst ja selbst mit deinem Auge einen Kreis. Das ist nicht eine Verletzung der Naivität des Kindes, sondern es ist ein Inanspruchnehmen des Interesses des ganzen Menschen. Daher müssen wir uns bewußt sein, daß wir das Untere des Menschen hinauftragen in das Obere, in das Nerven-Sinneswesen.

So werden wir ein gewisses methodisches Grundgefühl gewinnen, das wir in uns ausbilden müssen als Erzieher und Unterrichter und das wir auf niemanden so unmittelbar übertragen können. Denken Sie, wir haben einen Menschen, den wir zu unterrichten und zu erziehen haben, also ein Kind vor uns. Heute verschwindet in der Erziehung ganz die Anschauung des werdenden Menschen, es geht alles durcheinander. Wir müssen uns aber angewöhnen, in der Anschauung dieses Kindes zu differenzieren. Wir müssen gewissermaßen das, was wir unterrichtend und erziehend tun, begleiten mit inneren Empfindungen, mit inneren Gefühlen, auch mit inneren Willensregungen, die gewissermaßen in einer unteren Oktave nur mitklingen, die nicht ausgeführt werden. Wir müssen uns bewußt werden: In dem werdenden Kinde entwickeln sich nach und nach das Ich und der astralische Leib; durch die Vererbung steht schon da der ätherische Leib und der physische Leib. Jetzt ist es gut, daß wir uns denken: Der physische Leib und der ätherische Leib sind etwas, was immer besonders gepflegt wird von dem Kopfe nach unten. Der Kopf strahlt aus, was den physischen Menschen eigentlich schafft. Machen wir die richtigen Erziehungs- und Unterrichtsprozeduren mit dem Kopfe, dann dienen wir der

19

Wachstumsorganisation am besten. Unterrichten wir das Kind so, daß wir aus dem ganzen Menschen das Kopfelement herausholen, dann geht das Richtige vom Kopfe in seine Glieder über: Der Mensch wächst besser, er lernt besser gehen und so weiter. Und so können wir sagen: Es strömt nach unten in das Physische und das Ätherische, wenn wir in sachgemäßer Weise alles, was sich auf den oberen Menschen bezieht, ausbilden. Haben wir das Gefühl, indem wir in mehr intellektueller Weise Lesen und Schreiben ausbilden, daß das Kind uns entgegenkommt, indem es das aufnimmt, was wir ihm beibringen, so werden wir das vom Kopfe aus in den übrigen Leib hineinschicken. Ich und astralischer Leib wird aber von unten herauf ausgebildet, wenn der ganze Mensch in die Erziehung hineingestellt wird. Ein kräftiges Ichgefühl würde zum Beispiel dann entstehen, wenn man zwischen dem 3. und 4. Lebensjahre elementare Eurythmie an das Kind heranbringen würde. Dann würde der Mensch davon in Anspruch genommen, und es würde ein rechtes Ichgefühl hineinstoßen in sein Wesen. Und wenn er viel erzählt bekommt, woran er sich freut oder auch woran er Schmerzen hat, dann bildet das von dem unteren Menschen aus den astralischen Leib aus. Bitte, reflektieren Sie da einmal auf Ihre eigenen Erlebnisse etwas intimer. Ich glaube, Sie werden alle eine Erfahrung gemacht haben: Wenn Sie auf der Straße gegangen sind und durch irgend etwas erschrocken sind, dann sind Sie nicht nur mit dem Kopfe und mit dem Herzen erschrocken, sondern dann sind Sie auch mit den Gliedern erschrocken und haben in ihnen den Schreck nachgefühlt. Daraus werden Sie den Schluß ziehen können, daß die Hingabe an etwas, was Gefühle und Affekte auslöst, den ganzen Menschen ergreift, nicht bloß Herz und Kopf.

Das ist eine Wahrheit, die der Erziehende und Unterrichtende ganz besonders ins Auge fassen muß. Er muß darauf sehen, daß der ganze Mensch ergriffen werden muß. Daher denken Sie von diesem Gesichtspunkte aus ans Legenden- und Märchenerzählen, und haben Sie ein richtiges Gefühl dafür, so daß Sie aus Ihrer eigenen Stimmung heraus dem Kinde Märchen erzählen, dann werden Sie so erzählen, daß das Kind etwas nachfühlt an dem Erzählten im ganzen Leibe. Sie wenden sich dann wirklich dabei an den astralischen Leib des Kindes. Von dem astralischen Leib strahlt etwas herauf in den Kopf, was das Kind dort erfühlen soll. Man muß das Gefühl haben, das ganze Kind zu ergreifen und daß erst aus den Gefühlen, aus den Affekten, die man erregt, das Verständnis für das Erzählte kommen müsse. Betrachten Sie es daher als ein Ideal, daß Sie, wenn Sie dem Kinde Märchen oder Legenden erzählen, oder wenn Sie mit ihm Malerisches, Zeichnerisches treiben, daß Sie dann nicht erklären, daß Sie nicht begriffsmäßig wirken, sondern den ganzen Menschen ergreifen lassen, und daß dann das Kind von Ihnen weggeht und erst nachher von sich selbst aus zum Verstehen der Dinge kommt. Versuchen Sie also, das Ich und den astralischen Leib von unten herauf zu erziehen, so daß dann Kopf und Herz erst nachkommen. Versuchen Sie nie so zu erzählen, daß Sie auf Kopf und Verstand reflektieren, sondern so zu erzählen, daß Sie in dem Kinde gewisse stille Schauer – in gewissen Grenzen – hervorrufen, daß Sie den ganzen Menschen ergreifende Lüste oder Unlüste hervorrufen, daß dies noch nachklingt, wenn das Kind weggegangen ist und daß es dann zu dem Verständnisse davon und zu dem Interesse daran erst übergeht. Versuchen Sie zu wirken durch Ihr ganzes Verbundensein mit den Kindern. Versuchen Sie nicht künstlich das Interesse zu erregen, indem Sie auf die Sensationen rechnen, sondern versuchen Sie dadurch, daß Sie eine innere Verbindung zu den Kindern herstellen, das Interesse aus der eigenen Wesenheit des Kindes entstehen zu lassen.

Wie kann man das mit einer ganzen Klasse machen? Mit einem einzelnen Kinde geht es verhältnismäßig leicht. Man braucht es nur gern zu haben, braucht nur das, was man mit ihm ausübt, in Liebe mit ihm zu vollbringen, dann ergreift es den ganzen Menschen, nicht bloß Herz und Kopf. Bei einer ganzen Klasse ist es nicht schwieriger, wenn man selbst von den Dingen ergriffen ist, wenn man nicht selbst bloß im Herzen und Kopfe ergriffen ist. Nehmen Sie das einfache Beispiel: Das Weiterleben der Seele nach dem Tode will ich dem Kinde klarmachen. Ich mache es dem Kinde nie klar, sondern täusche mir nur darüber etwas vor, indem ich ihm darüber Theorien beibringe. Keine Art von Begriff kann dem Kinde vor dem 14. Lebensjahre etwas beibringen über die Unsterblichkeit. Aber ich kann ihm sagen: Sieh dir einmal diese Schmetterlingspuppe an. Da ist nichts drinnen. Da war der

Schmetterling drinnen, aber der ist herausgekrochen. – Ich kann ihm auch den Vorgang zeigen, und es ist gut, solche Metamorphosen dem Kinde vorzuführen. Ich kann nun den Vergleich ziehen: Denke dir, du bist jetzt selbst eine solche Puppe. Deine Seele ist in dir, die dringt später heraus, wird dann so herausdringen wie der Schmetterling aus der Puppe. – Das ist allerdings naiv gesprochen. Nun können Sie lange darüber reden. Wenn Sie aber nicht selbst daran glauben, daß der Schmetterling die Seele des Menschen darstellt, so werden Sie beim Kinde nicht viel mit einem solchen Vergleich erreichen. Sie werden auch nicht jene reine Unwahrheit hineinbringen dürfen, daß Sie die Sache nur als einen menschlich gemachten Vergleich ansehen. Es ist kein solcher Vergleich, sondern es ist eine von der göttlichen Weltenordnung hingestellte Tatsache. Die beiden Dinge sind nicht durch unseren Intellekt gemacht. Und wenn wir uns den Dingen gegenüber richtig verhalten, so lernen wir glauben an die Tatsache, daß die Natur überall Vergleiche für das Geistig-Seelische hat. Wenn wir eins werden mit dem, was wir dem Kinde beibringen, dann ergreift unser Wirken das ganze Kind. Das Nicht-mehr-mit-dem-Kinde-fühlen-Können, sondern glauben an das Nur-Umsetzen in irgendeine Ratio, an die wir selber nicht glauben, das macht es, daß wir dem Kinde so wenig beibringen. Wir müssen mit unserer eigenen Auffassung so zu den Tatsachen stehen, daß wir zum Beispiel mit dem Auskriechen des Schmetterlings aus der Puppe nicht ein willkürliches Bild, sondern ein von uns begriffenes und geglaubtes, von den göttlichen Weltenmächten gesetztes Beispiel in die Kinderseele hineinbringen. Das Kind muß nicht von Ohr zu Ohr, sondern von Seele zu Seele verstehen. Wenn Sie das beachten, werden Sie damit weiterkommen.

ZWEITER VORTRAG

Stuttgart, 22. August 1919

Wir werden solche Dinge, wie wir sie gestern angedeutet haben, nunmehr nach und nach aufzubauen haben. Sie werden ja wohl aus dem gestern Vorgebrachten gesehen haben, daß auch im ganz Speziellen des Unterrichtes vieles wird umzuwandeln und zu erneuern sein.

Nun denken Sie ein wenig zurück an das, was ich gerade eben in der vorhergehenden Stunde vorgebracht habe. Sie können eigentlich, wenn Sie dieses eben Vorgebrachte ins Auge fassen, den Menschen auffassen als ein Wesen, das drei Herde in sich trägt, in denen überall Sympathie und Antipathie sich begegnen. So können wir also sagen, im Kopfe schon begegnen sich Antipathie und Sympathie. Wir können einfach schematisch sagen: Nehmen wir an, an einer bestimmten Stelle des Kopfes sei das Nervensystem zum ersten Mal unterbrochen, die Sinneswahrnehmungen dringen ein, die Antipathie vom Menschen aus begegnet ihnen. Bei einer solchen Gelegenheit sehen Sie, daß Sie jedes einzelne System wieder in dem ganzen Menschen denken müssen, denn die Sinnestätigkeit als solche ist eigentlich eine feine Gliedmaßentätigkeit, so daß in der Sinnessphäre zunächst Sympathie waltet und vom Nervensystem hinaus die Antipathie geschickt wird. Wenn Sie also das Sehen sich vorstellen, so entwickelt sich im Auge selbst eine Art Sympathie – die Blutgefäße des Auges; die Antipathie durchstrahlt diese Sympathie – das Nervensystem des Auges. Dadurch kommt das Sehen zustande.

Aber eine zweite, für uns jetzt wichtigere Begegnung zwischen Sympathie und Antipathie liegt dann in der Mitte des Menschen. Da begegnen sich wieder Sympathie und Antipathie, so daß wir in dem mittleren System des Menschen, im Brustsystem, auch Begegnung von Sympathie und Antipathie haben. Dabei ist nun wieder der ganze Mensch tätig, denn während sich in uns Sympathie und Antipathie begegnen in der Brust, sind wir uns dessen bewußt. Sie wissen aber auch, daß sich dieses Begegnen dadurch ausdrückt, daß wir, sagen wir, nach einem Eindruck rasch eine Reflexbewegung ausführen, wobei wir nicht viel

23

nachdenken, sondern wo wir irgend etwas, was uns mit Gefahr bedroht, rasch zurückstoßen, einfach instinktiv. Solche mehr unterbewußte Reflexbewegungen spiegeln sich dann auch im Gehirn, in der Seele, und dadurch bekommt das Ganze wieder eine Art von Bildcharakter. Wir begleiten in Bildern das, was sich in unserer Brustorganisation als Begegnung zwischen Sympathie und Antipathie abspielt. Dadurch erkennen wir dann nicht mehr so recht, daß das auf Begegnung von Sympathie und Antipathie beruht. Aber in der Brust geht etwas vor sich, das mit dem ganzen Leben des Menschen außerordentlich stark zusammenhängt. Eine Begegnung von Sympathie und Antipathie geht vor sich, die mit unserem äußeren Leben außerordentlich bedeutungsvoll zusammenhängt.

Wir entwickeln eine gewisse Tätigkeit im ganzen Menschen, die als Sympathie wirkt, die eine Sympathietätigkeit ist. Und wir lassen diese Sympathiebetätigung in unserem Brustmenschen mit einer kosmischen Antipathietätigkeit fortwährend durcheinanderspielen. Der Ausdruck dieser sympathischen und antipathischen Betätigungen, die sich begegnen, ist das menschliche Sprechen. Und ein deutliches Begleiten dieses Sich-Begegnens von Sympathie und Antipathie in der Brust durch das Gehirn ist das Verstehen des Sprechens. Wir verfolgen verstehend das Sprechen. Beim Sprechen ist im Grunde genommen eine Tätigkeit vorhanden, die sich in der Brust vollzieht und eine parallel gehende Tätigkeit, die sich im Haupte vollzieht; nur daß in der Brust diese Tätigkeit viel realer ist; im Haupte ist sie abgeschwächt zum Bilde. Sie haben, indem Sie sprechen, in der Tat fortwährend die Brusttätigkeit und begleiten sie zu gleicher Zeit mit dem Bilde davon, mit der Hauptestätigkeit. Sie werden dadurch leicht einsehen, daß das Sprechen im Grunde genommen auf einem fortwährenden Rhythmus von Sympathie- und Antipathiewirkungen beruht, wie das Fühlen. Die Sprache ist auch zunächst verankert im Fühlen. Und daß wir für die Sprache den mit dem Gedanken zusammenfallenden Inhalt haben, rührt davon her, daß wir den Gefühlsinhalt begleiten mit dem Erkenntnisinhalt, mit dem Vorstellungsinhalt. Verstehen wird man die Sprache aber nur dann, wenn man sie zunächst wirklich auffaßt als verankert im menschlichen Gefühl.

Nun ist tatsächlich die Sprache zwiefach verankert im menschlichen Fühlen. Einmal in alledem, was der Mensch aus seinem Fühlen heraus der Welt entgegenbringt. Was bringt der Mensch durch sein Gefühl der Welt entgegen? Nehmen wir ein deutliches Gefühl, eine deutliche Gefühlsnuance, zum Beispiel das Staunen, Erstaunen. Solange wir im Menschen, in diesem Mikrokosmos bleiben seelisch, haben wir es mit dem Staunen, Erstaunen zu tun. Kommen wir in die Lage, die kosmische Beziehung, das kosmische Verhältnis herzustellen, das verbunden sein kann mit dieser Gefühlsnuance des Erstaunens, dann wird Erstaunen zum «O». Der Laut «O» ist im Grunde genommen nichts anderes als das Wirken des Atmens in uns, so daß dieses Atmen ergriffen wird im Inneren vom Staunen, vom Erstaunen. Sie können daher das «O» auffassen als den Ausdruck des Staunens, Erstaunens.

Die äußere Betrachtungsweise der Welt hat in den letzten Zeiten die Sprache immer auch an Äußerliches angegliedert. Man hat sich gefragt: Woher kommen die Zusammenhänge zwischen den Lauten und dem, was die Laute bedeuten? Man ist nicht darauf gekommen, daß alle Dinge der Welt auf den Menschen einen Gefühlseindruck machen. Irgendwie wirkt jedes einzelne Ding auf das menschliche Gefühl, wenn auch oftmals ganz leise, so daß es halb unbewußt bleibt. Aber wir werden nie ein Ding vor uns haben, das wir mit einem Worte bezeichnen, in dem der Laut «O» ist, wenn wir nicht irgendwie vor diesem Dinge ins Staunen kommen, wenn auch dieses Staunen sehr leise ist. Sagen Sie Ofen, so sagen Sie deshalb ein Wort, das ein «O» enthält, weil in Ofen irgend etwas liegt, was ein leises Staunen in Ihnen zum Ausdruck bringt. Es ist die Sprache in dieser Weise in dem menschlichen Gefühl begründet. Sie stehen zur ganzen Welt in Gefühlsbeziehung und geben der ganzen Welt solche Laute, welche die Gefühlsbeziehung in irgendeiner Weise zum Ausdruck bringen.

Diese Dinge hat man eben gewöhnlich sehr äußerlich genommen. Man glaubte, man ahmt in der Sprache nach, wie das Tier bellt oder brummt. Danach hat man eine Theorie ausgebildet, die berühmte linguistische «Wauwau-Theorie», nach der alles nachgeahmt wird. Diese Theorien haben das Gefährliche, daß sie Viertelswahrheiten sind. Indem ich den Hund nachahme und Wauwau sage – darin liegt die

25

Nuance, die im «au» zum Ausdruck kommt –, versetze ich mich damit in seinen Seelenzustand. Nicht im Sinne dieser Theorie, sondern auf dem Umwege durch die Versetzung in den Seelenzustand des Hundes wird der Laut gebildet. – Eine andere Theorie ist die, welche glaubt, daß jeder Gegenstand in der Welt einen Ton in sich hat, so wie zum Beispiel die Glocke ihren Ton in sich hat. Auf Grund dieser Auffassung hat sich dann die sogenannte «Bimbam-Theorie» herausgebildet. Diese beiden Theorien, die Wauwau-Theorie und die Bimbam-Theorie gibt es. Den Menschen verstehen kann man aber nur, wenn man sich darauf einläßt, daß die Sprache der Ausdruck für die Gefühlswelt, für die Gefühlsbeziehungen ist, die wir zu den Dingen entwickeln.

Eine andere Nuance den Dingen gegenüber ist diejenige Gefühlsnuance, die wir dem Leeren oder auch dem Schwarzen, das ja mit dem Leeren verwandt ist, gegenüber haben, oder alledem gegenüber haben, das mit dem Schwarzen verwandt ist: es ist die Furchtnuance, die Angstnuance. Sie drückt sich aus durch das «U». Dem Vollen gegenüber, dem Weißen, Hellen und alledem gegenüber, das mit dem Hellen oder Weißen verwandt ist, auch dem Klange gegenüber, der mit dem Hellen verwandt ist, haben wir die Gefühlsnuance der Bewunderung, der Verehrung: das «A». Haben wir das Gefühl, daß wir einen äußeren Eindruck abzuwehren haben, gewissermaßen uns wegwenden müssen von ihm, um uns selbst zu schützen, haben wir also das Gefühl des Widerstandleistens, dann drückt sich das aus in dem «E». Und haben wir wieder das entgegengesetzte Gefühl des Hinweisens, des Näherns, des Einswerdens, dann drückt sich das aus in dem «I».

Damit haben wir – auf alles einzelne wollen wir dann später noch eingehen, ebenso auch auf die Diphthonge – die wichtigsten Selbstlaute, wobei nur noch ein Selbstlaut in Betracht käme, der in den europäischen Gegenden weniger vorhanden ist und der ein Stärkeres ausdrückt als alle die andern. Wenn Sie den Versuch machen, einen Selbstlaut dadurch herauszubekommen, daß Sie einen Laut haben, in welchem eigentlich A, O und U anklingen, dann bedeutet das ein zwar zuerst Furchthaben, aber in das zuerst Gefürchtete sich trotzdem Hineinversetzen. Es ist die höchste Ehrfurcht, die durch diesen Laut zum Ausdruck kommen würde. Der Laut ist ja besonders in den orientalischen Sprachen ein sehr gebräuchlicher, aber er beweist auch, daß die Orientalen Menschen sind, die viel Ehrfurcht entwickeln können, während er in den abendländischen Sprachen weggeblieben ist, weil dort Menschen sind, denen die Ehrfurcht überhaupt nicht zur Seele steht.

Damit haben wir ein Bild gewonnen von dem, was als innere Seelenregung zum Ausdruck kommt in den Selbstlauten. Alle Selbstlaute drücken innere Seelenregungen aus, die in Sympathie zu den Dingen sich ausleben. Denn selbst wenn wir Furcht vor einem Dinge haben, so beruht diese Furcht auf irgendeiner geheimen Sympathie. Wir würden diese Furcht gar nicht haben, wenn wir zu diesem Dinge nicht eine geheime Sympathie hätten. Bei der Beobachtung von diesen Dingen müssen Sie nur eines berücksichtigen. Verhältnismäßig ist es leicht zu beobachten, daß das «O» etwas mit dem Staunen zu tun hat, das «U» mit Furcht und Angst, das «A» mit Verehrung, Bewunderung, das «E» mit Widerstandleisten, das «I» mit dem Sich-Nähern und das «AOU» mit der Ehrfurcht. Aber die Beobachtung wird Ihnen dadurch getrübt, daß Sie leicht verwechseln die Empfindungsnuance, die man beim Hören des Lautes hat, mit derjenigen, die man beim Aussprechen hat. Die beiden sind verschieden. Bei den Nuancen, die ich angeführt habe, müssen Sie darauf Rücksicht nehmen, daß sie gelten für die Mitteilung des Lautes. Also, indem man jemandem etwas mitteilen will durch den Laut, ist das gültig. Will man jemandem mitteilen, daß man selbst Angst gehabt hat, so drückt man es durch das «U» aus. Es ist nicht dieselbe Nuance, wenn einer selbst Angst hat, oder wenn er durch Hervorrufung des U-Lautes in dem andern Angst erregen will. Sie bekommen vielmehr den Anklang des Eigenen, wenn Sie Furcht erregen wollen, wenn Sie zum Beispiel bei einem Kinde sagen: U-u-u! – Das ist wichtig zu berücksichtigen für den sozialen Zusammenhang des Sprechens. Wenn Sie das berücksichtigen, können Sie leicht auf diese Beobachtung kommen.

Was da gefühlt wird, ist ja reiner innerer Seelenvorgang. Diesem seelischen Vorgang, der eigentlich durchaus auf dem Auswirken einer Sympathie beruht, kann die Antipathie von außen begegnen. Das geschieht durch die Konsonanten, durch die Mitlaute. Wenn wir einen Konsonanten mit einem Vokal zusammenfügen, dann fügen wir immer

27

Sympathie und Antipathie ineinander, und unsere Zunge, unsere Lippen und unser Gaumen sind eigentlich dazu da, um sich als Antipathieorgane geltend zu machen, um die Dinge abzuhalten. Würden wir bloß in Vokalen, in Selbstlauten sprechen, so würden wir nur hingebungsvoll sein an die Dinge. Wir würden eigentlich mit den Dingen zusammenfließen, würden sehr unegoistisch sein, denn wir würden unsere tiefste Sympathie mit den Dingen entwickeln; wir würden nur gefühlsmäßig durch die Nuancierung der Sympathie, zum Beispiel wenn wir Furcht oder Entsetzen haben, uns etwas zurückziehen von den Dingen, aber in diesem Sich-Zurückziehen von den Dingen wäre selbst noch Sympathie vorhanden. So wie sich die Selbstlaute auf das Lauten von uns selbst beziehen, so die Konsonanten auf die Dinge; da klingen die Dinge mit.

Daher werden Sie finden, daß Selbstlaute aufgesucht werden müssen als Gefühlsnuancen. Mitlaute: F, B, M und so weiter müssen aufgesucht werden als Nachahmung äußerer Dinge. Also, indem ich Ihnen gestern das F an dem Fisch gezeigt habe, hatte ich insofern recht, als ich die Form des äußeren Fisches nachahmte. Mitlaute werden immer auf Nachahmungen äußerer Dinge zurückgeführt werden können, Selbstlaute dagegen auf die ganz elementare Äußerung der menschlichen Gefühlsnuancen den Dingen gegenüber. Daher können Sie die Sprache geradezu auffassen als ein Begegnen von Antipathie und Sympathie. Die Sympathien liegen immer in den Selbstlauten, die Antipathien immer in den Mitlauten, in den Konsonanten.

Wir können aber die Sprachbildung noch in einer andern Weise auffassen. Wir können sagen: Was ist denn das eigentlich für eine Sympathie, zum Ausdruck kommend im Brustmenschen, so daß er die Antipathie zum Stehen bringt und der Kopfmensch sie nur begleitet? Was da zugrunde liegt, ist in Wirklichkeit Musikalisches, das über eine gewisse Grenze hinübergegangen ist. Musikalisches liegt zugrunde und geht über eine gewisse Grenze hinaus, überhupft sich gewissermaßen, wird mehr als Musikalisches. Das heißt: Soweit die Sprache aus Selbstlauten besteht, hat sie ein Musikalisches in sich; soweit sie aus Mitlauten, aus Konsonanten besteht, hat sie ein Plastisches, ein Malerisches in sich. Und im Sprechen liegt eine wirkliche Synthese, eine wirkliche

Verbindung von musikalischen mit plastischen Elementen im Menschen vor.

Sie können daher sehen, daß mit einer Art unbewußter Nuance sich im Sprechen richtig ausdrückt die Art, nicht nur wie einzelne Menschen sind, sondern namentlich auch, wie Menschengemeinschaften sind. Wir sagen im Deutschen Kopf. Kopf drückt in seinem ganzen Zusammenhange das Runde, die Form aus. Daher sagen wir nicht nur zum menschlichen Kopf «Kopf», sondern wir sagen auch Kohlkopf. Wir drücken im Deutschen die Form aus in dem Worte Kopf. Der Romane drückt nicht die Form des Kopfes aus; er sagt testa und drückt damit ein Seelisches aus. Er bringt zum Ausdruck, daß der Kopf der Bezeugende, der Testierende, der Feststellende ist. Er nimmt aus einem ganz andern Untergrunde die Bezeichnung für den Kopf her. Er weist auf die Gemütssympathie auf der einen Seite und auf das Verwachsen der Antipathie mit dem Äußeren auf der andern Seite hin. – Versuchen Sie zunächst, am Hauptvokal sich klarzumachen, worin der Unterschied besteht: Kopf, o = Staunen, Erstaunen! Es liegt etwas von Staunen, Erstaunen in der Seele gegenüber jedem Runden, weil das Runde an sich zusammenhängt mit allem, was Staunen, Erstaunen hervorruft. Nehmen Sie testa: das e = Widerstand setzen. Man muß sich behaupten, Widerstandsetzen, wenn der andere etwas behauptet; sonst würde man mit ihm verschwimmen. Diese Gefühlsnuance drückt sich sehr gut aus, wenn der Volkscharakter dem Testieren gegenübersteht, beim Kopfe.

So werden Sie, wenn Sie auf diese Dinge Rücksicht nehmen, hinweggeleitet von der Abstraktheit, auf das zu sehen, was im Lexikon steht: für die eine Sprache dieses Wort, für die andere Sprache jenes Wort. Aber die Worte der einzelnen Sprachen sind da und dort aus ganz andern Beziehungen hergenommen. Es ist eine reine Äußerlichkeit, wenn man sie einfach vergleichen wollte, und das lexikographische Übersetzen ist im Grunde genommen das schlechteste Übersetzen. Wenn wir im Deutschen das Wort Fuß haben, so hängt es damit zusammen: wir treten auf, wir machen ein Leeres, eine Furche. Fuß hängt mit Furche zusammen. Wir nehmen die Bezeichnung des Fußes von dem, was er tut, von Furche-machen, her. Die romanischen Sprachen, pes,

29

nehmen sie wieder her von Feststehen, Standpunkt haben. Diese der Pädagogik außerordentlich hilfreiche Linguistik, welche die Bedeutungslinguistik wäre, haben wir noch gar nicht in der Wissenschaft, und wir können uns schon die Frage beantworten: Warum haben wir diese Dinge in der Wissenschaft noch nicht, die doch wirklich praktisch helfen könnten?

Wir haben sie noch nicht aus dem Grunde, weil wir noch in der Ausarbeitung dessen sind, was wir für den fünften nachatlantischen Zeitraum, insbesondere für die Erziehung, brauchen. Wenn Sie auf diese Art die Sprache nehmen als auf Innerliches hinweisend in den Selbstlauten, als auf Äußerliches hinweisend in den Mitlauten, dann werden Sie in die Lage kommen, leicht Zeichnungen für die Mitlaute zu finden. Dann werden Sie nicht bloß das anzuwenden brauchen, was ich in den nächsten Stunden geben werde als Bilder von Mitlauten, sondern Sie werden sich selbst Bilder machen können und dadurch werden Sie es erreichen, daß Sie selbst den inneren Kontakt mit den Kindern bekommen, was viel besser ist, als wenn Sie nur das äußere Bild aufnehmen.

Auf diese Weise haben wir die Sprache erkannt als eine Beziehung des Menschen zum Kosmos. Denn der Mensch für sich würde bei Bewunderung, Staunen stehenbleiben; erst seine Beziehungen zum Kosmos rufen Bewunderung, Staunen zu demjenigen auf, was lautet.

Nun ist der Mensch auf eine bestimmte Art in den Kosmos eingebettet und man kann ja schon durch ganz äußerliche Erwägungen dieses Drinnenstehen des Menschen im Kosmos beobachten. Was ich jetzt sage, das sage ich aus dem Grunde, weil – wie Sie schon aus dem gestrigen Vortrage gesehen haben – viel davon abhängt, wie wir gefühlsmäßig zu dem werdenden Menschenwesen stehen, wie wir in dem werdenden Menschenwesen wirklich ein rätselvoll Offenbares des ganzen Kosmos verehren können. Daß wir dieses Gefühl als Erzieher und Unterrichter entwickeln können, davon hängt ungeheuer viel ab.

Nun nehmen Sie noch einmal in einem etwas erweiterten Gesichtskreise die bedeutungsvolle Tatsache, daß der Mensch etwa 18 Atemzüge in der Minute macht. Wieviel macht er dann in 4 Minuten? 18 mal 4 = 72 Atemzüge. Wieviel Atemzüge macht er am Tage? 18 mal

60 mal 24 = 25 920 Atemzüge am Tage. Ich kann es aber auch so ausrechnen, daß ich die Zahl der Atemzüge von 4 Minuten nehme, das sind = 72. Ich hätte dann anstatt mit 24 mal 60, nur mit 6 mal 60, das heißt mit 360 die Zahl der Atemzüge von 4 Minuten zu multiplizieren und bekäme dann ebenfalls 25 920 Atemzüge am Tage, 360 mal 72 = 25 920. Man kann sagen: während 4 Minuten ist der Atmungsprozeß – einatmen, ausatmen, einatmen, ausatmen – gewissermaßen ein kleiner Tagesprozeß, und indem wir diese Zahl mit 360 multipliziert haben, ist die andere Summe von 25 920 demgegenüber ein Jahresprozeß, und der Tag von 24 Stunden ist ein Jahr für unser Atmen. Jetzt nehmen Sie unseren größeren Atmungsprozeß, der darin besteht, daß wir täglich wechseln zwischen Wachen und Schlafen. Was heißt denn Wachen und Schlafen im Grunde genommen? Wachen und Schlafen bedeutet, daß wir auch etwas ausatmen und einatmen. Wir atmen aus das Ich und den astralischen Leib beim Einschlafen, und wir atmen sie wieder ein beim Aufwachen. Das tun wir innerhalb von 24 Stunden. Wenn wir diesen Tag nehmen, so müssen wir ihn, um dazu den Jahreslauf zu haben, mit 360 multiplizieren. Das heißt, im Laufe eines Jahres vollbringen wir in diesem Atmen etwas Ähnliches, wie in dem kleinen Atmungsprozeß an einem Tage, bei dem wir mit 360 das multiplizierten, was in 4 Minuten geschieht; multiplizieren wir mit 360 die Zeit zwischen Aufwachen und Einschlafen, was während eines Tages vor sich geht, so haben wir das, was in einem Jahr geschieht; und multiplizieren wir jetzt 1 Jahr mit unserem durchschnittlichen Lebensalter, also mit 72, so bekommen wir wieder 25 920. Jetzt haben Sie eigentlich schon einen zweifachen Atmungsprozeß: unser Ein- und Ausatmen, das in 4 Minuten 72 mal geschieht und in einem Tage 25 920 mal; unser Aufwachen und Einschlafen, das mit jedem Tage geschieht, das 360 mal in einem Jahre und 25 920 mal im ganzen Leben geschieht. – Dann haben Sie noch ein drittes Atmen, wenn Sie die Sonne in ihrem Umlauf verfolgen. Sie wissen, daß der Punkt, wo die Sonne im Frühling aufgeht, in jedem Jahr um ein Stück vorrückt scheinbar, und die Sonne geht auf diese Weise in 25 920 Jahren um die ganze Ekliptik herum, ruckweise; also auch hier wieder die Zahl 25 920 im planetarischen Weltenjahr.

Wie ist unser Leben in die Welt hineingestellt? Wir leben 72 Jahre im Durchschnitt. Multiplizieren Sie diese Zahl mit 360, so bekommen Sie wieder 25 920. Sie können sich also vorstellen, daß das platonische Jahr, der Weltenlauf der Sonne, der sich in 25 920 Jahren vollendet, als seinen Tag unser menschliches Leben hat, so daß wir, wie wir in unserem menschlichen Leben dastehen, als einen Atemzug ansehen können denjenigen Vorgang, der sich im ganzen Weltenall darstellt als ein Jahr, daß wir unsere menschliche Lebensdauer verstehen können als einen Tag im großen Weltenjahr, so daß wir wieder den kleinsten Vorgang als das Abbild des großen kosmischen Vorganges verehren können. Sieht man es sich genauer an, dann bekommt man durch das platonische Jahr, das heißt, was im platonischen Jahre geschieht, ein Abbild des gesamten Vorganges, der sich von der alten Saturnentwickelung über Sonnen-, Monden-, Erdenentwickelung und so weiter bis zum Vulkan hin abspielt. Aber alle Vorgänge, die sich in der angedeuteten Art abspielen, sind geordnet als Atmungsprozesse nach der Zahl 25 920. Und in dem, was sich abspielt für uns in der Zeit vom Aufwachen bis zum Einschlafen, ist wieder ausgedrückt, was sich abspielte während der Mondenentwickelung, sich abspielt während der Erdenentwickelung, sich abspielen wird während der Jupiterentwickelung. Da drückt sich aus, was uns zum Angehörigen des Außerirdischen macht. Und was sich in unserem kleinsten Atemprozeß, der sich in 4 Minuten ausdrückt, abspielt, darin ist das wirksam, was uns zu irdischen Menschen macht. Wir müssen also sagen: Wir sind irdische Menschen durch unseren Atmungsprozeß; wir sind durch unseren Wechsel von Aufwachen und Einschlafen Monden-, Erden- und Jupitermenschen; und wir sind dadurch, daß wir mit unserem Lebenslauf eingegliedert sind in die Verhältnisse des Weltenjahres, kosmische Menschen. Für das kosmische Leben, für das ganze Planetensystem, umfaßt ein Atemzug einen Tag unseres Daseins, und unsere 72 Lebensjahre sind ein Tag für jenes Wesen, dessen Organe das Planetensystem bilden. Kommen Sie über die Illusion hinweg, daß Sie ein begrenzter Mensch sind, fassen Sie das auf, was Sie sind, als Prozeß, als Vorgang im Kosmos, was es in Wirklichkeit ist, dann können Sie sagen: Ich selber bin ein Atemzug des Kosmos.

Wenn Sie dies so auffassen, daß Ihnen das Theoretische dabei höchst gleichgültig ist, daß es nur ein Vorgang ist und daß es Ihnen gewissermaßen nur einmal recht war, so etwas gehört zu haben, wenn Sie aber daraus ein Gefühl mitnehmen: das Gefühl der unendlichen Verehrung dessen, was sich geheimnisvoll in jedem Menschenwesen zum Ausdruck bringt, dann wird sich dieses Gefühl bei Ihnen verdichten zu dem, was dem Unterrichten und Erziehen zugrunde liegen muß. Wir können nicht bei der Zukunftserziehung so verfahren, daß wir gewissermaßen das äußere Leben des Erwachsenen hineintragen in das Erziehen. Es ist ein Bild – schauervoll, höchst schauervoll, daß in Zukunft auf Grundlage demokratischer Wahl die Leute in den Parlamenten zusammenkommen sollen, um Entscheidungen zu treffen über Fragen des Unterrichts und der Erziehung, höchstens auf Grundlage des Gutachtens von Menschen, die nun auch nicht tiefer in der Sache stehen als durch ihr demokratisches Gefühl. Würde sich die Sache so verwirklichen, wie sie sich jetzt in Rußland anläßt, so würde dies bedeuten, daß die Erde ihre Aufgabe verlieren würde, ihrer Aufgabe entzogen würde, herausgenommen würde aus dem Weltenall und verahrimanisierte.

Es ist jetzt die Zeit, wo der Mensch das, was zur Erziehung gehört, herholen muß aus der Erkenntnis der Beziehung des Menschen zum Kosmos. Wir müssen all unser Erziehen durchdringen mit dem Gefühl: der werdende Mensch steht uns gegenüber, aber er ist die Fortsetzung dessen, was sich abgespielt hat im Übersinnlichen, bevor der Mensch geboren oder empfangen worden ist. Dieses Gefühl soll entstehen aus einer solchen Erkenntnis heraus, wie wir sie zuletzt jetzt angeschlossen haben an die Betrachtung der Selbstlaute und Mitlaute. Dieses Gefühl muß uns durchdringen. Und nur, wenn uns wirklich dieses Gefühl durchdringt, werden wir wirklich richtig unterrichten können. Denn glauben Sie nicht, daß dieses Gefühl unfruchtbar ist! Der Mensch ist so organisiert, daß er mit richtig orientiertem Gefühl sich selber Richtkräfte gibt aus diesen Gefühlen. Wenn Sie dies nicht gewinnen, was jeden Menschen als ein kosmisches Rätsel ansehen läßt, so werden Sie dann nur das Gefühl sich erringen können, daß Sie jeden Menschen als einen Mechanismus ansehen, und in der Ausbildung dieses Gefühls, daß der Mensch nur ein Mechanismus sei, würde eben der Untergang der Erdenkultur liegen. Der Aufgang der Erdenkultur dagegen kann nur gesucht werden in der Durchdringung unseres Erziehungsimpulses mit der Empfindung von der kosmischen Bedeutung des ganzen Menschen. Dieses kosmische Gefühl ergibt sich uns aber, wie Sie sehen, nur dadurch, daß wir einmal dasjenige, was im menschlichen Fühlen liegt, als der Zeit angehörig betrachten, die zwischen Geburt und Tod eingeschlossen ist; was im menschlichen Vorstellen liegt, weist uns hinaus nach der einen Seite auf das Vorgeburtliche, und was im menschlichen Willen liegt, weist uns nach der andern Seite auf das Nachtodliche, auf das keimhaft Zukünftige. Indem wir den dreifachen Menschen vor uns haben, haben wir schon vor uns zuerst das Vorgeburtliche, dann das, was zwischen Geburt und Tod liegt, und drittens das Nachtodliche, nur daß das Vorgeburtliche bildhaft in unser Dasein hereinragt, während das Nachtodliche keimhaft schon in uns vorhanden ist vor dem Tode.

Nur durch solche Dinge bekommen Sie auch eine Vorstellung von dem, was eigentlich in Wirklichkeit geschieht, indem Mensch mit Mensch in Beziehung tritt. Man hat, wenn man ältere Pädagogiken liest, zum Beispiel die für ältere Zeiten ausgezeichnete Pädagogik von *Herbart*, immer das Gefühl: die Menschen operieren mit Begriffen, durch die sie gar nicht an die Wirklichkeit herankommen können, sie bleiben außerhalb der Wirklichkeit stehen. Man bedenke nur, wie Sympathie, so richtig im irdischen Sinne entwickelt, alles Wollen durchsetzt; also das, was als Zukunftskeim, als nachtodlicher Keim durch den Willen in uns liegt, wird von Liebe, von Sympathie durchsetzt. Dadurch wird gleichsam – aber nicht eigentlich gleichsam, sondern wirklich – alles, was mit dem Wollen zusammenhängt, damit es in der rechten Weise gehemmt oder gepflegt werden kann, auch in der Erziehung mit ganz besonderer Liebe verfolgt werden müssen. Wir werden der Sympathie, die schon im Menschen ist, zu Hilfe kommen müssen, indem wir uns an sein Wollen wenden. Was wird denn daher der eigentliche Impuls für die Willenserziehung sein müssen? Es kann kein anderer sein, als daß wir selber Sympathie mit dem Zögling entwickeln. Je bessere Sympathien wir mit ihm entwickeln, desto bessere Methoden werden wir in der Erziehung haben.

Und nun werden Sie sagen: Da nun Verstandeserziehung das Gegenteil ist von Willenserziehung, weil sie von Antipathie durchdrungen ist, so würden wir ja Antipathien entwickeln müssen, wenn wir den Zögling mit Bezug auf seinen Verstand, seinen Intellekt erziehen! Das ist auch richtig, nur müssen Sie es richtig auffassen. Sie müssen die Antipathien auf den richtigen Boden stellen. Sie müssen versuchen, den Zögling selber richtig zu begreifen, wenn Sie ihn für das Vorstellungsleben richtig erziehen wollen. In dem Begreifen liegt schon das antipathische Element, denn das gehört auf diese Seite. Indem Sie den Zögling begreifen, indem Sie in alles, was seine Wesensnuancen sind, einzudringen versuchen, werden Sie der Erzieher, der Unterrichter für seinen Verstand, für sein Erkennen. Darin liegen schon die Antipathien; nur machen Sie die Antipathie gut, indem Sie den Zögling erziehen. Und Sie können ganz sicher sein: Wir werden ja im Leben nicht zusammengeführt, ohne daß Bedingungen vorhanden sind. Was so äußerliche Vorgänge sind, das ist immer eigentlich der äußere Ausdruck für Innerliches, so sonderbar es für die äußere Weltenbetrachtung aussieht. Daß Sie jetzt dafür da sein sollen, die Waldorfkinder und was damit zusammenhängt, zu unterrichten und zu erziehen, das weist nun doch auf die karmische Zusammengehörigkeit dieser Lehrergruppe gerade mit dieser Kindergruppe hin. Und der richtige Lehrer für diese Kinder werden Sie dadurch, daß Sie in früheren Zeiten einmal Antipathien diesen Kindern gegenüber entwickelt haben, und davon befreien Sie sich, indem Sie jetzt den Verstand dieser Kinder erziehen. Und die Sympathien müssen wir in richtiger Weise entwickeln, indem wir in richtiger Weise Willensbildung hervorbringen.

So seien Sie sich klar: Sie werden in das Doppelwesen Mensch am besten so einzudringen versuchen, wie wir es in unserer seminaristischen Besprechung versuchten. Aber Sie müssen einzudringen versuchen in alle Seiten des menschlichen Wesens. Durch das, was wir im Seminar versuchten, werden Sie nur ein guter Erzieher für das Vorstellungsleben des Kindes. Für sein Willensleben werden Sie ein guter Erzieher, wenn Sie versuchen, jeden einzelnen mit Sympathie, mit wirklicher Sympathie zu umgeben. Diese Dinge gehören auch zum Erziehen: Antipathie, die uns befähigt zum Begreifen – Sympathie, die uns befähigt

35

zum Lieben. Indem wir einen Leib haben und durch ihn Herde, wo Sympathie und Antipathie sich begegnen, schleicht sich das auch in denjenigen sozialen Verkehr der Menschen hinein, der sich im Erziehen und Unterrichten zum Ausdruck bringt. Das bitte ich zu durchdenken, zu durchfühlen, dann werden wir morgen weiterschreiten können.

DRITTER VORTRAG

Stuttgart, 23. August 1919

Ich habe gestern schon darauf aufmerksam gemacht, daß man beim Unterricht zunächst ausgehen sollte von einer gewissen künstlerischen Gestaltung, damit der ganze Mensch, vor allem mit dem Willensleben, beim Unterricht in Anspruch genommen wird. Aus solchen Auseinandersetzungen, wie wir sie hier gepflogen haben, werden Sie die Wichtigkeit einer solchen Maßnahme ohne weiteres einsehen, und Sie werden weiter einsehen, daß der Unterricht so gehandhabt werden muß, daß fortwährend darauf Rücksicht genommen wird, daß ein Totes, ein Ersterbendes im Menschen ist, das umgewandelt werden muß in ein neues Lebendiges. Wenn wir bloß betrachtend, also mit unserer Vorstellung, die bildhaft ist, herankommen an Natur- und sonstige Weltenwesen, so stehen wir mehr in einem Ersterbeprozeß drinnen; wenn wir mit unserem Willen an die Natur- und die Weltenwesen herankommen, stehen wir in einem Belebeprozeß drinnen. Wir werden also als Erzieher die Aufgabe haben, fortwährend Totes zu beleben, dem Tode Entgegengehendes im Menschen vor dem völligen Ersterben zu bewahren, ja, gewissermaßen zu befruchten mit dem, was wir aus dem Willen heraus als belebendes Element entwickeln können. Daher dürfen wir nicht davor zurückschrecken, schon beim Kinde mit einer gewissen künstlerischen Gestaltung des Unterrichts zu beginnen.

Nun zerfällt ja alles, was künstlerisch an die Menschen herantritt, wieder in zwei Strömungen, in die plastisch-bildnerische Strömung und in die musikalisch-dichterische Strömung. Diese beiden Kunstgebiete des Plastisch-Bildnerischen und des Musikalisch-Dichterischen sind wirklich polarisch voneinander verschieden, obwohl sie sich gerade durch ihre polarische Verschiedenheit in einer höheren Synthese, in einer höheren Einheit gut finden können. Sie werden ja wissen, daß in der Weltenentwickelung sogar rassengemäß diese Zweiheit im Künstlerischen zum Ausdruck kommt. Sie brauchen sich nur an gewisse Auseinandersetzungen von *Heinrich Heine* zu erinnern, so werden Sie aufmerksam gemacht werden auf eine solche Zweiheit: daß alles, was

37

vom Griechenvolke ausging oder mit diesem verwandt war, was also rassengemäß aus dem Wesen des griechischen Volkes herausgewachsen ist, im eminentesten Sinne die Veranlagung hat zur plastisch-bildnerischen Gestaltung der Welt, während alles, was aus dem jüdischen Element herausgewachsen ist, die besondere Veranlagung hat zu dem eigentlich musikalischen Element der Welt. Da finden Sie also auch rassenmäßig diese beiden Strömungen verteilt, und wer Empfänglichkeit für diese Dinge hat, wird sie in der Kunstgeschichte sehr gut verfolgen können. Natürlich entstehen immer wieder Bestrebungen, berechtigte Bestrebungen, die das Musikalische mit dem Plastisch-Bildnerischen vereinigen wollen. Sie könnten aber nur in der vollständig ausgebildeten Eurythmie wirklich völlig vereinigt werden, wo Musikalisches und Sichtbares eine Einheit werden kann – natürlich noch nicht in den Anfängen, in denen wir stecken, sondern in den Zielen, die sich die Eurythmie stellen muß. Es muß also in der ganzen harmonischen Menschennatur darauf Rücksicht genommen werden, daß ein Plastisch-Bildnerisches in ihr vorhanden ist, nach dem das Willensartige im Menschen hinneigt. Wie können wir nun diese Tendenz im Menschen, plastisch-bildnerisch zu werden, richtig charakterisieren?

Würden wir nur Verstandesmenschen sein, würden wir nur durch unser Vorstellen die Welt betrachten, dann würden wir allmählich wandelnde Leichname werden. Wir würden in der Tat hier auf der Erde den Eindruck ersterbender Wesenheiten machen. Nur dadurch, daß wir den Drang in uns fühlen, das in den Begriffen Ersterbende durch die Phantasie plastisch-bildnerisch zu beleben, retten wir uns vor diesem Ersterben. Sie müssen sich hüten, in abstrakter Weise vereinheitlichen zu wollen, wenn Sie richtige Erzieher sein wollen. Sie dürfen nun nicht sagen: Man sollte also das Ertötende im Menschen nicht ausbilden, man müsse vermeiden, die begriffliche, die vorstellende Welt im Menschen auszubilden. Das würde jedoch mit Bezug auf das Geistig-Seelische zu demselben Fehler führen, wie wenn Ärzte als große Pädagogen die Kulturentwickelung betrachteten und dann sagen würden: Die Knochen sind das Ersterbende im Menschen, also hüten wir den Menschen vor diesem Ersterbenden, versuchen wir, die Knochen lebendig, weich zu erhalten. Sie sehen, es würde die Ansicht solcher

Ärzte die Menschen dazu bringen, alle rachitisch zu werden, so daß sie nicht ihre Aufgabe völlig erreichen können. Es ist immer ein falsches Prinzip, wenn man so vorgehen wollte, wie es viele Theosophen und Anthroposophen machen wollen, wenn von Ahriman und Luzifer und ihren Einflüssen auf die Menschheitsentwickelung gesprochen wird, die dann sagen: Das sind Dinge, welche die Menschennatur schädigen, also müsse man sich vor ihnen hüten. – Das würde aber dazu führen, den Menschen von allem auszuschließen, was ihn konstituieren soll. So kann man auch nicht die Ausbildung des vorstellungsmäßigen Elementes verhindern; man muß es ausbilden, aber man darf nie außer acht lassen, zu einer andern Zeit mit dem Plastisch-Bildnerischen an die Menschennatur heranzukommen. Dadurch ergibt sich die Einheit. Nicht dadurch ergibt sie sich, daß man das eine auslöscht, sondern indem man das eine neben dem andern entwickelt. In dieser Beziehung können die Menschen der heutigen Zeit noch nicht einheitlich denken. Daher kommt es denn auch, daß sie die Dreigliederung des sozialen Organismus nicht verstehen. Für das soziale Leben ist es nur richtig, wenn das geistige, das wirtschaftliche und das rechtliche Gebiet nebeneinander stehen und wenn die Einheit sich erst bildet und nicht dadurch zustande kommt, daß man sie abstrakt formt. Denken Sie nur, was es heißen würde, wenn die Leute sagen wollten: Weil der Kopf eine Einheit ist und der übrige Körper auch, so sollte es eigentlich den Menschen gar nicht geben; man sollte den Kopf aus dem übrigen Menschen herausbilden und sich in der Welt frei bewegen lassen! Man schafft der Natur nur nach, wenn man aus Einseitigkeiten das Ganze entstehen läßt.

So handelt es sich darum, daß man die eine Einseitigkeit entwickelt: vorstellungsmäßiges Erzogenwerden; die andere Einseitigkeit, das Plastisch-Bildnerische belebt dann das, was in dem bloßen Begriff entwickelt wird. Da handelt es sich darum, daß man nun, ohne die Naivität zu verlieren, in unserem Zeitalter, das immer das Bewußtsein vernichtet, diese Dinge in die Bewußtheit hinaufhebt. Man braucht die Naivität nicht zu verlieren, wenn man die Dinge konkret, nicht abstrakt gestaltet. Es wäre zum Beispiel unter allen Umständen sehr gut, wenn man möglichst früh in bezug auf das Plastisch-Bildnerische damit beginnen würde, das Kind in der Farbenwelt leben zu lassen, wenn man sich als Lehrer durchdringen würde mit dem, was *Goethe* in dem didaktischen Teil seiner Farbenlehre gibt. Worauf beruht dieser didaktische Teil der Goetheschen Farbenlehre? Er beruht darauf, daß Goethe immer jede einzelne Farbe mit einer Empfindungsnuance durchdringt. So betont er das Herausfordernde des Roten; er betont nicht nur das, was das Auge sieht, sondern was die Seele an dem Roten empfindet. Ebenso betont er das Stille, in sich Versunkene, das die Seele beim Blauen empfindet. Man kann, ohne daß man die Naivität durchbricht, das Kind so in die Farbenwelt hineinführen, daß lebendig die Empfindungsnuancen der Farbenwelt hervorgehen. Wenn dann dabei vielleicht zunächst recht starke Beschmutzungen eintreten, so wird es eine gute Maßnahme in der Erziehung sein, das Kind so weit zu bringen, daß es sich nicht mehr zu sehr beschmutzt.

Man fange möglichst früh damit an, das Kind mit Farben zusammenzubringen, wobei es gut wäre, auf der farbigen Fläche andere Farben aufzutragen, als auf der bloß weißen Fläche, und man versuche, solche Empfindungen im Kinde hervorzurufen, wie sie erst aus einer geisteswissenschaftlichen Auffassung der Farbenwelt entstehen können. Wenn man so arbeitet, wie ich mit einigen Freunden an der kleinen Kuppel des Dornacher Baues gearbeitet habe, dann bekommt man ein lebendiges Verhältnis zur Farbe. Man entdeckt dann, wenn man zum Beispiel Blau aufträgt, daß es in der blauen Farbe selbst liegt, damit alles zu charakterisieren, was Innerlichkeit ist. Also sagen wir, bei einem aus seiner Innerlichkeit sich bewegenden Engel wird man von selbst den Drang haben, ihn blau zu halten, weil die Nuancierung des Blauen, das Helldunkel des Blauen, in der Seele die Empfindung der Bewegung hervorruft, die aus dem Seelenhaften kommt. Die gelb-rötliche Farbe ruft in der Seele die Empfindung des Scheinens, des nach außen sich Offenbarenden hervor. Wenn also etwas aggressiv wirkt, wenn etwas mahnend vor uns auftritt, wenn der Engel uns etwas sagen will, wenn er aus seinem Hintergrunde zu uns sprechen will, dann drücken wir das durch die gelb-rötlichen Nuancen aus. In elementarer Weise kann man durchaus Kinder auf dieses Lebendig-Innerliche der Farben hinweisen.

Dann muß man sich selber sehr stark damit durchdringen, daß das bloße Zeichnen schon etwas Unwahres hat. Das Wahrste ist das Empfinden aus der Farbe heraus, etwas unwahrer ist schon das Empfinden aus dem Helldunkel heraus, und das Unwahrste ist das Zeichnen. Das Zeichnen nähert sich als solches schon durchaus jenem abstrakten Element, das als Ersterbendes in der Natur vorhanden ist. Zeichnen sollten wir eigentlich nur so, daß wir uns dabei bewußt werden: wir zeichnen im wesentlichen das Tote. Mit Farben malen sollten wir so, daß wir uns dabei bewußt sind: wir rufen aus dem Toten das Lebendige hervor. – Was ist denn schließlich die Horizontlinie? Wenn wir einfach einen Bleistift nehmen und die Horizontlinie hinzeichnen, so ist das ein Ab-

straktes, ein Ertötendes, Unwahres gegenüber der Natur, die immer zwei Strömungen hat: das Tote und das Lebendige. Wir schälen die eine Strömung heraus und behaupten, das sei Natur. Wenn ich aber sage, ich sehe ein Grünes, und ich sehe ein Blaues, die sich voneinander scheiden, dann wächst die Horizontlinie aus dem Aneinandergrenzen der

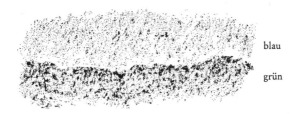

blau

grün

Farben heraus, dann sage ich eine Wahrheit. So werden Sie allmählich darauf kommen, daß die Form der Natur wirklich aus der Farbe heraus entsteht, daß daher das Zeichnen ein Abstrahierendes ist. Von solchen Dingen sollte man eine gute Vorstellung, eine gute Empfindung schon in dem heranwachsenden Kinde erzeugen, weil dies sein ganzes

Seelenwesen belebt und in ein richtiges Verhältnis zur Außenwelt bringt. Daran krankt ja unsere Kultur, daß wir kein richtiges Verhältnis zur Außenwelt haben. Man braucht dabei durchaus nicht, ich möchte sagen, unterrichtend selbst wiederum einseitig zu werden. Es würde zum Beispiel ganz gut sein, wenn wir nach und nach die Möglichkeit entwickeln könnten, von dem bloßen abstrakt Künstlerischen, das der Mensch aus seiner Lust am Schönen hervorbringt, überzugehen zu dem konkret Künstlerischen, zu dem Kunstgewerblichen, denn gar sehr bedarf die Menschheit heute des Hineinstellens eines wirklich Kunstgewerblichen in das allgemeine Kulturdasein. Wir haben es doch tatsächlich im Laufe des 19. Jahrhunderts dahin gebracht, daß wir unsere Möbel für das Auge machen, zum Beispiel einen Stuhl für das Auge machen, während er den Charakter an sich tragen sollte, daß man ihn fühlt, wenn man darauf sitzt. Darnach soll er gestaltet sein. Man soll den Stuhl erfühlen, er soll nicht bloß schön sein, er soll den Charakter an sich tragen, daß ein Mensch darauf sitzen könne. Das ganze Zusammenwachsen des Gefühlssinnes mit dem Stuhl und sogar des geformten Gefühlssinnes – durch die Art, wie Armlehnen am Stuhle sind und so weiter, indem der Mensch seine Stütze an dem Stuhl sucht –, sollte an dem Stuhl zum Ausdruck kommen. Würde man daher Handfertigkeitsunterricht mit entschieden kunstgewerblichen Absichten in das Schulwesen einführen können, so würde man damit der Kultur einen großen Dienst erweisen. Denn bedenken Sie nur, wie es einem Menschen, der es mit der Menschheit aufrichtig meint, heute eine große Kultursorge macht, wenn wir sehen, wie zum Beispiel die Abstraktheiten von heute – sie werden ja dann nicht eintreten, wenn wir unsere Absichten durchführen können –, wenn die Botokudenhaftigkeit der sozialistisch gesinnten Menschen von heute unsere Kultur überschwemmen wollen: Es wird dann kein Schönes mehr in der Kultur sein, nur noch Nützliches! Und wenn die Menschen auch von Schönem träumen – sie werden ja keine Empfindung dafür haben, daß wir, indem wir einer Sozialisierung entgegengehen, stärker als vorher die Notwendigkeit des Schönen werden betonen müssen. Das sollte eingesehen werden.

Es sollte also mit dem plastisch-bildnerischen Element im Unterricht nicht gespart werden. Ebensowenig aber sollte damit gespart werden, daß wirklich empfunden werde auch jenes dynamische Element, das in der Baukunst zum Ausdruck kommt. Man wird da sehr leicht in den Fehler verfallen können, daß man an die Kinder zu früh dieses oder jenes heranbringt. Aber in gewissem Sinne muß das sogar geschehen. Ich hatte an diejenigen Kinder ein paar Worte gerichtet, die als Münchener Ferienkinder in Dornach waren, 80 an der Zahl, und die bei Frau Kisseleff 12 Stunden Eurythmie gehabt haben und die dann das, was sie gelernt hatten, einem Teil ihrer Lehrerschaft und der Dornacher Anthroposophenschaft vorführen konnten. Die Kinder waren recht dabei, und nachdem die ganze Eurythmieaufführung, die außerdem auch noch aus Vorführungen unserer Dornacher Eurythmistinnen bestand, zu Ende war, kamen die Kinder heran und fragten: Hat denn auch unsere Vorstellung gefallen? – Sie hatten wirklich den Drang, auch etwas darzustellen; es war eine recht schöne Sache. Nun hatte ich auf Ersuchen der Persönlichkeiten, die das Ganze arrangiert hatten, ein paar Worte an die Kinder zu richten. Es war am Vorabend des Tages, an dem die Kinder wieder in die Münchener Gegend zurückgebracht werden sollten. Da sagte ich ausdrücklich: Ich sage jetzt etwas, was ihr jetzt noch nicht versteht. Erst in der Zukunft werdet ihr es verstehen. Aber merkt es euch, wenn ihr jetzt in der Zukunft das Wort «Seele» hört, denn ihr könnt es jetzt noch nicht verstehen. – Dieses Aufmerksammachen des Kindes auf etwas, was es noch nicht versteht, was erst ausreifen muß, das ist außerordentlich wichtig. Und falsch ist nur der Grundsatz, der heute so stark in den Vordergrund gerückt wird: Man solle dem Kinde nur das beibringen, was es schon versteht – ein Grundsatz, der alle Erziehung unlebendig macht. Denn lebendig wird eine Erziehung erst, wenn man das Aufgenommene eine Zeitlang im Untergrunde getragen hat und es dann nach einiger Zeit wieder heraufholt. Das ist für die Erziehung vom 7. bis 15. Jahre sehr wichtig; dann kann man sehr vieles in die Kinderseele hineinträufeln, was erst später verstanden werden kann. Daran bitte ich Sie, sich nicht zu stoßen, daß Sie über die Reife des Kindes hinausgehen und an etwas appellieren, was das Kind erst später verstehen kann. Der entgegengesetzte Grundsatz hat ein Ertötendes in unsere Pädagogik hineingebracht. Aber das Kind muß eben wissen, daß es warten muß. Dieses Gefühl kann man auch in ihm hervorrufen, daß es warten muß mit dem Verständnisse dessen, was es schon jetzt aufnimmt. Daher war es gar nicht so schlimm in älteren Zeiten, daß da die Kinder einfach lernen mußten 1 x 1 = 1, 2 x 2 = 4, 3 x 3 = 9 und so weiter, statt daß sie es, wie heute, an der Rechenmaschine lernen. Dieser Grundsatz, das Verständnis des Kindes zurückzuschrauben, müßte durchbrochen werden. Es kann natürlich nur wieder mit dem nötigen Takt geschehen, denn man darf sich nicht zu weit von dem entfernen, was das Kind lieben kann; aber es kann sich mit recht vielem durchdringen, rein auf die Autorität des Unterrichtenden hin, wofür sein Verständnis erst später kommt.

Wenn Sie in dieser Weise das Plastisch-Bildnerische an das Kind heranbringen, so werden Sie sehen, daß Sie vieles von dem Ertötenden beleben können.

Das musikalische Element, das im Menschen ja lebt von seiner Geburt an und das, wie ich schon sagte, besonders in der Zeit des 3. und 4. Lebensjahres beim Kinde in einem Hang zum Tanzen zum Ausdruck kommt, ist von sich aus ein Willenselement, trägt Leben in sich. Aber so sonderbar das klingt, es ist wahr, es trägt zunächst so, wie es sich im Kinde auslebt, zu starkes Leben, betäubendes Leben in sich, Leben, welches das Bewußtsein leicht übertäubt. Die kindliche Entwickelung kommt durch das starke Musikalische sehr leicht in einen gewissen Betäubungszustand hinein. Daher muß man sagen: Das Erzieherische, das dann auftritt, wenn man das Musikalische verwendet, muß in einem fortwährenden Ineinanderharmonisieren des aus der Natur des Menschen herausquellenden Dionysischen durch das Apollinische bestehen. Während ein Ertötendes belebt werden muß durch das Plastisch-Bildnerische, muß ein im höchsten Maße im Musikalischen Lebendiges herabgelähmt werden, damit es den Menschen im Musikalischen nicht zu stark affiziere. Das ist die Empfindung, mit der wir das Musikalische an die Kinder heranbringen sollen.

Nun handelt es sich darum, daß ja die menschliche Natur nach der einen oder andern Seite hin durch das Karma einseitig ausgebildet ist. Das wird insbesondere bei dem musikalischen Element bemerkt. Aber ich möchte sagen, es wird dort zu stark betont. Man sollte nicht zu stark betonen: Dies ist ein unmusikalisches Kind, dies ist ein musikalisches. Gewiß, die Tatsache liegt als solche vor, aber dieses nun zur Konsequenz zu benützen, das unmusikalische Kind von allem Musikalischen fernzuhalten und die musikalische Erziehung nur den musikalisch gearteten Kindern angedeihen zu lassen, ist etwas durchaus falsches; mindestens müßten auch die allerunmusikalischsten Kinder bei allem dabeisein, was musikalisch getan wird. Es ist ganz gewiß richtig, daß man musikalisch produzierend immer mehr und mehr nur diejenigen Kinder auftreten läßt, die wirklich musikalisch sind. Aber dabeisein, Empfänglichkeit entwickeln, das sollten auch die unmusikalischen Kinder; denn man wird bemerken, daß auch beim unmusikalischsten Kinde ein Rest von musikalischen Anlagen vorhanden ist, der nur recht tief sitzt und nur durch liebevolles Beikommen gehoben werden kann. Das sollte nie versäumt werden, denn es ist viel wahrer, als man glaubt, was in einem Shakespeareschen Stücke steht: «Der Mann, der nicht Musik hat in ihm selbst... taugt zu Verrat, zu Räuberei und Tücken... trau keinem solchen!» Das ist eine sehr gründliche Wahrheit. Daher sollte nichts versäumt werden, um das Musikalische selbst an diejenigen Kinder herankommen zu lassen, die zunächst als unmusikalisch gelten.

Es wird aber von der größten Wichtigkeit sein, gerade in sozialer Beziehung, daß das Musikalische auch in elementarer Weise gepflegt werde, so daß ohne eine betäubende Theorie aus elementaren Tatsachen des Musikalischen heraus die Kinder unterrichtet werden. Es sollten die Kinder eine deutliche Vorstellung vom elementaren Musikalischen bekommen, von den Harmonien, Melodien und so weiter, durch Verwendung von möglichst elementaren Tatsachen, durch das gehörmäßige Analysieren von Melodien und Harmonien, so daß man im Musikalischen ebenso elementar im Aufbau des ganzen Künstlerischen vorgeht, wie man auch im Bildnerisch-Plastischen vorgeht, wo man auch aus der Einzelheit heraufarbeitet. Dadurch wird das abgemildert werden, was in das Musikalische so stark hereinwirkt: der Dilettantismus, obwohl es durchaus nicht abzuweisen ist, daß auch der musikalische Dilettantismus eine gewisse Nützlichkeit in unserem sozialen Zusammenleben hat. Wir würden ohne ihn nicht gut vorwärtskommen können, er sollte sich aber nur auf die Empfangenden beschränken. Gerade dadurch aber würde es möglich sein, die musikalisch Produzierenden innerhalb unserer sozialen Ordnung zur richtigen Geltung kommen zu lassen. Denn nicht vergessen sollte werden, daß alles Plastisch-Bildnerische auf die Individualisierung der Menschen hinarbeitet, alles Musikalisch-Dichterische dagegen auf die Förderung des sozialen Lebens. Die Menschen kommen in einer Einheit zusammen durch das Musikalisch-Dichterische; sie individualisieren sich durch das Plastisch-Bildnerische. Die Individualität wird mehr aufrechterhalten durch das Plastisch-Bildnerische, die Sozietät mehr durch gemeinschaftliches Leben und Weben im Musikalischen und Dichterischen. Das Dichterische wird aus der Einsamkeit der Seele heraus erzeugt, nur dort; es wird verstanden durch die menschliche Gemeinschaft. Es ist kein Abstraktes, was man begründen will, sondern etwas durchaus Konkretes, wenn man sagt, daß der Mensch mit seinem dichterisch Geschaffenen sein Inneres aufschließt und daß diesem Inneren durch das Aufnehmen des Geschaffenen das tiefste Innere des andern Menschen wieder entgegenkommt. Daher sollte Freude vor allen Dingen und Verlangen gegenüber dem Musikalischen und Dichterischen im heranwachsenden Kinde erzogen werden. Beim Dichterischen sollte das Kind früh das wirklich Dichterische kennenlernen. Heute wächst der Mensch in eine soziale Ordnung hinein, in der er mit der Prosa der Sprache tyrannisiert wird. Es gibt heute unzählige Rezitatoren, welche die Menschen mit der Prosa tyrannisieren, indem sie das, was an einer Dichtung Prosa, rein Inhaltliches ist, in den Vordergrund stellen. Und wenn dann das Gedicht im Vortrag so gestaltet wird, daß die eigentlich inhaltliche Nuance die Hauptrolle spielt, so betrachtet man das heute als vollkommene Rezitation. Eine wirklich vollkommene Rezitation ist aber die, welche das musikalische Element besonders betont. – Ich habe bei den paar Worten, die ich den eurythmischen Vorstellungen manchmal voranstelle, öfter darauf aufmerksam gemacht, wie bei einem solchen Dichter wie *Schiller* ein Gedicht hervorgeht aus den Untergründen seiner Seele. Bei vielen seiner Gedichte hatte er zuerst eine allgemeine Melodie in der Seele waltend, und in diese allgemeine Melodie senkte er erst später gleichsam den Inhalt, die Worte hinein. Die allgemeine Melodie ist das, worin der Inhalt hängt, und das Dichterische erschöpft sich dann an der Formung des Sprachlichen, nicht in dem Inhaltlichen, sondern in dem Takt, in dem Rhythmus, in der Reimerhaltung, also in dem dem Dichterischen zugrunde liegenden Musikalischen. Ich sagte, daß man bei der heutigen Art der Rezitation die Menschen tyrannisiert, weil man immer tyrannisiert, wenn man nur auf die Prosa, auf den Inhalt einer Dichtung, den man ganz abstrakt nimmt, den Hauptwert legt. Geisteswissenschaftlich kommt man über die Tyrannis nur dadurch hinaus, daß, wie ich es immer versuche, eine Sache von den verschiedensten Gesichtspunkten dargestellt wird, so daß man, auch künstlerisch, die Begriffe flüssig erhält. Ich habe einmal meine besondere Freude gehabt, als mir einer unserer künstlerisch begabten Freunde sagte, daß man gewisse Vortragszyklen, rein durch ihren inneren Aufbau, in eine Symphonie umsetzen könnte. So etwas liegt auch tatsächlich gewissen Zyklen durch ihren Aufbau zugrunde. Nehmen Sie zum Beispiel jenen in Wien gehaltenen Zyklus über das Leben zwischen dem Tode und einer neuen Geburt, so werden Sie an ihm sehen können, daß Sie eine Symphonie daraus machen könnten. Das ist aus dem Grunde möglich, weil der geisteswissenschaftliche Vortrag nicht tyrannisch wirken, sondern den Willen der Menschen wekken soll. Wenn aber die Menschen an eine solche Sache herankommen wie an die «Kernpunkte der sozialen Frage», dann sagen sie, das wäre ihnen unverständlich. Es ist aber nicht unverständlich, sondern es ist ihnen die Art nur ungewohnt.

Es ist daher außerordentlich wichtig, daß man bei jeglicher Dichtung das Kind aufmerksam macht auf das zugrunde liegende Musikalische. Daher sollte in der Einteilung des Unterrichts die Sache so gestaltet werden, daß das rezitatorische Element, das in die Schule hineingebracht wird, möglichst in die Nähe des musikalischen Elementes gebracht wird. Der musikalisch Unterrichtende sollte dem rezitierend Unterrichtenden möglichst nahestehen, so daß das eine dem andern unmittelbar folgt und so eine lebendige Verbindung zwischen beiden hergestellt wird. Es würde besonders gut sein, wenn der musikalisch Unterrichtende noch bei dem Rezitationsunterrichtenden dabei sein könnte und umgekehrt, so daß der eine noch immer auf die Zusammenhänge mit dem andern Unterricht hinweisen könnte. Dadurch würde gründlich ausgeschaltet werden, was gegenwärtig in unser Schulwesen noch so stark hineinspielt und was wirklich schauderhaft ist: die abstrakte Erklärung von Gedichten. Dieses abstrakte Erklären von Dichtungen, das hart an das Grammatikalische herangeführt wird, ist der Tod von allem, was auf das Kind wirken sollte. Das Interpretieren von Gedichten ist etwas ganz Furchtbares.

Nun werden Sie einwenden: Aber das Interpretieren ist doch notwendig, um das Gedicht zu verstehen! Dazu muß gesagt werden: Es muß der Unterricht als ein ganzer gestaltet werden. Darüber muß in der Wochenkonferenz der Lehrerschaft gesprochen werden. Diese und jene Gedichte kommen zur Rezitation. Dann muß von dem übrigen Unterricht aus das Nötige hineinfließen, was zum Verständnis einer Dichtung gehört. Es muß dafür gesorgt sein, daß das Kind zum Rezitationsunterricht das schon mitbringt, was zum Verständnis des Gedichtes notwendig ist. Man kann ganz gut – zum Beispiel, wenn man mit dem Kinde Schillers «Spaziergang» durchnehmen würde – das Kulturhistorische und das Psychologische, das mit dem Gedichte zusammenhängt, dem Kinde vortragen, aber nicht indem man an der Hand des Gedichtes von Zeile zu Zeile geht, sondern so, daß man das, was über dem Inhaltlichen liegt, dem Kinde vorbringt. In der Rezitationsstunde sollte lediglich Wert gelegt werden auf die künstlerische Mitteilung des Künstlerischen.

Wenn man in dieser Weise das Künstlerische in seinen zwei Strömungen verwenden würde, um die menschliche Natur durchzuharmonisieren, dann würde man außerordentlich viel damit erreichen. Man muß nur bedenken, daß ein unendlich Wichtiges im Zusammengehen des Menschen mit der Welt erreicht wird, indem der Mensch singt. Singen ist ja an sich ein Nachbilden desjenigen, was schon in der Welt vorhanden ist. Indem der Mensch singt, bringt er zum Ausdruck die bedeutungsvolle Weisheit, aus der heraus die Welt gebaut ist. Aber man darf auch nicht vergessen, daß der Mensch im Singen das Kosmische der eigentlichen Tonfolge in Verbindung bringt mit dem menschlichen Wort. Daher kommt in den Gesang etwas Unnatürliches hinein. Das wird man schon empfinden können, wenn man das nicht Zusammengehörige des Tonlichen eines Gedichtes und des Inhaltlichen des Gedichtes auffassen wird. Es würde schon ein gewisser Fortschritt sein, wenn man den Versuch weiter ausbilden könnte, den wir ja jetzt angefangen haben: die Zeilen im bloßen Rezitativ zu halten und nur das Reimwort mit der Melodie zu beleben, so daß die Zeile im Rezitativ verfließt, das Reimwort ariengemäß gesungen wird. Dadurch würde eine reinliche Scheidung entstehen zwischen dem Tonlichen eines Gedichtes und dem Wortlichen, das ja den eigentlichen musikalischen Menschen stört.

Und wiederum, indem das Gehör des Menschen für das Musikalische ausgebildet wird, wird der Mensch dazu veranlaßt, das Musikalische der Welt selbst lebendig zu empfinden. Das ist von dem allergrößten Wert für den sich entwickelnden Menschen. Man darf nicht vergessen: Im Plastisch-Bildnerischen schauen wir die Schönheit an, leben sie; im Musikalischen werden wir selbst zur Schönheit. Das ist außerordentlich bedeutsam. Geht man in ältere Zeiten zurück, so findet man, in je ältere Zeiten man kommt, immer weniger von dem vorhanden, was wir eigentlich musikalisch nennen. Man kann die deutliche Empfindung haben, daß das Musikalische ein erst Werdendes ist, trotzdem manche Formen des Musikalischen wiederum schon im Absterben sind. Das beruht auf einer sehr bedeutsamen kosmischen Tatsache. In allem Plastisch-Bildnerischen war der Mensch ein Nachbildner der alten Himmelsordnung. Die höchste Nachbildung einer Welten-Himmelsordnung ist eine plastisch-bildnerische Nachbildung der Welt. Aber im Musikalischen ist der Mensch selbst schaffend. Da schafft er nicht aus dem, was schon vorhanden ist, sondern legt den Grund und Boden für das, was in Zukunft erst entstehen wird. Man kann sich natürlich ein gewisses Musikalisches dadurch schaffen, daß man zum Beispiel das Rauschen der Wasserwellen oder den Gesang der Nachtigallen nur musikalisch nachahmt. Aber das wirklich Musikalische und das wirklich Dichterische ist ein Neuschaffen, und aus diesem Neuschaffen heraus wird einmal die spätere Jupiter-, Venus- und Vulkanentwickelung entstehen. Wir retten gewissermaßen das, was noch entstehen soll, aus der vorhandenen Nullität seines Daseins in die Realität hinein, indem wir an das Musikalische anknüpfen.

Indem wir so an die großen Tatsachen in der Welt anknüpfen, bekommen wir erst auch das richtige Verständnis für den Unterricht. Das kann ihm erst die richtige Weihe geben, so daß wirklich der Unterricht eine Art Gottesdienst werden könnte, indem er ein solcher Weihedienst wird.

Was ich so hinstelle, wird mehr oder weniger ein Ideal sein. Aber wir können doch das, was wir im Konkreten tun, in das Ideal einreihen. Wir sollten zum Beispiel eines nicht versäumen – wenn wir mit den Kindern, die wir unterrichten, nun auch, was ebenfalls geschehen wird, in die Berge, in die Felder gehen, wenn wir sie also in die Natur führen –, aber gegenüber diesem die Kinder in die Natur Führen sollten wir vor allem immer im Auge behalten, daß der naturkundliche Unterricht selbst nur in das Schulgebäude hineingehört. Nehmen wir an, wir treten nun mit den Kindern in die Natur, wir lenken ihre Augen auf einen Stein oder auf eine Blume. Dabei sollten wir streng vermeiden, in der Natur draußen dasjenige anklingen zu lassen, was wir im Schulgebäude drinnen lehren. In der Natur draußen sollten wir die Kinder in ganz anderer Weise auf die Natur hinweisen als im Schulgebäude. Wir sollten das nie versäumen, sie darauf aufmerksam zu machen: Wir bringen euch ins Freie, damit ihr die Schönheit der Natur empfindet, und wir nehmen die Produkte der Natur hinein in das Schulhaus, damit wir euch drinnen die Natur zergliedern können. Daher sollten wir draußen den Kindern nie von dem sprechen, was wir ihnen drinnen zum Beispiel an den Pflanzen vorführen. Wir sollten den Unterschied hervorheben, daß es etwas anderes ist, die tote Natur im Klassenzimmer zu zergliedern, oder draußen die Natur in ihrer Schönheit zu betrachten. Dies sollten wir nebeneinanderstellen. Wer die Kinder in die Natur hinausführt, um ihnen draußen an einem Naturobjekt etwas zu exemplifizieren, was er im Klassenzimmer lehrt, der tut nicht etwas Richtiges. Man sollte schon in den Kindern eine Art Gefühl hervorrufen: Wir müssen leider die Natur zergliedern, wenn wir sie ins Klassenzimmer führen. Nur sollten dies die Kinder als eine Notwendigkeit empfinden, weil eben die Zerstörung von Natürlichem auch beim Aufbau des Menschen notwendig ist. Wir sollten durchaus nicht glauben, daß wir gut tun, wenn wir wissenschaftlich einen Käfer in der Natur draußen erklären. Die wissenschaftliche Erklärung des Käfers gehört ins Klassenzimmer! Freude an dem Käfer hervorrufen, Freude an seinem Laufen, an seiner Possierlichkeit, an seinem Verhältnis zur übrigen Natur, das sollten wir bewirken, wenn wir die Kinder ins Freie bringen. Und so sollten wir auch nicht versäumen, diese deutliche Empfindung in der Kinderseele hervorzurufen, daß im Musikalischen ein Schöpferisches vorhanden ist, ein über die Natur Hinausgehendes, und daß der Mensch selbst Mitschöpfer wird an der Natur, indem er das Musikalische entwickelt. Das wird natürlich sehr primitiv als Empfindung geformt werden müssen, aber es wird das erste sein, was gerade von dem willensartigen Element der Musik ausgehen muß: daß sich der Mensch im Kosmischen drinnen fühlt!

VIERTER VORTRAG

Stuttgart, 25. August 1919

Gestützt auf solche Empfindungen, wie sie hervorgehen können aus Auseinandersetzungen, wie wir sie eben in der Stunde über Allgemeine Pädagogik gepflogen haben, möchte ich gleich etwas Methodisches erwähnen, was außerordentlich wichtig ist und sich außerdem anschließen wird an die methodischen Auseinandersetzungen der vorhergehenden Tage.

Von durchschlagender Bedeutung müssen Sie sich vorstellen die erste Schulstunde, die Sie mit Ihren Schülern in jeder Klasse durchmachen. Von dieser ersten Schulstunde wird etwas viel Wichtigeres ausgehen in einer gewissen Beziehung als von allen andern Stunden. Aber auch die andern Stunden werden dann ausgenützt werden müssen, um das, was von der ersten Stunde ausgehen kann, wiederum für den ganzen Unterricht fruchtbar zu machen. Wir wollen uns nun gleich im Konkreten vorstellen, wie wir mit den Kindern – und Sie werden ja demnächst in der Lage sein, mit diesen aus allen Windrichtungen der Erziehung und auch Verziehung herkommenden Kindern sich bekanntzumachen – die erste Schulstunde gestalten werden. Natürlich kann ich hier nur allgemeine Andeutungen geben, die Sie dann weiter werden ausgestalten können. Es wird sich darum handeln, daß Sie sich nicht nach gewissen vertrackten Erziehungsgrundsätzen richten, die gerade in der neueren Zeit heraufgekommen sind, sondern daß Sie auf das sehen, was für die Entwickelung des Kindes wirklich von Bedeutung sein kann.

Sie haben also die Klasse vor sich mit den verschieden gearteten Kindern. Das erste wird sein, daß Sie die Kinder darauf aufmerksam machen, warum sie eigentlich da sind. Es ist von außerordentlicher Wichtigkeit, daß Sie mit den Kindern etwa in der Art sprechen: Ihr seid also jetzt in die Schule gekommen, und ich will euch sagen, warum ihr in die Schule gekommen seid. – Und nun soll gleich diese Handlung, daß die Kinder in die Schule gekommen sind, ins Bewußtsein heraufgehoben werden. – Ihr seid in die Schule gekommen, weil ihr in der Schule etwas lernen sollt. Ihr werdet heute noch keine Vorstellung davon haben, was ihr alles in der Schule lernen sollt, aber ihr werdet vielerlei in der Schule lernen müssen. Warum werdet ihr vielerlei in der Schule lernen müssen? Nun, ihr habt doch auch schon Bekanntschaft gemacht mit den Erwachsenen, mit den großen Leuten, und da werdet ihr gesehen haben, daß sie etwas machen können, was ihr nicht könnt. Und damit ihr auch einmal das können werdet, was die Großen können, dazu seid ihr hier. Ihr werdet einmal das können, was ihr jetzt noch nicht könnt. – Daß man diesen Vorstellungskomplex mit den Kindern durchgeht, ist außerordentlich wichtig. Doch dieser Vorstellungskomplex hat noch etwas anderes im Gefolge.

Kein Unterricht verläuft im richtigen Fahrwasser, der nicht begleitet ist von einer gewissen Pietät gegen die vorangehende Generation. So gefühls- und empfindungsmäßig diese Nuance bleiben muß, so muß sie doch mit allen Mitteln bei den Kindern kultiviert werden: daß das Kind mit Achtung, mit Respekt hinschaut auf das, was die älteren Generationen schon erreicht haben und was es auch durch die Schule erreichen soll. Dieses Hinschauen auf die Kultur der Umwelt mit einer gewissen Achtung, das muß in dem Kinde gleich von Anfang an erregt werden, so daß es wirklich in denjenigen Menschen, die schon älter geworden sind, gewissermaßen etwas höhere Wesen sieht. Ohne die Erweckung dieses Gefühls kommt man im Unterricht und in der Erziehung nicht vorwärts. Man kommt aber auch nicht vorwärts, wenn man nicht dasjenige ins Bewußtsein der Seele heraufhebt, was nun eigentlich werden soll. Daher stelle man weiterhin mit dem Kinde folgende Betrachtungen an, ganz ohne Bedenken dagegen, daß man etwa damit schon über den Horizont des Kindes hinausgeht. Das macht nämlich nichts, wenn man vieles zu dem Kinde sagt, was es erst später begreifen wird. Der Grundsatz, daß man an das Kind nur heranbringen solle, was es schon begreift, worüber es sich schon ein Urteil bilden kann, das ist der Grundsatz, der so vieles in unserer Kultur ruiniert hat. – Ein sehr bekannter Erzieher einer noch viel bekannteren Persönlichkeit der Gegenwart hat sich einmal gerühmt, diese Persönlichkeit nach dem folgenden Grundsatze erzogen zu haben. Der Mann sagte: Diesen Jungen habe ich gut erzogen, denn ich habe ihn gezwungen, sich sofort über alles ein Urteil zu bilden. – Nun, mit diesem Grundsatz, sich über alles

53

sofort ein Urteil zu bilden, sind heute sehr viele Leute einverstanden, und es ist nicht merkwürdig, daß man von einem sehr bekannten Pädagogen einer noch viel bekannteren Persönlichkeit hervorgehoben findet, daß er diesen Grundsatz dann in pädagogischen Büchern wieder betonen will. Ich habe doch das Erlebnis gehabt, daß, anknüpfend an diesen Grundsatz, in einem pädagogischen Werke der Gegenwart gesagt wurde: Man könne nur wünschen, daß man jedem deutschen Jungen und jedem deutschen Mädchen eine solche mustergültige Erziehung angedeihen lassen könne. – Sie sehen daran, daß man in den gegenwärtigen Pädagogiken vieles von dem finden kann, wie man es nicht machen soll, denn es liegt eine große Tragik in dieser Art des Erziehens, und diese Tragik wieder ist verknüpft mit der gegenwärtigen Weltkatastrophe.

Es handelt sich also nicht darum, daß das Kind sich über alles sofort ein Urteil bildet, sondern daß es zwischen dem 7. und 15. Jahre das, was es aufnehmen soll, aufnimmt aus Liebe, aus Autorität zum Erzieher. Daher suche man auch das schon angedeutete Gespräch, das man in beliebiger Weise erweitern kann, etwa so mit dem Kinde fortzuführen: Sieh einmal, die Erwachsenen haben Bücher und können lesen. Du kannst noch nicht lesen, aber du wirst lesen lernen, und du wirst, wenn du dann lesen gelernt hast, auch einmal die Bücher zur Hand nehmen können und aus ihnen dasjenige wissen können, was die Großen aus diesen Büchern wissen können. Die Großen können sich auch Briefe schreiben, können sich überhaupt über alle Dinge etwas aufschreiben. Du wirst später auch Briefe schreiben können, denn außer dem, daß du lesen lernst, wirst du auch schreiben lernen. Und außer Lesen und Schreiben können die Großen auch Rechnen. Du weißt noch gar nicht, was Rechnen ist. Aber Rechnen muß man im Leben können, wenn man zum Beispiel etwas zum Essen einkaufen will, oder wenn man Kleider einkaufen oder anfertigen will. – Solch ein Gespräch muß man mit dem Kinde führen und ihm dann sagen: Auch Rechnen wirst du lernen. – Es ist gut, wenn man die Aufmerksamkeit des Kindes darauf hinlenkt, und wenn man dann vielleicht gleich am nächsten Tage seine Aufmerksamkeit wieder darauf zurücklenkt, so daß man also in öfteren Wiederholungen auch dieses mit dem Kinde durchnimmt. Wichtig ist es also, daß man dasjenige ins Bewußtsein heraufhebt, was das Kind in einer solchen Weise tut.

Überhaupt ist es für den Unterricht und für die Erziehung von größter Wichtigkeit, daß man darauf sieht, dasjenige – wenn ich mich des Ausdrucks bedienen darf – bewußt ins Bewußtsein heraufzubringen, was sonst gewohnheitsmäßig im Leben vor sich geht. Dagegen ist es nicht von Vorteil für den Unterricht und für die Erziehung, wenn man in den Unterricht allerlei hineinfügt, was man nur zum Zwecke, sogar nur zum scheinbaren Zwecke des Unterrichts hineinfügt. Sie können heute finden, daß empfohlen wird, das Kind solle in die Schule kommen, ausgerüstet mit abgebrannten Zündhölzchen in einer Schachtel, und es sollte dann angeleitet werden, mit diesen abgebrannten Zündhölzchen – die am besten nicht rund sind, sondern viereckig, damit sie auf den schiefen Bänken des Schulzimmers nicht herunterrollen – Stäbchen zu legen. Es solle zum Beispiel angeleitet werden, ein Haus mit diesen Zündhölzchen nachzuformen und ähnliches. Stäbchenlegen ist ja ein Lieblingsfach, das heute für junge Kinder ganz besonders empfohlen wird. Eine solche Sache aber nimmt sich gegenüber einer wirklichen Erkenntnis des Lebens wie eine Spielerei aus, es hat keine Bedeutung für das Wesen des Menschen, irgend etwas am Stäbchenlegen zu lernen. Denn der Mensch kann so etwas, wozu das Stäbchenlegen führen kann, im späteren Leben nur als Spielerei ansehen. Es ist nicht gut, daß man bloße Spielereien in die Erziehung einführt. Dagegen das wirkliche Lebensvolle in die Erziehung einzuführen, das ist unsere Aufgabe; was aber bloße Spielerei ist, sollte nicht eingeführt werden. Also mißverstehen Sie nicht: ich sage nicht, daß das Spiel nicht in die Erziehung eingeführt werden sollte, es soll nur nicht ein für den Unterricht künstlich hergerichtetes Spiel in die Schule eingeführt werden. Über die Art, wie sich das Spiel in den Unterricht eingliedern soll, werden wir noch viel zu reden haben.

Wie kann man aber nun wirklich, und zwar auf die Willensbildung gleich von Anfang an wirken?

Wenn man in hinreichender Weise das durchgesprochen hat, was ich jetzt auseinandergesetzt habe, was auf der einen Seite dazu bestimmt ist, daß das Kind ein Bewußtsein dafür entwickelt, wozu es in der

Schule ist, und was auf der andern Seite bestimmt dazu ist, daß das Kind eine gewisse Achtung, einen gewissen Respekt vor den Erwachsenen bekommt, dann ist es wichtig, daß man zu etwas anderem übergeht. Es ist dann gut, wenn man ihm zum Beispiel sagt: Sieh dich einmal selber an. Du hast zwei Hände, eine linke Hand und eine rechte Hand. Diese Hände hast du zum Arbeiten; mit diesen Händen kannst du allerlei machen. – Also auch das, was am Menschen ist, versuche man ins Bewußtsein heraufzuheben. Das Kind soll nicht nur wissen, daß es Hände habe, sondern es soll sich auch bewußt werden, daß es Hände hat. Natürlich werden Sie nun vielleicht sagen: Es hat doch ein Bewußtsein davon, daß es Hände hat. – Aber es ist ein Unterschied, ob es weiß, daß es Hände zur Arbeit hat, oder ob ihm dieser Gedanke nie durch die Seele durchgegangen ist. Hat man mit dem Kinde über die Hände und über das Arbeiten mit den Händen eine Zeitlang gesprochen, so gehe man dazu über, das Kind irgend etwas in Handgeschicklichkeit machen zu lassen. Das kann unter Umständen schon in der ersten Stunde geschehen. Man kann ihm sagen: Jetzt mache ich dies

(siehe Zeichnung links). Also nimm deine Hand und mache es auch! – Man kann die Kinder nun dasselbe machen lassen, möglichst langsam, denn es wird sich schon langsam vollziehen, wenn man die Kinder einzeln herausruft, sie an der Tafel dieses machen läßt und sie dann wieder an ihren Platz gehen läßt. Das richtige Verdauen des Unterrichtes ist dabei von größter Bedeutung. Darnach kann man dem Kinde sagen: Jetzt mache ich dies (siehe Zeichnung rechts); jetzt macht ihr mit eurer Hand dies auch. – Nun macht jedes Kind dies auch. Nachdem dies absolviert ist, sagt man ihnen: Dies eine ist eine gerade Linie, und das andere ist eine krumme Linie; ihr habt also jetzt mit euren Händen eine gerade und eine krumme Linie gemacht. – Den Kindern, die ungeschickt sind, hilft man, aber man sehe darauf, daß jedes Kind es gleich von Anfang an in einer gewissen Vollkommenheit macht.

So also sehe man darauf, daß man die Kinder gleich von Anfang an etwas tun läßt, und man sehe weiter darauf, daß dann eine solche Handlung in den nächsten Stunden wiederholentlich durchgenommen wird. Man läßt in der nächsten Stunde also eine gerade Linie machen, dann eine krumme Linie. Nun kommt da eine feine Nuance in Betracht. Es ist nicht zuerst der große Wert darauf zu legen, daß Sie die Kinder aus dem Gedächtnisse eine gerade und eine krumme Linie machen lassen; sondern Sie machen auch das nächste Mal die gerade Linie an der Tafel vor und lassen die Kinder sie nachmachen und die krumme Linie ebenso. Nur fragen Sie dann: Du, was ist das? – Eine gerade Linie! – Du, was ist das? – Eine krumme Linie! – Sie sollten also das Prinzip der Wiederholung ausnützen, indem Sie das Kind die Zeichnung nachmachen lassen und, indem Sie es nicht selbst angeben, das Kind selber die Angabe machen lassen, was es vor sich hat. Diese feine Nuance zu benutzen, ist von großer Bedeutung. Sie müssen überhaupt darauf Wert legen, gewohnheitsmäßig den Kindern gegenüber das Richtige zu tun, in Ihre Gewohnheiten hinein die Unterrichtsmaximen zu bekommen.

Dann brauchen Sie durchaus nicht davor zurückzuscheuen, ziemlich früh – es ist gerade besonders gut, so etwas sehr früh mit den Kindern zu machen – einen Farbenkasten aufzustellen, ein Wasserglas daneben, Sie nehmen einen Pinsel zur Hand, tauchen ihn ins Wasserglas, nehmen von der Farbe etwas ab und, nachdem Sie vorher eine weiße Fläche auf der Tafel mit Reißnägeln angemacht haben, tragen Sie eine kleine gelbe Fläche darauf auf. Nachdem Sie diese kleine gelbe Fläche gemacht haben, lassen Sie wieder jedes Kind eine solche gelbe Fläche machen. Es muß jedes Kind einen gewissen Abstand von der andern gelben Fläche lassen, so daß Sie also dann so und so viele gelbe Flächen haben. Darauf tauchen Sie selbst den Pinsel in die blaue Farbe ein und machen neben die kleine Fläche, die Sie gelb angestrichen haben, unmittelbar daneben Blaues. Jetzt lassen Sie auch die Kinder in derselben Weise Blaues machen. Nachdem etwa die Hälfte der Kinder das gemacht hat, sagen Sie: Jetzt wollen wir etwas anderes machen; jetzt will ich den Pinsel ins Grüne tauchen und zu den andern Flächen eine grüne dazu machen. – Von den andern Kindern lasse ich nun – indem ich auf irgendeine Weise vermeide, daß die Kinder dabei gleich eifersüchtig aufeinander werden – in derselben Weise grün machen. Das wird eine gewisse Zeit in Anspruch nehmen; die Kinder werden es gut verdauen, wie es überhaupt darauf ankommt, ganz langsam, nur in ganz wenigem mit dem Unterricht fortzugehen. – Nun sollten Sie schon sagen: Jetzt will ich euch etwas mitteilen, was ihr noch nicht ganz gut verstehen könnt, was ihr aber einmal gut verstehen werdet: was wir da oben gemacht haben, daß wir blau neben gelb gesetzt haben, das ist schöner, als was wir da unten gemacht haben, wo wir grün neben gelb gesetzt haben; blau neben gelb ist schöner als grün neben gelb! – Das wird sehr tief in der Seele des Kindes haften. Darauf wird es erstens öfter zurückzuführen sein in der Wiederholung, es wird aber auch selber daran nagen; es wird es nicht ganz gleichgültig aufnehmen, sondern es wird an einfachen, primitiven Beispielen sehr gut verstehen lernen, nach und nach, im Gefühl abzuheben ein Schönes von einem weniger Schönen.

Ein Ähnliches ist auch möglich, beim musikalischen Unterricht zu verwenden. Auch da ist es gut, von irgendeinem Tone auszugehen. Man braucht dem Kinde gar nicht einmal den Namen dieses Tones beizubringen, sondern man schlägt in irgendeiner Weise einen Ton an. Gut ist es dann, von den Kindern selbst diesen Ton gleich anschlagen zu lassen, also auch da das Willentliche damit zu verbinden. Nachher schlägt man einen zweiten konsonierenden Ton an und läßt wieder eine Reihe von Kindern diesen selben konsonierenden Ton anschlagen. Nachher setzt man das fort, indem man zu einem Ton einen dissonierenden Ton anschlägt und läßt wieder von den Kindern dasselbe nachmachen. Und man versucht nun, ebenso wie vorher bei der Farbe, ein Gefühl von Konsonanz und Dissonanz für Töne bei den Kindern zu erwecken, indem man ihnen nicht von Konsonanz und Dissonanz redet, sondern von schön und weniger schön, also auch dabei auf die Empfindung sieht. Von diesen Dingen, nicht von Buchstaben aus, sollte der erste Unterricht ausgehen. Damit sollte man beginnen.

Nun nehmen wir an, wir haben zunächst den Klassenlehrer. Der wird in seinem Unterricht mit den Kindern diese eben angeführten Gespräche führen. Das Musikalische wird vielleicht davon getrennt sein müssen; es wird dann zu einer andern Zeit an die Kinder auch herangebracht werden. Nun wird es gut sein, wenn der Musiklehrer ein ganz ähnliches Gespräch, nur mehr auf das Musikalische abgestuft, mit den Kindern führt und es dann auch wiederholentlich vorbringt, damit das Kind sieht: Es wiederholt sich dies nicht nur bei einem Lehrer, sondern es sagt auch der andere Lehrer dasselbe und dadurch erfährt man dasselbe. Dadurch soll der mehr republikanische Charakter der Schule erzielt werden. In der Wochenkonferenz der Lehrerschaft sollten diese Dinge immer durchgesprochen werden und damit eine gewisse Einheit im Unterricht hervorgerufen werden.

Erst dann, wenn man in einer solchen Weise mit den Kindern manuellen Unterricht und Gehörunterricht getrieben hat, ist der Zeitpunkt gekommen, wo man übergeht zu den ersten Elementen des Lesens, und zwar namentlich des Lesens der geschriebenen Schrift. – Über alles einzelne werden wir noch genauer reden; heute möchte ich in der vorbereitenden Stunde nicht alles pedantisch nebeneinander stellen, ich möchte vielmehr die Gesichtspunkte angeben, nach denen wir dann weiter verfahren können. – Schon das wird außerordentlich gut auf das Kind in methodischer Beziehung wirken, wenn Sie ihm in den ersten Stunden davon gesprochen haben, daß es Schreiben, Lesen und Rechnen zwar jetzt noch nicht kann, aber alle diese Dinge in der Schule lernen wird. Dadurch prägt sich in dem Kinde die Hoffnung aus, der Wunsch, der Vorsatz, und es lebt sich durch das, was sie selber tun, in eine Gefühlswelt hinein, die wieder Ansporn ist zur Willenswelt. Also selbst das können Sie tun, daß Sie in bezug auf das Erzieherische das, was Sie später tun wollen, nicht unmittelbar an das Kind heranbringen, sondern es einige Zeit in der Erwartung lassen. Das wirkt außerordentlich günstig auf die Willensausbildung des werdenden Menschen.

Nun möchte ich, bevor ich weiter darauf eingehe, einige Vorstellungen bei Ihnen zerstreuen, die Sie vielleicht beirren könnten. Es ist so viel gesündigt worden durch die bisherigen Methoden des Lesen- und Schreibenlernens, insbesondere aber desjenigen Lernens, das mit dem Lesen- und Schreibenlernen doch verknüpft ist: mit dem Sprachunterricht, mit der Grammatik, der Satzlehre und so weiter. So viel ist gesündigt worden, daß es wohl wenige Menschen gibt, die sich nicht mit einem gewissen Schrecken erinnern an die Art, wie sie Grammatik oder gar Syntax lernen mußten. Dieser Schrecken ist ja voll berechtigt. Allein es darf nicht geglaubt werden, daß deshalb das Lernen der Sprachlehre als solches unnütz wäre und daß man es ganz beseitigen sollte. Das wäre ein ganz falscher Glaube. Selbstverständlich könnte es sein, daß nun – da man einfach das Richtige dadurch zu treffen sucht, daß man von einem Extrem ins andere geht – jemand sagte: Also lassen wir alle Grammatik weg, lehren wir das Kind praktisch lesen, indem wir ihm Lesestücke vorlegen: Lehren wir es Lesen und Schreiben ohne alle Grammatik! – Diese Vorstellung könnte sich gerade aus dem Schrecken heraus ergeben, an den sich mancher erinnert. Doch das Lernen der Grammatik ist nicht ein unnötiger Faktor, besonders nicht in unserer Zeit, aus dem folgenden Grunde.

Was tun wir denn eigentlich, indem wir das unbewußte Sprechen zu dem grammatikalischen, zu dem Wissen von dem Grammatikalischen erheben? Wir gehen bei unserem Zögling dazu über, die Sprache von dem Unbewußten überhaupt ins Bewußte zu erheben; wir wollen ihm gar nicht pedantisch Grammatik beibringen, sondern das, was sonst unbewußt vollzogen wird, zum Bewußten erheben. Unbewußt oder halb bewußt rankt sich in der Tat der Mensch im Leben an der Außenwelt hinauf so, wie es dem entspricht, was man in der Grammatik lernt. In der Grammatik lernen wir zum Beispiel, daß es Hauptwörter gibt. Hauptwörter sind Bezeichnungen für Gegenstände, für Gegenstände, die in gewissem Sinne im Raume abgeschlossen sind. Daß wir an solche Gegenstände im Leben herantreten, ist nicht ohne Bedeutung für unser Leben. Wir werden uns an alledem, was durch Hauptwörter ausgedrückt wird, unserer Selbständigkeit als Menschen bewußt. Wir sondern uns von der Außenwelt dadurch ab, daß wir lernen durch Hauptwörter die Dinge zu bezeichnen. Wenn wir etwas Tisch oder Stuhl nennen, so sondern wir uns von dem Tisch oder dem Stuhl ab: Wir sind hier, der Tisch oder Stuhl ist dort. Ganz anders ist es, wenn wir durch Eigenschaftswörter die Dinge bezeichnen. Wenn ich sage: Der Stuhl ist blau –, so drücke ich etwas aus, was mich mit dem Stuhl vereint. Die

Eigenschaft, die ich wahrnehme, vereinigt mich mit dem Stuhl. Indem ich einen Gegenstand durch ein Hauptwort bezeichne, sondere ich mich von ihm ab; indem ich die Eigenschaft ausspreche, rücke ich wieder mit ihm zusammen, so daß die Entwickelung unseres Bewußtseins im Verhältnis zu den Dingen in Anreden spielt, die man sich durchaus zum Bewußtsein bringen muß. – Spreche ich das Tätigkeitswort aus: Der Mann schreibt –, dann vereinige ich mich nicht nur mit dem Wesen, von dem ich das Tätigkeitswort ausspreche, sondern ich tue mit, was der andere tut mit seinem physischen Leibe. Das tue ich mit, mein Ich tut es mit. Was mit dem physischen Leibe ausgeführt wird, das tut mein Ich mit, indem ich ein Zeitwort, ein Tätigkeitswort ausdrücke. Ich verbinde mein Ich mit dem physischen Leib des andern, wenn ich ein Tätigkeitswort ausdrücke. Unser Zuhören, namentlich bei den Tätigkeitsworten, ist in Wirklichkeit immer ein Mittun. Das Geistigste zunächst im Menschen tut mit, es unterdrückt nur die Tätigkeit. In der Eurythmie wird nur diese Tätigkeit in die Außenwelt hineingestellt. Die Eurythmie gibt neben allem übrigen eben auch das Zuhören. Wenn einer etwas erzählt, so hört der andere zu, indem er das, was in Lauten physisch lebt, in seinem Ich mittut, doch er unterdrückt es. Das Ich macht immer Eurythmie mit, und das, was wieder die Eurythmie an dem physischen Leibe ausführt, ist nur das Sichtbarwerden des Zuhörens. Sie eurythmisieren also immer, indem Sie zuhören, und indem Sie wirklich eurythmisieren, machen Sie nur dasjenige sichtbar, was Sie unsichtbar sein lassen beim Zuhören. Die Offenbarung der Tätigkeit des zuhörenden Menschen ist nämlich Eurythmie. Sie ist gar nichts Willkürliches, sondern sie ist in Wirklichkeit das Offenbarwerden der Tätigkeit des zuhörenden Menschen. – Die Menschen sind ja heute innerlich furchtbar verschlampt, so daß sie zunächst beim Zuhören innerlich eine furchtbar schlechte Eurythmie machen. Indem Sie es normativ machen, erheben Sie es zu einer wirklichen Eurythmie. Die Menschen werden durch Eurythmie lernen, richtig zuzuhören, denn heute können sie nämlich nicht richtig zuhören. – Ich habe sonderbare Entdeckungen bei meinen jetzigen Vorträgen gemacht. Es treten in der Diskussion zum Beispiel Redner auf. Aber man merkt aus ihren Reden sehr bald, daß sie eigentlich den ganzen Vortrag gar nicht gehört haben, nicht einmal physisch, sondern sie haben nur gewisse Teile des Vortrages gehört. Besonders im jetzigen Zeitraume unserer Menschheitsentwickelung ist das von ganz besonderer Bedeutung. So greift irgend jemand in die Diskussion ein und spricht dann von dem, was er seit Jahrzehnten gewohnt ist zu denken. Nun spricht man vor sozialistisch denkenden Menschen, aber die hören eigentlich nur das, was sie von ihren Agitatoren seit Jahrzehnten gehört haben, das andere hören sie nicht einmal physisch. Sie drücken das manchmal naiv aus, indem sie sagen: Dr. Steiner sagt manches Schöne, aber er sagt nichts Neues! – Die Leute sind so starr geworden von ihrem Zuhören, daß sie alles übrige verwuseln, außer demjenigen, was sich ihnen seit Jahrzehnten eingestarrt hat. Die Menschen können nicht zuhören und werden immer weniger zuhören können in unserem Zeitalter, wenn nicht dieses Zuhören durch Eurythmie wieder erweckt wird.

Es muß wieder eine Art Gesundung des Seelenwesens eintreten. Daher wird es besonders wichtig sein, daß zu dem Materialistisch-Hygienischen des Turnunterrichts und zu allem, wo bloß auf die Physiologie der Körperverrichtungen Rücksicht genommen wird, hinzugefügt werde die Hygiene der Seele, indem immer abwechselnd eine Turnstunde und eine Eurythmiestunde gegeben wird. Da wird, wenn auch Eurythmie in erster Linie etwas Künstlerisches ist, das hygienische Element der Eurythmie zum besonderen Vorteil des zu Erziehenden werden, denn die Menschen werden nicht nur etwas Künstlerisches in der Eurythmie lernen, sondern sie werden durch die Eurythmie für die Seele dasselbe lernen, was sie vom Turnen für den Leib lernen, und diese beiden Dinge werden gerade sehr schön ineinanderwirken. Es kommt darauf an, daß wir wirklich unsere Kinder so erziehen, daß sie wieder auf die Umwelt, auf ihre Mitmenschen achten lernen. Das ist ja die Grundlage alles sozialen Lebens. Heute redet jeder von sozialen Impulsen, aber lauter antisoziale Triebe sind unter den Menschen vorhanden. Sozialismus müßte damit beginnen, daß die Menschen sich wieder achten lernen. Das können sie nur, wenn sie einander wirklich zuhören. Es ist außerordentlich wichtig, daß man auf diese Dinge wieder die Empfindung lenkt, wenn man Erzieher und Unterrichter werden soll.

Indem Sie nun von so etwas wissen: durch das Aussprechen des Hauptwortes trenne ich mich ab von der Umwelt, durch das Aussprechen des Eigenschaftswortes verbinde ich mich mit ihr, und durch das Aussprechen des Tätigkeitswortes gehe ich tätig auf in der Umwelt, tue mit, indem Sie das wissen, werden Sie dadurch schon mit einer ganz andern inneren Betonung von Hauptwort, Eigenschaftswort und Zeitwort reden, als wenn Sie dieses Bewußtsein nicht haben. Das alles ist jedoch nur präliminarisch, soll noch weiter fortgesetzt werden. Ich will nur jetzt gewisse Vorstellungen hervorrufen, deren Nichtvorhandensein Sie beirren könnte.

Es ist also außerordentlich wichtig, daß wir wissen, was das Sich-zum-Bewußtsein-Bringen des Aufbaues unserer Sprache für den Menschen für eine Bedeutung hat. Aber außerdem müssen wir uns ein Gefühl aneignen, das im heutigen Menschen auch schon größtenteils erstorben ist, ein Gefühl dafür, wie weise eigentlich die Sprache ist. Sie ist ja viel gescheiter als wir alle. Die Sprache ist – das werden Sie von vornherein doch glauben – in ihrem Bau nicht von Menschen aufgebaut. Denn denken Sie sich, wenn die Menschen sich hätten in Parlamenten zusammensetzen sollen und aus ihrer Gescheitheit heraus den Sprachbau bestimmen, was dabei herausgekommen wäre! Etwas, was so gescheit ist wie unsere Gesetze! Der Sprachbau aber ist wahrlich gescheiter als unsere Staatsgesetze. Der Sprachbau enthält größte Weistümer. Und wie bei einem Volke oder einem Volksstamme gesprochen wird, davon kann man außerordentlich viel lernen. Indem man sich bewußt hineinlebt in das Gefüge der Sprache, lernt man von dem Sprachgenius selbst sehr viel. Und etwas Konkretes empfinden lernen von dem Wirken und Weben des Sprachgeistes, das ist von außerordentlicher Wichtigkeit. Glauben, daß der Sprachgenius in dem Aufbau der Sprache wirkt, das ist von einer großen Bedeutung. Dieses Gefühl kann auch weiter ausgebaut werden, kann so weit ausgebaut werden, daß man sich bewußt wird: Wir Menschen sprechen; die Tiere können noch nicht sprechen, sie haben höchstens die Anfänge einer artikulierten Sprache. – In unserer Zeit, wo man alles verwischen will, schreibt man ja auch den Ameisen und den Bienen Sprache zu. Aber das ist ja gegenüber der Wirklichkeit alles Unsinn. Das ist alles aufgebaut auf eine

Urteilsform, auf die ich öfter aufmerksam gemacht habe. Es gibt heute Naturphilosophen, die sich sehr weise dünken und die sagen: Warum sollten denn nicht auch die Pflanzen ein Willens- und Empfindungsleben haben? Gibt es doch sogar solche Pflanzen, die sogenannten fleischfressenden Pflanzen, die, wenn kleine Tiere in ihre Nähe fliegen, diese anziehen und sich dann schließen, wenn das Tier in sie hereingekrochen ist. – Das sind also Wesen, die sich scheinbar willentlich verhalten zu dem, was in ihre Nähe kommt. Aber man darf solche äußere Merkmale nicht zur Charakteristik des Willens verwenden. Wenn von einer solchen Anschauung die Rede ist, dann sage ich gewöhnlich, indem ich dieselben logischen Formen dabei verwende: Ich kenne ein Ding, das auch wartet, bis ein lebendiges Wesen in seine Nähe kommt, dann es aufnimmt und innerlich festhält. Das ist die Mausefalle. Das bloße Anschauen der Mausefalle könnte man also ebenso für einen Beweis für das Leben der Mausefalle halten, wie das Anschauen der Venusfliegenfalle für das Bewußtsein dieser Pflanze.

Man muß sich ein starkes Bewußtsein dafür aneignen, daß artikuliertes Sprechen menschliches Eigentum ist. Der Mensch muß sich auch zum Bewußtsein bringen, wie er in der Welt den andern drei Reichen der Natur gegenübersteht. Wenn er sich dessen bewußt ist, weiß er, daß sein Ich wesentlich mitbedingt ist durch alles, was Sprache ist. Heute ist allerdings für die Menschen das Sprechen auch schon etwas sehr Abstraktes geworden. Aber ich möchte Sie an etwas erinnern, aus dem Sie wieder Respekt für die Sprache bekommen können. Wenn in sehr alten Zeiten, zum Beispiel in der jüdischen Kultur – aber noch deutlicher ausgesprochen gilt das für die noch älteren Kulturen – die Kultusvertreter, die Kultusverwalter, die Priester bei den Kultushandlungen auf gewisse Begriffe gekommen sind, so haben sie die Rede unterbrochen und gewisse Bezeichnungen für hohe Wesen nicht durch Worte gegeben, sondern sie sind dann stumm geworden und haben nur die entsprechende eurythmische Gebärde gemacht, dann haben sie weiter geredet. So wurde zum Beispiel jener Name, der uns heute schon ganz abstrakt klingt und der im Hebräischen wiedergegeben hat das «Ich bin der Ich-bin», niemals ausgesprochen, sondern es wurde immer die Rede bis zu ihm geführt, dann das Zeichen gemacht, dann wurde die

Rede fortgesetzt. Das bedeutete, durch die Gebärde ausgedrückt, den «unaussprechlichen Namen des Gottes im Menschen». Warum wurde das so gemacht? Es wurde deshalb gemacht, weil, wenn dieser Name ohne weiteres ausgesprochen und nachgesprochen worden wäre, dann die Menschen durch ihre damalige Sensitivität betäubt worden wären. Es gab noch Sprachlaute und Sprachlautverbindungen, durch welche die Menschen alter Kulturen betäubt werden konnten, so stark wirkten sie auf sie. Etwas wie ein reines Ohnmachtsgefühl wäre beim Aussprechen und Anhören solcher Worte über die Menschen gekommen. Deshalb sprach man von dem «unaussprechlichen Namen Gottes». Das hatte eine große Bedeutung. Und beschrieben finden Sie dies, indem davon gesagt wird: Es dürfen nur die Priester und auch die nur bei besonderen Gelegenheiten solche Namen aussprechen, weil sonst, beim Aussprechen vor nicht dazu vorbereiteten Menschen, Himmel und Erde zusammenfallen würden. Das heißt, der Mensch wäre ohnmächtig geworden. Daher wurde ein solcher Name durch eine Gebärde ausgedrückt. Was also die Sprache wirklich ist, wurde durch eine solche Empfindung ausgedrückt. Heute aber plappern die Menschen alles gedankenlos hin. Wir können heute nicht mehr die Empfindungen variieren, und diejenigen Menschen sind sehr selten geworden, die, ohne sentimental zu sein, bei gewissen Romanstellen zum Beispiel die Tränen in die Augen bekommen. Das ist etwas heute schon recht Atavistisches. Es hat sich das lebendige Empfinden für das, was in der Sprache und in der Sprachempfindung liegt, sehr abgestumpft.

Das ist etwas, was unter vielen andern Dingen auch wieder belebt werden muß und woran wir, wenn wir es beleben werden, deutlich fühlen lernen können, was wir an dem Sprechen haben. Wir verdanken vieles in unserem Ich-Gefühl, daß wir uns als Persönlichkeit fühlen, gerade der Sprache. Und es kann sich schon im Menschen sogar bis zu etwas wie Gebetsstimmung das Gefühl erheben: Ich höre sprechen in der Sprache um mich her, da fließt die Kraft des Ich durch die Sprache in mich hinein! – Haben Sie dieses Gefühl von der Heiligkeit des Aufrufens des Ich durch die Sprache, dann werden Sie es auch durch die verschiedenen Maßnahmen bei den Kindern erwecken können. Und dann werden Sie namentlich das Ich-Gefühl bei den Kindern nicht in egoistischer Weise erwecken, sondern in einer andern Weise. Denn man kann das Ich-Gefühl in zweifacher Weise beim Kinde erwecken. Wenn man es falsch erweckt, dann wirkt es gerade zur Anfachung des Egoismus, wenn man es richtig erweckt, wirkt es zur Anfachung des Willens, geradezu zur Selbstlosigkeit, gerade zum Leben mit der Außenwelt.

Was ich jetzt gesprochen habe, das ist für Sie gesprochen als das, was Sie als Erziehende und Unterrichtende durchdringen soll. Anzuwenden werden Sie es haben in der Gestaltung des Sprachunterrichts. Wie man es in der Praxis durchdringen kann mit Bewußtheit, um Persönlichkeitsbewußtseinsgefühl in dem Kinde zu erwecken, davon wollen wir morgen weiter sprechen.

FÜNFTER VORTRAG

Stuttgart, 26. August 1919

Wir haben gestern von der Art gesprochen, wie die erste Schulstunde angehen sollte. Ich kann selbstverständlich nicht jeden einzelnen Schritt weiter charakterisieren, möchte Ihnen aber doch im wesentlichen den Gang des Unterrichtes so angeben, daß Sie im Praktischen etwas daraus machen können.

Sie haben gesehen, wir haben den Hauptwert darauf gelegt, daß zunächst das Kind sich bewußt werde, warum es eigentlich in die Schule kommt, daß dann übergegangen werde dazu, daß das Kind sich bewußt werde, daß es Hände hat; und nachdem wir ihm dies zum Bewußtsein gebracht haben, sollte ein gewisses Zeichnen angehen und sogar ein gewisses Übergehen zu etwas Malerischem, an dem dann die Empfindung des Schönen und des weniger Schönen entwickelt werden kann. Wir haben gesehen, daß dies, was sich da ausbildet, auch beobachtet werden kann beim Hören, und daß die ersten Elemente des musikalischen Empfindens im Schönen und weniger Schönen sich daran anschließen werden.

Wir wollen nun nach der Seite des Nächstfolgenden den Unterricht ein wenig verfolgen. Ich nehme dabei an, daß Sie solche Übungen mit dem Stift und mit der Farbe eine Zeitlang fortgesetzt haben. Es ist durchaus ein Erfordernis eines auf guten Grundlagen ruhenden Unterrichtes, daß dem Schreibenlernen vorangehe ein gewisses Eingehen auf ein Zeichnerisches, so daß gewissermaßen das Schreiben herausgeholt werde aus dem Zeichnen. Und es ist ein weiteres Erfordernis, daß dann wiederum aus dem Lesen des Geschriebenen erst herausgeholt werde das Lesen des Gedruckten. Also werden wir versuchen, von dem Zeichnen den Übergang zu finden zu dem Schreiben, vom Schreiben zum Lesen des Geschriebenen und vom Lesen des Geschriebenen zum Lesen des Gedruckten. Ich setze dabei voraus, daß Sie es dahin gebracht haben, daß das Kind durch das zeichnerische Element schon ein wenig darinnensteht, runde und geradlinige Formen, die es im Schreiben braucht, zu beherrschen. Dann würden wir von da aus wieder den

67

Übergang versuchen zu dem, was wir schon besprochen haben als die Grundlage des Schreibe-Leseunterrichtes. Ich werde Ihnen heute zunächst in einigem zu zeigen versuchen, wie Sie da vorgehen können.

Also angenommen, das Kind habe es schon dazu gebracht, daß es geradlinige Formen und runde Formen beherrschen kann mit dem Händchen. Dann versuchen Sie, das Kind zunächst darauf hinzuweisen, daß es eine Reihe von Buchstaben gibt. Wir haben begonnen mit dem Fisch und dem f, die Reihenfolge ist dabei gleichgültig. Sie brauchen nicht alphabetisch vorzugehen, ich tue es jetzt nur, damit Sie etwas Enzyklopädisches haben. Wir wollen sehen, wie wir zu Rande kommen, wenn wir so vorgehen, das Schreiben und Lesen so zu entwickeln, wie es aus Ihrer eigenen, freien imaginativen Phantasie folgt. Da würde ich zunächst dem Kinde sagen: Du weißt, was ein Bad ist – und dabei will ich eine Zwischenbemerkung machen: es kommt im Unterrichten sehr darauf an, daß man in rationeller Weise schlau ist, das heißt, daß man immer hinter den Kulissen auch etwas hat, was wieder zur Erziehung und zum Unterrichte beiträgt. Es ist gut, wenn Sie zu dem, was ich jetzt entwickeln werde, gerade das Wort Bad verwenden, damit das Kind dadurch, daß es jetzt in der Schule ist, sich an ein Bad, an das Waschen überhaupt erinnert, an die Reinlichkeit. So etwas immer im Hintergrunde zu haben, ohne daß man es ausgesprochen charakterisiert und in Ermahnungen kleidet, das ist gut. Seine Beispiele so wählen, daß das Kind gezwungen ist, an etwas zu denken, was zu gleicher Zeit zu einer moralisch-ästhetischen Haltung beitragen kann, das ist gut. Dann gehen Sie dazu über zu sagen: Sieh, wenn die Großen das, was das Bad ist, niederschreiben wollen, so schreiben sie das folgendermaßen nieder: BAD. Dies also ist das Bild desjenigen, das du aussprichst, indem du «Bad» sagst, das Bad bezeichnest. – Jetzt lasse ich wieder eine Anzahl von Schülern einfach dieses nachschreiben, damit die Kinder jedesmal, wenn sie so etwas bekommen, die Sache auch schon in das Händchen hineinbekommen, daß sie es nicht bloß mit dem Anschauen, sondern mit dem ganzen Menschen auffassen. Jetzt werde ich sagen: Sieh, du fängst an «Bad» zu sagen. Wir wollen jetzt einmal den Anfang uns klarmachen: B. – Das Kind muß geführt werden von dem Aussprechen des ganzen Wortes BAD zu dem Aushauchen des Anfangslautes, wie ich es für den Fisch gezeigt habe. Und nun muß dem Kinde klargemacht werden: Wie dies BAD das Zeichen ist für das ganze Bad, so ist das B das Zeichen für den Anfang des Wortes BAD.

Jetzt mache ich das Kind darauf aufmerksam, daß solch ein Anfang auch noch bei andern Worten vorhanden ist. Ich sage: Wenn du sprichst Band, so fängst du geradeso an; wenn du sprichst Bund, was manche Frauen auf dem Kopf tragen, einen Kopfbund, so fängst du es ebenso an. Dann hast du vielleicht im Tiergarten schon einen Bären gesehen: da fängst du ebenso an zu hauchen; jedes dieser Worte fängt mit demselben Hauch an. – Auf diese Weise versuche ich beim Kinde überzugehen von dem Ganzen des Wortes zu dem Anfange des Wortes, es überzuführen zu dem bloßen Laut beziehungsweise zum Buchstaben; immer aus dem Worte heraus einen Anfangsbuchstaben zu entwickeln.

Nun handelt es sich darum, daß Sie vielleicht versuchen, den Anfangsbuchstaben selber zuerst auch sinnvoll aus dem Zeichnerischen heraus zu entwickeln. Das werden Sie gut können, wenn Sie einfach Ihre Phantasie zu Hilfe nehmen und sich sagen: Diejenigen Menschen, die zuerst solche Tiere gesehen haben, die mit B anfangen, wie Biber, Bär und dergleichen, die zeichneten den Rücken des Tieres, die Füße,

die aufsitzen und die Vorderpfoten, die sich erheben; ein sich aufrichtendes Tier zeichneten sie, und die Zeichnung ging über in das B. Bei einem Worte werden Sie immer finden – und da können Sie ihre phantasievollen Imaginationen eben spielen lassen, brauchen gar nicht auf

Kulturgeschichten, die doch nicht vollständig sind, einzugehen –, daß der Anfangsbuchstabe eine Zeichnung ist, eine Tier- oder Pflanzenform oder auch ein äußerer Gegenstand. Historisch ist das so: Wenn Sie zurückgehen auf die ältesten Formen der ägyptischen Schrift, die noch eine Zeichenschrift war, so finden Sie überall in den Buchstaben Nachahmungen von solchen Dingen. Und im Übergange von der ägyptischen Kultur in die phönizische hat sich das erst vollzogen, was man nennen kann: Entwickelung von dem Bilde zu dem Zeichen für den Laut. Diesen Übergang muß man das Kind nachmachen lassen. Machen wir ihn uns für unsere Information einmal theoretisch klar.

In den ersten Zeiten der Schriftentwickelung war es in Ägypten so, daß einfach alles einzelne, was niedergeschrieben werden sollte, durch Bilderschrift niedergeschrieben, gezeichnet wurde, allerdings so gezeichnet wurde, daß man lernen mußte, die Zeichnung möglichst einfach zu machen. Wer Fehler machte, wenn er zum Abschreiben dieser Bilderschrift angestellt war, der wurde zum Beispiel, wenn ein heiliges Wort verfehlt worden war, zum Tode verurteilt. Also im alten Ägypten nahm man diese Dinge, die mit dem Schreiben zusammenhingen, sehr, sehr ernst. Da war aber auch alles, was Schrift war, in der angedeuteten Weise Bild. Dann ging die Kultur über auf die mehr in der Außenwelt lebenden Phönizier. Da behielt man dann immer das Anfangsbild bei und übertrug dieses Anfangsbild auf den Laut. So zum Beispiel will ich Ihnen das, was auch für das Ägyptische gilt – weil wir ja hier nicht ägyptische Sprachen treiben können –, bei einem Worte zeigen, wo es sich am leichtesten in unserer Sprache nachbilden läßt. Die Ägypter wurden sich darüber klar, daß dasjenige, was der Laut M ist, dadurch bezeichnet werden konnte, daß man hauptsächlich auf die Oberlippe sieht. Daher nahmen sie das Zeichen für das M aus dem Bilde für die Oberlippe. Aus diesem Zeichen ging dann derjenige Buchstabe hervor, den wir für den Anfang des Wortes Mund haben, der dann blieb für jeden solchen Anfang, für alles, was mit M anfing. Dadurch wurde die bildhafte Wortbezeichnung – indem man immer das Bild von dem Anfang des Wortes nahm – zur Lautbezeichnung.

Dieses Prinzip, das in der Geschichte der Schriftentwickelung eingehalten worden ist, ist auch sehr gut im Unterricht zu verwenden, und

wir verwenden es hier. Das heißt, wir werden versuchen, aus dem Zeichnerischen heraus zum Buchstaben zu kommen: Wie wir aus dem Fisch mit seinen zwei Flossen zu dem f kommen, so kommen wir vom Bären, der tanzt, der aufgestellt ist, zum B; wir kommen von der Oberlippe zum Mund, zum M und versuchen uns durch unsere Imagination auf diese Weise für das Kind einen Weg zu bahnen vom Zeichnen zum Schreiben. – Ich sagte, es ist nicht nötig, daß Sie Kulturgeschichte des Schriftwesens treiben und sich dort aufsuchen, was Sie brauchen. Denn was Sie sich dort aufsuchen, das dient Ihnen viel weniger im Unterricht als das, was Sie durch Ihre eigene Seelentätigkeit, durch Ihre eigene Phantasie finden. Die Tätigkeit, die Sie anwenden im Studium der Kulturgeschichte der Schrift, die macht Sie so tot, daß Sie viel weniger lebendig auf Ihren Zögling wirken, als wenn Sie sich so etwas wie das B aus dem Bilde des Bären selbst ausdenken. Dieses Selbstausdenken erfrischt Sie so, daß auf den Zögling das, was Sie ihm mitteilen wollen, viel lebendiger wirkt, als wenn Sie erst kulturhistorische Exkurse anstellen, um etwas für den Unterricht zu gewinnen. Und auf diese zwei Dinge hin muß man das Leben und den Unterricht betrachten. Denn Sie müssen sich fragen: Was ist wichtiger, eine kulturhistorische, mit aller Mühe zusammengestellte Tatsache aufgenommen zu haben und sie mühselig in den Unterricht hineingetragen zu haben, oder in der Seele selber so regsam zu sein, daß man die Erfindung, die man macht, im eigenen Enthusiasmus auf das Kind überträgt? – Freude werden Sie immer haben, wenn es auch eine recht stille Freude ist, wenn Sie von irgendeinem Tier oder einer Pflanze die Form, die Sie selbst gefunden haben, auf den Buchstaben übertragen. Und diese Freude, die Sie selbst haben, wird in dem leben, was Sie aus Ihrem Zögling machen werden.

Dann geht man dazu über, das Kind darauf aufmerksam zu machen, daß das, was es so für den Anfang eines Wortes angeschaut hat, auch in der Mitte der Worte vorkommt. Also gehe man dazu über, zu dem Kinde zu sagen: Sieh einmal, du kennst das, was draußen auf den Feldern oder Bergen wächst, was im Herbst eingeerntet wird und aus dem der Wein bereitet wird: die Rebe. Die Rebe schreiben die Großen so: REBE. Jetzt überlege dir einmal, wenn du ganz langsam sprichst: Rebe, da ist in der Mitte dasselbe drinnen, was bei BÄR am Anfang war. – Man schreibt es immer zunächst groß auf, damit das Kind die Ähnlichkeit des Bildes hat. Dadurch bringt man ihm bei, wie das, was es für den Anfang eines Wortes gelernt hat, auch in der Mitte der Worte zu finden ist. Man atomisiert ihm weiter das Ganze.

Sie sehen, worauf es uns, die wir einen lebendigen Unterricht – im Gegensatz zu einem toten – erzielen wollen, ankommt: daß wir immer von dem Ganzen ausgehen. Wie wir im Rechnen von der Summe ausgehen, nicht von den Addenden, und die Summe zergliedern, so gehen wir auch hier von dem Ganzen ins Einzelne. Das hat den großen Vorteil für die Erziehung und den Unterricht, daß wir es erreichen, das Kind wirklich auch lebendig in die Welt hineinzustellen; denn die Welt ist ein Ganzes, und das Kind bleibt in fortwährender Verbindung mit dem lebendigen Ganzen, wenn wir so vorgehen, wie ich es angedeutet habe. Wenn Sie es die einzelnen Buchstaben aus dem Bilde heraus lernen lassen, so hat das Kind eine Beziehung zur lebendigen Wirklichkeit. Aber Sie dürfen nie versäumen, die Buchstabenformen so aufzuschreiben, wie sie sich aus einem Bilde ergeben, und Sie müssen immer Rücksicht darauf nehmen, daß Sie die Mitlaute, die Konsonanten, als Zeichnung von äußeren Dingen erklären – nie aber die Selbstlaute, die Vokale. Bei den Selbstlauten gehen Sie immer davon aus, daß sie wiedergeben das menschliche Innere und seine Beziehung zur Außenwelt. Wenn Sie also zum Beispiel versuchen, dem Kinde das A beizubringen, werden Sie ihm sagen: Nun stelle dir einmal die Sonne vor, die du morgens siehst. Kann sich keines von euch erinnern, was es da getan hat, wenn die Sonne morgens aufgegangen ist? – Nun wird sich vielleicht das eine oder andere Kind an das erinnern, was es getan hat. Wenn es nicht dazu kommt, wenn sich keines erinnert, so muß man dem Kinde in der Erinnerung etwas nachhelfen, was es getan hat, wie es sich hingestellt haben wird, gesagt haben wird, wenn der Sonnenaufgang sehr schön war: Ah! – Man muß diese Wiedergabe eines Gefühles anschlagen lassen, man muß versuchen, die Resonanz, die im Selbstlaut ertönt, aus dem Gefühl herauszuholen. Und dann muß man versuchen, zunächst zu sagen: Wenn du dich so hingestellt hast und Ah! gesagt hast, da ist das so, wie wenn von deinem Inneren hinausgegangen wäre wie in einem Winkel aus deinem Mund der Sonnenstrahl. Was in deinem Inneren lebt, wenn du den Sonnenaufgang siehst, das läßt du so (siehe Zeichnung links) ausströmen aus dir und bringst es hervor, indem du

A sagst. Du läßt es aber nicht ganz ausströmen, du hältst etwas davon zurück, und da wird das dann zu diesem Zeichen (siehe Zeichnung rechts). Sie können einmal den Versuch machen, das, was beim Selbstlaut im Hauch liegt, in zeichnerische Formen zu kleiden. Dadurch bekommen Sie Zeichnungen, die Ihnen im Bilde darstellen können, wie die Zeichen für die Selbstlaute entstanden sind. Die Selbstlaute sind ja auch bei primitiven Kulturen wenig vorhanden, auch bei den heutigen primitiven Kulturen. Die Sprachen der primitiven Kulturen sind sehr reich an Mitlauten, sie sind so, daß die Leute noch viel anderes in den Mitlauten, in den Konsonanten, zum Ausdruck bringen, als wir kennen. Sie schnalzen manchmal direkt, sie haben allerlei Raffiniertheiten, um komplizierte Konsonanten zum Ausdruck zu bringen, und dazwischen tönt nur so leise an der Vokal. Bei den afrikanischen Völkerschaften finden Sie Laute, die so sind, wie wenn man mit der Peitsche schnalzen würde und so weiter, dagegen klingen die Vokale bei ihnen nur leise an, und die europäischen Reisenden, die zu solchen Völkern kommen, lassen gewöhnlich viel mehr die Vokale ertönen, als sie bei diesen Völkern ertönen.

Wir können also immer aus dem Zeichnerischen die Selbstlaute herausholen. Wenn Sie zum Beispiel das Kind dahin bringen, ihm klarzumachen – indem Sie sich an sein Gefühl wenden –, daß es in einer solchen Situation ist wie zum Beispiel der folgenden: Sieh mal, es kommt dein Bruder oder deine Schwester zu dir. Sie sagen dir etwas, du verstehst sie nicht gleich. Dann kommt ein Augenblick, da fängst du an, sie zu verstehen. Wie drückst denn du das aus? – dann wird sich wieder ein Kind finden oder es werden sich die Kinder dahin bringen lassen, daß eines sagt i i i. In dem Hinweis auf das, was verstanden worden ist, liegt die zeichnerische Gestalt des Lautes I, die ja selbst grob in dem Hinweisen zum Ausdruck kommt. In der Eurythmie haben Sie es in klarerer Weise ausgedrückt. Es wird also der einfache Strich zum i, der einfache Strich, der unten dicker, oben dünner sein müßte; statt dessen macht man nur den Strich und drückt dann das Dünnwerden durch das kleinere Zeichen darüber aus. So kann man alle Selbstlaute herausholen aus der Gestalt des Hauches, aus der Gestalt des Atems.

Auf diese Weise bekommen Sie es fertig, dem Kinde zunächst eine Art Zeichenschrift beizubringen. Dann brauchen Sie sich gar nicht genieren, gewisse Vorstellungen zu Hilfe zu rufen, welche auch in der Empfindung etwas hervorrufen von dem, was ja in der Kulturentwickelung wirklich gelebt hat. So können Sie dem Kinde das Folgende beibringen. Sie sagen ihm: Sieh einmal das Obere des Hauses: Wie drückst du es aus? Dach! D! – Aber man müßte dann das D so machen: ⌒, das ist unbequem, daher haben die Leute es umgestellt: D. Solche Vorstellungen liegen in der Schrift, und Sie können sie durchaus benutzen.

Dann aber haben die Menschen nicht so kompliziert schreiben wollen, sondern sie haben es sich einfacher machen wollen. Daher ist aus diesem Zeichen: D, das eigentlich so sein sollte ⌂ – indem Sie jetzt übergehen zur kleinen Schrift, dieses Zeichen, das kleine d geworden. – Sie können durchaus die bestehenden Buchstabenformen in dieser Weise aus solchen Figuren heraus entwickeln, die Sie als zeichnerisch dem Kinde beigebracht haben. Auf diese Weise werden Sie, immer den Übergang von Form zu Form besprechend, niemals bloß abstrakt lehrend, das Kind vorwärtsbringen, so daß es den wirklichen Übergang findet von der zuerst aus dem Zeichnen herausgeholten Form zu jener Form, die nun der heutige Buchstabe, wenn er geschrieben wird, wirklich hat.

Solche Dinge sind ja von einzelnen, allerdings recht wenigen Leuten heute schon bemerkt worden. Es gibt Pädagogen, die schon darauf aufmerksam gemacht haben: Man sollte das Schreiben aus dem Zeichnen herausholen. Aber sie machen es anders, als es hier gefordert wird. Sie nehmen gewissermaßen gleich die Formen in Aussicht, wie sie zuletzt entstanden sind; sie nehmen eine Form, wie sie jetzt schon ist, so daß sie nicht aus dem Zeichen des sitzenden oder des tanzenden Bären zu dem B kommen, sondern sie nehmen das B wie es jetzt ist, zerlegen es in einzelne Striche und Linien: |) und wollen auf diese Weise das Kind vom Zeichnen zum Schreiben bringen. Sie machen das in abstracto, was wir im Konkreten versuchen. Also das Praktische des Hervorgehenlassens des Schreibens aus dem Zeichnen haben einige Pädagogen richtig bemerkt, aber die Menschen stecken zu sehr in dem Abgelebten der Kultur drinnen, als daß sie ganz klar auf das Lebendige kämen.

Ich möchte auch hierbei nicht versäumen, Sie darauf hinzuweisen, daß Sie sich nicht beirren lassen, indem Sie auf allerlei Bestrebungen in der Gegenwart sehen und sagen: Da ist dies schon gewollt, dort ist jenes schon gewollt. Denn Sie werden immer sehen: Aus sehr starken Tiefen heraus ist das nicht gewollt. Aber es drängt die Menschheit immer dahin, solche Dinge durchzuführen. Sie wird sie jedoch nicht durchführen können, bevor sie nicht die Geisteswissenschaft in die Kultur aufgenommen haben wird.

So können wir immer anknüpfen an den Menschen und seine Beziehung zur Umwelt, indem wir organisch schreiben und mit dem Lesen des Geschriebenen auch Lesen lehren.

Nun gehört zu dem Unterricht dazu – und wir sollten das nicht außer acht lassen – eine gewisse Sehnsucht, völlig frei zu sein. Und merken Sie, wie die Freiheit in diese Besprechung der Vorbereitung des Unterrichtes hineinfließt. Sie hat innerlich etwas zu tun mit der Freiheit. Denn ich mache Sie darauf aufmerksam, daß Sie sich nicht unfrei machen sollen, indem Sie nun ochsen sollen, wie die Schrift entstanden ist im Übergange von den Ägyptern zu den Phöniziern, sondern daß Sie danach sehen sollen, Ihre eigene Seelenfähigkeit selber zu entwickeln. Was dabei gemacht werden kann, das kann durchaus von dem einen Lehrer in dieser Weise, von dem andern in jener Weise gemacht werden. Es kann nicht jeder einen tanzenden Bären verwenden; es verwendet einer vielleicht etwas viel Besseres für dieselbe Sache. Was zuletzt erreicht wird, kann von dem einen Lehrer ebenso erreicht werden wie von dem andern. Aber jeder gibt sich selbst hin, indem er unterrichtet. Es wird seine Freiheit dabei völlig gewahrt. – Je mehr die Lehrerschaft in dieser Beziehung ihre Freiheit wird wahren wollen, desto mehr wird sie sich hineinlegen können in den Unterricht, wird sich hingeben können an den Unterricht. Das ist etwas, was in den letzten Zeiten fast völlig verlorengegangen ist. Sie können es an einer Erscheinung sehen.

Es hat sich vor einiger Zeit darum gehandelt – die Jüngeren unter Ihnen haben es vielleicht nicht miterlebt, den Älteren aber, die verständig waren, hat es Ärger genug gemacht –, auf geistigem Gebiete etwas Ähnliches zustande zu bringen wie die berühmte kaiserlich deutsche Reichstunke auf materiellem Gebiet. Sie wissen, man hat oft betont, daß für alle Wirtshäuser, die nicht auf besonderen Fremdenbesuch rechneten, sondern nur auf Deutsche, eine einheitliche Soße oder Tunke gemacht werden sollte. Kaiserlich deutsche Reichssoße nannte man es, man wollte einheitlich gestalten. So wollte man auch die Rechtschreibung, die Orthographie, einheitlich gestalten. Nun sind mit Bezug auf diesen Gegenstand die Leute von ganz merkwürdiger Gesinnung. Man kann an konkreten Beispielen diese Gesinnung studieren. Da gibt es ein sehr schönes zartes Verhältnis innerhalb des deutschen Geisteslebens, das zwischen *Novalis* und einer weiblichen Gestalt. Dieses Verhältnis ist deshalb so schön, weil Novalis, als die betreffende weibliche Gestalt weggestorben war, noch immer ganz bewußt mit ihr zusammenlebte, als sie schon in der geistigen Welt war, und von diesem Zusammenleben mit ihr auch spricht, in dem er der Gestorbenen in einer inneren meditativen Seelentätigkeit nachstirbt. Es gehört zu den schönsten, intimsten Sachen, die man in der deutschen Literaturgeschichte lesen kann, wenn man auf dieses Verhältnis von Novalis zu dieser weiblichen Gestalt kommt. Nun gibt es eine sehr geistvolle, von dem betreffenden Standpunkte aus auch interessante, streng philologische Abhandlung eines deutschen Gelehrten über das Verhältnis zwischen Novalis und seiner Geliebten. Darin wird «richtig gestellt» das zarte, schöne Verhältnis; denn es könne nachgewiesen werden, daß diese weibliche Persönlichkeit eher gestorben ist, als sie orthographisch richtig schreiben konnte. Sie hat in ihren Briefen Schreibfehler gemacht! Kurz, es wird das Bild dieser Persönlichkeit, die zu Novalis in Beziehung gestanden hat, in einer recht banausischen Weise gezeigt – alles nach ganz strenger Wissenschaftlichkeit. Die Methode dieser Wissenschaft ist so gut, daß jeder, der eine Dissertation macht, worin er diese Methode befolgt, diese Dissertation nach dem ersten Grade zensiert zu bekommen verdient! – Ich will nur darauf hinweisen, daß die Leute schon vergessen haben, daß *Goethe* ja niemals hat orthographisch schreiben können, daß er in Wirklichkeit sein ganzes Leben hindurch Fehler gemacht hat, insbesondere in seiner Jugend. Trotzdem aber konnte er zu der Goetheschen Größe emporsteigen! Und dann erst Personen, die mit ihm in Beziehung waren, auf die er sehr viel gegeben hat – ja, deren Briefe, wie sie jetzt manchmal faksimiliert werden, würden aus der Hand eines Schulmeisters mit lauter roten Strichen versehen hervorgehen! Sie würden einen recht abfälligen Grad in der Zensur bekommen.

Das hängt mit einer recht unfreien Nuance unseres Lebens zusammen, die im Unterricht und in der Erziehung nicht spielen dürfte. Sie hat aber vor einigen Jahrzehnten so gespielt, daß die Verständigen unter der Lehrerschaft sie als recht ärgerlich empfanden. Es sollte eine einheitliche deutsche Orthographie erstellt werden, die berühmte Puttkamersche Orthographie. Das heißt, es wurde vom Staate aus bis in die Schule hinein nicht nur ein Aufsichtsrecht ausgeübt, nicht nur die Verwaltung ausgeübt, sondern auch die Orthographie gesetzlich festgestellt. Sie ist auch darnach! Denn im Grunde genommen haben wir durch diese Puttkamersche Orthographie vieles verloren, was uns heute noch aufmerksam machen könnte auf gewisse Intimitäten der deutschen Sprache. Dadurch, daß die Menschen heute ein abstraktes Geschreibe vor sich haben, geht ihnen vieles verloren von dem, was früher leben konnte in der deutschen Sprache; es geht verloren für die sogenannte Schriftsprache.

Nun handelt es sich darum, in bezug auf eine solche Sache vor allem die richtige Gesinnung zu haben. Man kann ja selbstverständlich nicht eine beliebige Orthographie wuchern lassen, aber man kann wenigstens wissen, wie in bezug auf diesen Gegenstand der eine und der andere Pol sich verhalte. Würden die Leute schreiben können, nachdem sie Schreiben gelernt haben, was sie hören an andern oder an sich selbst, so wie sie es hören, so würden sie sehr verschieden schreiben. Sie würden eine sehr verschiedene Orthographie haben, würden sehr stark individualisieren. Das würde außerordentlich interessant sein, aber es würde den Verkehr erschweren. Auf der andern Seite liegt das vor für uns, daß wir nicht nur unsere Individualität im menschlichen Zusammenleben entwickeln, sondern auch die sozialen Triebe und die sozialen Gefühle. Da handelt es sich darum, daß wir einfach vieles von dem, was in unserer Individualität sich offenbaren könnte, abschleifen an dem, was wir um des Zusammenlebens willen mit den andern entwickeln sollen. Aber wir sollten von dieser Tatsache ein Gefühl haben, und dieses Gefühl sollte mit uns heranerzogen werden, daß wir so etwas nur tun aus sozialen Gründen. Daher werden Sie, indem Sie den Schreibunterricht hindirigieren zum Orthographieunterricht, ausgehen müssen von einem ganz bestimmten Gefühlskomplex. Sie werden das Kind immer wieder und wieder darauf aufmerksam machen müssen – ich habe das schon von einem andern Gesichtspunkt aus erwähnt –, daß es Achtung, Respekt haben soll vor den Großen, daß es hineinwächst in ein schon fertiges Leben, von dem es aufgenommen werden soll, daß es daher das zu beachten hat, was schon da ist. Von diesem Gesichtspunkte aus muß man versuchen, das Kind auch in so etwas einzuführen, wie es die Orthographie ist. Man muß mit dem Orthographieunterricht parallelgehend ihm entwickeln das Gefühl des Respektes, des Achtens desjenigen, was die Alten festgesetzt haben. Und man muß Orthographie nicht lehren wollen aus irgendeiner Abstraktion heraus, etwa wie wenn die Orthographie durch eine göttliche – für andere Puttkamersche – Gesetzmäßigkeit da wäre gleichsam aus dem Absoluten heraus, sondern Sie müssen in dem Kinde das Gefühl entwickeln: Die Großen, vor denen man Respekt haben soll, die schreiben so, man muß sich nach ihnen richten. – Dadurch wird man allerdings eine gewisse Variabilität in die Rechtschreibung hineinbringen; aber das wird nicht überwuchern, sondern es wird eine Anpassung des heranwachsenden Kindes an die Erwachsenen da sein. Und mit dieser Anpassung sollte man rechnen. Man sollte gar nicht den Glauben hervorrufen wollen: So ist es richtig, und so ist es falsch –, sondern man sollte nur den Glauben erwecken: So pflegen die Großen zu schreiben –, also auch da auf die lebendige Autorität bauen.

Das habe ich gemeint, wenn ich sagte: Übergegangen muß werden von dem Kinde bis zum Zahnwechsel zu dem Kinde bis zur Geschlechtsreife als von dem Nachahmen zur Autorität. Was ich damit meinte, muß im einzelnen überall konkret durchgeführt werden, nicht indem man dem Kinde Autorität eindressiert, sondern indem man so handelt, daß das Autoritätsgefühl entsteht, also indem man beim Orthographieunterricht so handelt, daß man das ganze orthographische Schreiben auf die sogenannte Autorität stellt, wie ich es jetzt auseinandergesetzt habe.

SECHSTER VORTRAG

Stuttgart, 27. August 1919

Sie werden ja nicht nur Lehrer und Erzieher an der Waldorfschule werden müssen, sondern, wenn es mit den rechten Dingen zugehen wird, so werden Sie auch Verteidiger des ganzen Systems der Waldorfschule werden müssen. Denn Sie werden ja, was die Waldorfschule eigentlich will, viel genauer wissen, als das der näheren oder ferneren äußeren Welt beigebracht werden kann. Damit Sie aber Verteidiger desjenigen, was mit der Waldorfschule und mit dieser für die allgemeine Geisteskultur angestrebt wird, im rechten Sinne sein können, werden Sie in die Lage kommen müssen, diese Verteidigung gegen die Meinungen der Gegenwart auch zu führen, wenn diese Meinungen der Gegenwart gegnerisch oder auch nur einwendend auftreten. Daher muß ich in dieser unserer pädagogisch-didaktischen Betrachtung eine Episode einfügen, die sich aber ganz naturgemäß an das anschließen wird, was wir in den bisherigen Didaktikstunden bereits auseinandergesetzt haben.

Sie wissen, daß auch auf pädagogischem Gebiete jetzt viel erwartet wird von der sogenannten experimentellen Psychologie. Man macht Experimente mit Menschen, um festzustellen, wie der Mensch begabt sein kann für das Begriffebilden, für das Gedächtnis, jetzt auch schon für das Wollen, obwohl das naturgemäß nur auf einem Umwege konstatiert werden kann, da ja das Wollen sich schlafend vollzieht und man das, was der Mensch im Schlaf erlebt, mit dem elektrischen Apparat im psychologischen Laboratorium ebenso nur mittelbar erfahren kann, wie auch das, was er im Schlafe erlebt, nicht unmittelbar experimentell beobachtet werden kann. Man macht also solche Experimente. Glauben Sie nicht, daß ich im ganzen gegen solche Experimente etwas einzuwenden habe. Diese Experimente können als Ranken der Wissenschaft, als äußere Ausläufer der Wissenschaft bedeutungsvoll sein. Man kann allerlei Interessantes durch solche Experimente erfahren, und ich will sie durchaus nicht in Bausch und Bogen verdammen. Ich wünschte, daß alle, die es möchten, die Mittel zu solchen psychologischen Laboratorien bekommen könnten und dort ihre Experimente vollziehen könnten. Aber wir müssen das Entstehen dieser experimentellen Psychologie einmal ins Auge fassen, wie sie besonders auch von dem Pädagogen *Meumann,* der im Grunde genommen auch in der Herbartschen Schule steht, empfohlen wird.

Warum treibt man in der Gegenwart experimentelle Psychologie? Weil man die Begabung für das unmittelbare Beobachten des Menschen verloren hat. Man kann sich nicht mehr auf die Kräfte stützen, die den Menschen mit dem Menschen, also auch mit dem Kinde, verbinden, innerlich verbinden. Man will daher durch äußerliche Veranstaltungen, durch äußerliche Experimente das erfahren, was man zu tun hat mit dem werdenden Kinde. Sie sehen schon: Sowohl unsere Pädagogik wie auch unsere Didaktik gehen einen viel innerlicheren Weg. Der ist auch für die Gegenwart und die nächste Zukunft der Menschheit dringend notwendig. Wenn nun so auf der einen Seite der Drang nach experimenteller Psychologie entspringt, so liegt auf der andern Seite auch das vor, daß die Verkennung gewisser einfacher Tatbestände des Lebens wieder hervorgerufen wird durch diese experimentelle Psychologie. Das will ich Ihnen an einem Beispiel veranschaulichen.

Diese experimentellen Psychologen und Pädagogen hat in der neueren Zeit besonders das interessiert, was sie den Auffassungsvorgang nennen, zum Beispiel den Auffassungsvorgang beim Lesen, beim Lesen irgendeines Lesestückes. Man hat, um diesen Auffassungsvorgang erkennen zu können, versucht, mit Versuchspersonen, wie man sagt, zu arbeiten. Das also, was sehr ausführlich vollzogen wird, das würde, kurz zusammengefaßt, in der folgenden Weise verlaufen. Man legt einer Versuchsperson, einem Kinde oder einem schon mehr Erwachsenen, ein Lesestück vor, und man untersucht nun, was zum Beispiel das Kind am zweckmäßigsten zuerst tue, damit es zur schnellsten Auffassung komme. Man konstatiert, daß es dazu am zweckmäßigsten ist, wenn man zunächst das Lesestück «disponiert», das heißt, wenn man den Betreffenden zuerst in den Sinn eines solchen Lesestückes einführt. Dann geht man durch zahlreiche Versuche dazu über, daß die betreffende Versuchsperson das vollzieht, was man «passives Aufnehmen» nennt. Also nachdem der Sinn durch Disponieren ergründet ist, soll passiv aufgenommen werden. Denn durch dieses passive Aufnehmen eines Lesestückes soll sich das vollziehen, was man «Antizipierenlernen» nennt: noch einmal in freier geistiger Tätigkeit dasjenige wiederholen, was zuerst disponiert und dann passiv aufgenommen wurde. Und dann soll als vierter Akt dieses Dramas folgen die Nachholung alles dessen, was noch unsicher geblieben ist, also was noch nicht vollständig in das menschliche geistig-seelische Leben hineingegangen ist. Wenn man in richtiger Aufeinanderfolge die Versuchsperson vollziehen läßt erst das Sich-Bekanntmachen mit dem Sinne eines Lesestückes, dann das passive Aufnehmen, dann das antizipierende Lernen, dann das Aufsuchen von noch nicht voll durchdrungenen Teilen, dann kann man bemerken, daß dadurch ein Gelesenes am zweckmäßigsten aufgefaßt, gelesen und behalten wird. – Mißverstehen Sie mich nicht: Was ich so anführe, das führe ich aus dem Grunde an, weil ich es anführen muß gegenüber der Tatsache, daß die Leute heute so viel aneinander vorbeireden, denn man kann mit den entgegengesetztesten Worten dasselbe bezeichnen wollen. Daher werden die Experimentalpsychologen sagen: Durch eine solche hingebungsvolle Methode kommt man ja gerade darauf, was man in der Pädagogik tun soll. – Wer aber das Leben des ganzen Menschen tiefer erkennt, der weiß, daß man auf diese Weise zur wirklichen pädagogischen Tätigkeit nicht kommt – ebensowenig wie man dadurch, daß man einen Käfer zergliedert, aus den einzelnen Teilen den lebendigen Käfer wieder zusammensetzen kann. Das kann man nicht. Das kann man auch nicht, wenn man Anatomie treibt mit der menschlichen Seelentätigkeit. Es ist ja interessant und kann in anderer Beziehung wissenschaftlich außerordentlich fruchtbar sein: Anatomie zu treiben mit der menschlichen Seelentätigkeit – zum Pädagogen macht es nicht! Deshalb wird auch aus dieser experimentellen Psychologie nicht ein Neuaufbau der Pädagogik in Wahrheit hervorgehen; der kann nur hervorgehen aus einer innerlichen Auffassung des Menschen.

Ich mußte das sagen, damit Sie es nicht im falschen Lichte sehen, wenn ich jetzt einen Satz ausspreche, der natürlich den Menschen, der an den Meinungen der Gegenwart hängt, sehr ärgert, einen Satz, der natürlich auch in seiner Art einseitig ist, aber in seiner Einseitigkeit eben ergänzt werden muß. Was bekommen denn die Experimentalpsychologen, nachdem sie eine Versuchsperson auf diese Weise seelisch anatomisiert oder eigentlich ziemlich gemartert haben – denn angenehm ist diese Prozedur nicht, wenn sie mit einem vorgenommen wird –, was bekommen sie dann dadurch heraus? Sie haben ein nach ihrer Meinung außerordentlich bedeutungsvolles Resultat herausgebracht, das in den pädagogischen Handbüchern mit gesperrten Lettern immer wieder hervorgehoben wird als ein Ergebnis, zu dem man gekommen ist. Dieser Satz lautet ungefähr, wenn ich ihn in reinliches Deutsch übersetze, so: Daß man ein Lesestück besser lernend behält, wenn man den Sinn verstanden hat, als wenn man den Sinn nicht verstanden hat. – Das ist, um mit dem Idiom der Wissenschaft zu reden, also erforscht: daß es zweckmäßig ist, zuerst den Sinn eines Lesestückes kennenzulernen, denn dann lerne sich das Lesestück leichter. Da muß ich nun diesen ketzerischen Satz aussprechen: Insofern dieser Satz richtig ist, hätte ich ihn vorher wissen können, denn ich möchte wissen, welcher Mensch mit gesundem Menschenverstande nicht selbst wissen würde, daß ein Lesestück besser zu behalten ist, wenn man den Sinn verstanden hat, als wenn man ihn nicht verstanden hat. – Das ist überhaupt der Sinn der Ergebnisse der experimentellen Psychologie, daß sie furchtbare Selbstverständlichkeiten zutage fördert. Die Selbstverständlichkeiten, die in den Lehrbüchern der experimentellen Psychologie stehen, sind zuweilen so, daß nur der sich darauf einlassen kann, der sich schon dazu erzogen hat, im wissenschaftlichen Betriebe das Packende mit dem recht Langweiligen zusammenzunehmen. Dazu wird man schon erzogen, wenn man in der Volksschule dazu herandressiert wird, denn auch in der Volksschule kennt man diesen Mangel, wenn auch dort noch weniger, von der Hochschule gar nicht zu sprechen.

Dieser ketzerische Satz gilt doch ganz besonders für den Pädagogen: daß es in einem gewissen Sinne selbstverständlich ist, daß man zuerst von etwas, wenn man es behalten soll, den Sinn verstanden haben muß. Aber nun kommt etwas anderes: daß das, was man dem Sinne nach aufgenommen hat, nur auf die Betrachtung wirkt, nur auf das denkende Erkennen und daß man durch das Zum-Sinn-Erheben den Menschen einseitig heranzieht zum bloßen Betrachten der Welt, zum denkenden Erkennen. Und würden wir einzig und allein im Sinne dieses Satzes unterrichten, so würden wir Menschen herausbekommen, die alle willensschwach wären. Der Satz ist also in einer gewissen Beziehung richtig und dennoch nicht durchgreifend richtig. Er müßte nämlich obenhin noch so ausgesprochen werden: Willst du für das denkende Erkennen des Menschen das Allerbeste tun, dann tust du es, indem du bei allem, was er aufnehmen soll, den Sinn zergliederst. – Und in der Tat, wenn man einseitig nur bei allem zunächst den Sinn zergliedert, so könnte man sehr weitgehend das menschliche Betrachten der Welt erziehen. Aber man würde damit niemals den wollenden Menschen erziehen, denn das Wollen kann man nicht dadurch erziehen, daß man den Sinn einer Sache ins helle Licht rückt. Das Wollen will schlafen, und es will nicht in dieser Weise voll aufgeweckt sein, daß man überall, ich möchte sagen, in unkeuscher Weise den Sinn enthüllt. Und hierin liegt es, daß einfach die Notwendigkeit des Lebens diese einfache Wahrheit von der Sinnenthüllung durchbricht, so daß wir auch solches mit dem Kinde treiben müssen, was nicht dazu Veranlassung gibt, den Sinn zu enthüllen. Dann erziehen wir es zum Wollen.

Die Ungezogenheit in der einseitigen Anwendung der Sinnenthüllung hat sich insbesondere bei solchen Bewegungen ausgelebt, wie zum Beispiel die theosophische Bewegung eine ist. Sie wissen, wieviel ich im Laufe der Jahre vorgebracht habe gegen eine gewisse Ungezogenheit auf theosophischem Gebiete. Ich habe es sogar erleben müssen, daß zum Beispiel der «Hamlet», ein reines Kunstwerk, erklärt worden ist im Sinne der theosophischen Gaunersprache: Das ist Manas, das ist das Ich, das der Astralleib; die eine Person ist das, die andere ist jenes. – Solche Erklärungen waren ganz besonders beliebt. Ich habe dagegen gewettert aus dem Grunde, weil es eine Sünde gegen das menschliche Leben ist, wenn man das, was unmittelbar elementarisch als Künstlerisches aufgenommen werden soll, symbolisch ausdeutet. Dadurch wird in ungezogener Weise ein Sinn in die Dinge gelegt, und sie werden in die bloße Betrachtung heraufgeholt, in die sie nicht heraufgeholt werden sollen. Das alles kommt davon her, weil die eigentliche theosophische Bewegung eine Dekadenzbewegung ist. Sie ist der äußerste Ausläufer einer niedergehenden Kultur; sie ist nicht irgend etwas, was in seiner ganzen Haltung mit der Anthroposophie etwas zu tun hat. Diese Anthroposophie will das Gegenteil davon sein: eine aufsteigende

Bewegung, der Anfang eines Aufstieges. Das ist ein radikaler Unterschied. Daher wird auch auf theosophischem Felde soviel hervorgebracht von dem, was im Grunde genommen äußerste Dekadenzerscheinung ist. Aber daß es überhaupt Menschen gibt, die es zuwege bringen, den «Hamlet» symbolisch auszudeuten in bezug auf die einzelnen Personen, das rührt davon her, daß wir so ungeheuer schlecht erzogen worden sind, daß wir so danach gestrebt haben, nur nach dem Sinn hin erzogen zu werden.

Das menschliche Leben macht es notwendig, daß nicht bloß nach dem Sinn erzogen wird, sondern daß erzogen wird nach dem, was vom Willen schlafend erlebt wird: das Rhythmische, der Takt, die Melodie, die Zusammenstimmung von Farben, die Wiederholung, überhaupt das Sich-Betätigen ohne den Sinn zu ergreifen. Wenn Sie das Kind Sätze, die es vermöge seiner Altersstufe längst noch nicht versteht, wiederholen lassen, wenn Sie es veranlassen, sich diese Sätze rein gedächtnismäßig einzuprägen, dann wirken Sie allerdings nicht auf sein Verständnis, weil Sie nicht eingehen können auf den Sinn, denn der muß sich erst später enthüllen, aber Sie wirken auf seinen Willen, und das sollen Sie auch, das müssen Sie auch. Sie müssen auf der einen Seite versuchen, diejenigen Dinge an das Kind heranzubringen, die vorzugsweise künstlerische sind: Musikalisches, Zeichnerisches, Plastisches und so weiter, aber Sie müssen auf der andern Seite auch das, was einen Sinn haben kann in abstrakter Form, dem Kinde so beibringen, daß es zunächst den Sinn zwar noch nicht versteht, sondern erst im späteren Leben, weil es ihn durch die Wiederholung aufgenommen hat und sich daran erinnern kann und mit dem stärkeren Reifezustand dann begreift, was es vorher nicht begreifen konnte. Da haben Sie auf sein Wollen gewirkt. Und ganz besonders haben Sie damit auch auf sein Fühlen gewirkt, und das sollten Sie eigentlich nicht vergessen. Wie das Fühlen – sowohl seelisch betrachtet zeigt sich dies, wie geistig betrachtet – zwischen Wollen und Denken liegt, so liegt auch die erzieherische Tätigkeit für das Fühlen zwischen den Maßnahmen, die vorgenommen werden müssen für das erkennende Denken und jenen Maßnahmen, die vorgenommen werden müssen für das Wollen und seine Ausbildung. Für das denkende Erkennen müssen wir durchaus das vornehmen, wobei es darauf ankommt, den Sinn zu enthüllen: Lesen, Schreiben und so weiter; für das wollende Tun müssen wir alles ausbilden, bei dem es nicht auf ein bloßes Deuten des Sinnes ankommt, sondern auf ein unmittelbares Ergreifen durch den ganzen Menschen: Künstlerisches. Was zwischen beiden liegt, das wird vorzugsweise auf die Gefühlsbildung, auf die Gemütsbildung wirken. Auf diese Gemütsbildung wirkt es wirklich sehr stark, wenn das Kind in die Lage versetzt wird, erst etwas rein gedächtnismäßig aufzunehmen, unverstanden, ohne daß an dem Sinn, trotzdem einer vorhanden ist, herumgemäkelt wird, so daß es erst nach einiger Zeit, wenn es durch andere Maßnahmen reifer geworden ist, und sich dann wieder daran erinnert, das erst verstehen kann, was es früher aufgenommen hat. Das ist eine Feinheit in der erzieherischen Tätigkeit, die aber durchaus beachtet werden muß, wenn man innig fühlende Menschen erziehen will. Denn das Fühlen stellt sich in eigentümlicher Weise in das Leben hinein. Auf diesem Gebiete sollten die Menschen auch beobachten. Sie beobachten nur nicht wirklich. Ich will Ihnen eine Beobachtung angeben, die Sie leicht, wenn auch mit einiger Emsigkeit, machen können.

Denken Sie, Sie versuchen sich klarzumachen den Seelenzustand *Goethes* im Jahre 1790. Sie können das, wenn Sie sich, herausgreifend, nur mit einigen von den Dingen beschäftigen, die Goethe gerade im Jahre 1790 hervorgebracht hat. Sie finden ja am Schlusse jeder Goethe-Ausgabe ein chronologisches Verzeichnis seiner Gedichte, wie sie nacheinander entstanden sind. Sie nehmen also heraus, was im Jahre 1790 an Gedichten entstanden ist und was er in diesem Jahre an Dramen geschrieben hat, und betrachten es. Sie vergegenwärtigen sich, daß er in diesem Jahre gerade die schöne Abhandlung «Die Metamorphose der Pflanzen» fertiggestellt hat; Sie erinnern sich, daß er damals gerade die erste Idee der «Farbenlehre» gefaßt hat, vergegenwärtigen sich aus alledem seine Seelenstimmung vom Jahre 1790 und fragen sich: Was spielte in dieses Seelenleben Goethes 1790 hinein? Das werden Sie sich nur beantworten können, wenn Sie einen prüfenden Blick auf alles werfen, was bei Goethe vorangegangen ist in den Jahren von 1749 bis 1790 und was nach diesem Jahre weiter gefolgt ist – was Goethe damals noch nicht kannte, Sie aber jetzt kennen – in der Zeit von 1790 bis 1832, also bis zu seinem Tode. Dann stellt sich das merkwürdige Erlebnis heraus, daß der augenblickliche Seelenzustand des Jahres 1790 ein Zusammenwirken ist des Späteren, was der Mensch sich erst erwerben will, mit dem Vorhergehenden, was er schon erlebt hat. Das ist eine außerordentlich bedeutsame Beobachtung. Die Menschen scheuen sie nur, weil sie in Gebiete hineinführt, die man begreiflicherweise für derartige Beobachtungen nicht gerne vornimmt. Versuchen Sie Ihre Beobachtung in dieser Weise zu erstrecken auf das Seelenleben eines Menschen, der vor kurzem verstorben ist und den Sie längere Zeit gekannt haben. Sie werden dann, wenn Sie sich zur feineren Seelenbeobachtung erziehen, das Folgende erleben. Ein Mensch ist Ihnen als ein befreundeter hinweggestorben, sagen wir 1918. Sie haben ihn schon seit längerem gekannt, so daß Sie sich fragen können: Wie war sein Seelenzustand im Jahre 1912? Wenn Sie alles berücksichtigen, was Sie von ihm wissen, so werden Sie finden, daß seine Seelenstimmung im Jahre 1912 so war, daß die Vorbereitung zu seinem baldigen Tode unbewußt in seine damalige Seelenstimmung hineinspielte; in das Gefühlsleben unbewußt hineinspielte. Und das Gefühlsleben, im ganzen genommen, nenne ich die Seelenstimmung. Ein Mensch, der bald stirbt, hat eine ganz andere Seelenstimmung als einer, der noch lange lebt.

Jetzt werden Sie begreifen, daß man diese Dinge nicht gerne beobachtet, denn es macht einen, gelinde gesagt, recht unangenehmen Eindruck, wenn man etwa bemerken würde, daß in der Seelenstimmung eines Menschen sich sein baldiger Tod ausspricht. Das tut es ja. Aber es ist für das gewöhnliche Leben auch nicht gut, daß die Menschen so etwas bemerken. Daher ist es für gewöhnlich diesem Leben so entzogen, wie das Wollen als schlafendes auch im Wachen dem wachen Bewußtsein entzogen ist. Aber der Erzieher muß sich ja gewissermaßen doch aus dem gewöhnlichen Leben herausstellen. Er darf sich nicht scheuen, sich neben sein gewöhnliches Leben zu stellen und Wahrheiten für seine pädagogische Tätigkeit aufzunehmen, die auch etwas Erschütterndes, etwas Tragisches für das gewöhnliche Leben haben. In dieser Beziehung muß etwas nachgeholt werden gerade im mitteleuropäischen Erziehungswesen. Sie wissen, daß insbesondere die Lehrer der höheren Schulen in den früheren Dezennien dieses mitteleuropäischen Erziehungs-

und Unterrichtslebens noch Persönlichkeiten waren, auf welche der eigentliche Weltmensch mit einer gewissen Hochnasigkeit herabgesehen hat. Weltfremde pedantische Menschen, die sich nicht recht in die Welt schicken konnten, die immer einen langen Rock und keinen Smoking anhatten und so weiter, das waren die ehemaligen Erzieher der Jugend, namentlich der reiferen Jugend. Es ist in neuester Zeit anders geworden. Die Universitätsprofessoren haben angefangen, sich regelrechte Smokings anzuziehen, sich sozusagen in die Welt zu schicken, und man betrachtet es als einen großen Fortschritt, daß schließlich der frühere Zustand überwunden worden ist. Das ist gut. Aber er muß auch nach anderer Richtung hin überwunden werden, muß in Zukunft dahin überwunden werden, daß das Danebenstellen gegenüber dem Leben nicht bloß darin besteht, wie es früher war, daß der Erzieher immer im langen pedantischen Rock erschien, wenn die andern Leute den Smoking angezogen hatten. Das Danebenstellen gegenüber dem Leben kann in einer gewissen Weise bleiben, sollte aber verbunden sein mit einer tieferen Lebensanschauung, als diejenigen sie aufnehmen können, die sich zu gewissen Zwecken den Smoking anziehen. Ich spreche natürlich nur bildlich, denn ich habe nichts gegen den Smoking.

Ein Erzieher muß das Leben tiefer betrachten können, sonst wird er nie den werdenden Menschen sachgemäß und fruchtbar behandeln können. Daher wird er solche Wahrheiten, wie die eben charakterisierte eine ist, schon auch aufnehmen müssen. Das Leben fordert selbst in gewisser Beziehung, daß es auch Geheimnisse in sich schließt. Gewiß, wir brauchen für die nächste Zukunft keine diplomatischen Geheimnisse. Aber wir brauchen für die Erziehung die Kenntnis gewisser Lebensgeheimnisse. Die alten Mysterienlehrer haben solche Lebensgeheimnisse esoterisch bewahrt, weil diese nicht unmittelbar dem Leben übergeben werden konnten. Aber in gewisser Beziehung muß jeder Lehrer Wahrheiten haben, die er nicht unmittelbar der Welt mitteilen kann, weil die Welt, die draußen lebt, ohne die Aufgabe zu haben, zu erziehen, beirrt würde bei ihren robusten Schritten, wenn sie an solche Wahrheiten tagtäglich herangehen würde. Aber Sie verstehen ja nicht völlig richtig, wie Sie das werdende Kind zu behandeln haben, wenn Sie nicht in der Lage sind zu beurteilen: welchen Weg macht etwas beim Kinde, was Sie ihm so mitteilen, daß es bei seinem gegenwärtigen Reifegrad dies noch nicht völlig versteht, was es aber verstehen wird, wenn Sie später wieder darauf zurückkommen und ihm dann nicht bloß das erklären können, was es jetzt wahrnimmt, sondern was es schon früher in sich aufgenommen hat. Das wirkt sehr stark auf das Gemüt. Daher sollte in ausgiebigstem Maße in jeder guten Schule das befolgt werden, daß, solange es nur geht, der Lehrer seine Schüler behält: in der 1. Klasse sie übernimmt, in der 2. Klasse sie behält, im dritten Jahre weiter mit ihnen aufsteigt und so weiter, soweit es durch die Möglichkeit der äußeren Einrichtungen geht. Und der Lehrer, der in diesem Jahr die 8. Klasse gehabt hat, soll dann das nächste Jahr wieder die 1. Klasse übernehmen. Denn man muß manchmal nach Jahren erst sachgemäß auf das zurückkommen können, was man vor Jahren in die Kinderseelen hineingegossen hat. Unter allen Umständen leidet die Gemütsbildung, wenn die Kinder jedes Jahr einem andern Lehrer übergeben werden, der nicht selbst das weiterbringt, was er in die Kinder in früheren Jahren hineingegossen hat. Das gehört schon einmal zum Didaktischen des Unterrichtes, daß der Lehrer mit den Schülern durch die Schulstufen aufsteigt. Dadurch allein kann man auf den Rhythmus des Lebens eingehen. Und das Leben hat im umfassendsten Sinne einen Rhythmus. Der zeigt sich schon bei den alltäglichen Vornahmen, auch wiederum im Alltäglichen. Wenn Sie sich gewöhnt haben, zum Beispiel nur eine Woche hindurch, täglich um halb elf Uhr morgens ein Butterbrötchen zu essen, dann werden Sie wahrscheinlich schon in der zweiten Woche um diese Stunde auf das Butterbrötchen hungrig sein. So sehr läuft der menschliche Organismus auf einen Rhythmus ein. Aber nicht nur der äußere Organismus, sondern der ganze Mensch ist auf Rhythmus hin veranlagt. Deshalb ist es auch gut, beim Gesamtverlauf des Lebens – und mit ihm hat man es zu tun, wenn man Kinder erzieht und unterrichtet – auf rhythmische Wiederholung sehen zu können. Deshalb ist es gut, daran zu denken, wie sogar jedes Jahr auf ganz bestimmte Erziehungsmotive wieder zurückgekommen werden kann. Suchen Sie sich daher Dinge aus, die Sie mit den Kindern durchnehmen, notieren Sie es sich und kommen Sie auf etwas Ähnliches jedes Jahr wieder zurück. Selbst bei den abstrakteren Dingen kann das eingehalten werden. Sie lehren, will ich sagen – wie es dem kindlichen Gemüte angemessen ist –, die Addition im 1. Schuljahr, Sie kommen auf die Addition im 2. Schuljahr wieder zurück und lehren mehr darüber; im 3. Jahre kommen Sie ebenfalls wieder darauf zurück. So daß sich derselbe Akt wiederholentlich, nur in progressiven Wiederholungen abspielt.

Dieses Eingehen auf den Rhythmus des Lebens ist für alle Erziehung und allen Unterricht von ganz besonderer Wichtigkeit, viel wichtiger als das fortwährende Betonen: Du sollst allen Unterricht sinnvoll gestalten, so daß du unkeusch bei allem das enthüllst, was in dem Dargebotenen enthalten ist. – Man kann das, was damit verlangt wird, nur ahnen, wenn man sich allmählich ein Gefühl für das Leben entwickelt. Dann wird man sich aber gerade als Pädagoge sehr stark von dem entfernen, was heute vielfach in äußerlicher Weise, eben durch das Experimentieren, auch in der Pädagogik angestrebt wird. Wiederum nicht, um zu verurteilen, sondern um gewisse Dinge, die zum Schaden unserer Geisteskultur ausgeschlagen sind, besser machen zu können, hebe ich solche Dinge hervor. Sie können wiederum heute pädagogische Handbücher vornehmen, wo die Ergebnisse verarbeitet sind, die beim Experimentieren mit Versuchspersonen über das Gedächtnis gewonnen sind. Da traktiert man die Versuchspersonen auch recht merkwürdig. Man versucht mit ihnen die Art, wie sie etwas behalten können, was sie mit dem Sinn aufgenommen haben; dann schreibt man ihnen hintereinander Worte auf, die im Zusammenhange keinen Sinn haben, läßt sie diese aufnehmen und so weiter. Diese Experimente zur Feststellung der Gesetze des Gedächtnisses werden heute sehr umfangreich betrieben. Da ist wieder etwas herausgekommen, was nun in wissenschaftlicher Form in Sätzen registriert wird. So wie man zum Beispiel in der Physik das Gay-Lussacsche Gesetz oder andere registriert, so will man auch in der experimentellen Pädagogik oder Psychologie solche Gesetze registrieren. Da finden Sie zum Beispiel sehr gelehrt auseinandergesetzt, was ja gesagt wird mit Bezug auf eine gewisse wissenschaftliche Sehnsucht, die ganz gerechtfertigt ist, daß es Gedächtnisformen gibt: erstens, das leicht oder schwer aneignende Gedächtnis, zweitens, das leicht oder schwer reproduzierende Gedächtnis. Also man quält eine Versuchsperson zunächst, um herauszubekommen, daß es solche Menschen gibt, die sich leicht und die sich schwer etwas aneignen, dann quält man andere Versuchspersonen, um herauszubekommen, daß es Menschen gibt, die sich leicht oder schwer wieder ins Gedächtnis zurückrufen, was sie aufgenommen haben. Nun hat man erforscht, daß es solche Gedächtnisformen gibt, die leichtes oder schweres Aneignen zeigen, dann solche, die leicht oder schwer die Wiedererinnerung, die Reproduktion des Aufgenommenen zeigen. Drittens gibt es dann solche Gedächtnisformen, die man nennen kann treu und genau, viertens umfangreiches Gedächtnis, fünftens ein dauerndes oder zulängliches Gedächtnis, im Gegensatz zu dem, welches leicht vergißt. – Der Systematisierungssehnsucht der heutigen Wissenschaft entspricht das gar sehr. Man hat jetzt das wissenschaftliche Ergebnis. Man kann sagen: Was ist in exakter Psychologie wissenschaftlich über die Formen des Gedächtnisses erforscht? Und man weiß: Erstens, es gibt eine Gedächtnisform, die leicht oder schwer aneignet, zweitens eine solche, die leicht oder schwer reproduziert, drittens gibt es ein treues oder genaues Gedächtnis im Gegensatz zu einem untreuen oder ungenauen Gedächtnis, viertens ein umfangreiches Gedächtnis, das heißt Menschen, die große Lesestücke behalten können im Gegensatz zu solchen, die nur kleine behalten können, fünftens ein dauerndes Gedächtnis, das vielleicht noch nach Jahren die Dinge behalten hat, im Gegensatz zu einem solchen, welches rasch vergißt.

Trotz allen schuldigen Respektes vor der wissenschaftlichen Betrachtungsweise, die hingebungsvoll und wirklich sehr gewissenhaft unzählige Versuchspersonen malträtiert, die auf die scharfsinnigste Weise zu Werke geht, um zu ihren Resultaten zu kommen, damit man nun auch in der Pädagogik, nachdem man es auch auf dem Wege experimenteller Psychologie bei den Kindern gefunden hat, weiß, welche verschiedenen Gedächtnisformen man zu unterscheiden hat, trotz allen schuldigen Respektes gegenüber einer solchen Wissenschaft möchte ich dagegen doch sagen: Wer weiß nicht, wenn er mit etwas gesundem Menschenverstand ausgerüstet ist, daß es Menschen gibt, die sich leicht oder schwer gedächtnismäßig etwas aneignen, leicht oder schwer etwas wiedererinnern, dann solche, die treu und genau erzählen im Gegensatz zu solchen, die alles verhudeln, wenn sie etwas wiedererzählen; daß es

Menschen gibt mit einem umfangreichen Gedächtnis, welche eine lange Erzählung aufnehmen können, gegenüber solchen, die nur eine kurze behalten können, und daß es dann auch Menschen gibt, welche lange, jahrelang eine Sache behalten können, und solche, die nach acht Tagen wieder alles vergessen haben? Es ist doch eine ziemlich alte Weisheit des gesunden Menschenverstandes! Aber erforscht wird sie doch wieder in einer Wissenschaft, die allen Respekt einflößt, denn die Methoden, welche darin angewendet werden, sind sehr geistreich, das ist gar nicht zu leugnen.

Nun kann man ein Zweifaches sagen: Erstens, man pflege lieber vor allem den gesunden Menschenverstand in Unterricht und Erziehung, als daß man ihn in solches Experimentieren hineinbringt, das zwar seinen Scharfsinn sehr stark entwickeln, aber ihn nicht an die Eigenschaft der Individualitäten der Kinder heranbringen wird. Aber man kann auch anders sagen: Es ist eigentlich schon schlimm mit unserem Zeitalter bestellt, wo man voraussetzen muß, daß die, welche man zu Lehrern und Erziehern machen will, so wenig gesunden Menschenverstand haben, daß sie erst auf großem Umwege so etwas erfahren müssen, wie, daß es solche verschiedene Gedächtnisarten gibt, wie wir jetzt angeführt haben. Diese Dinge sind auch durchaus als Symptome dessen zu betrachten, was aus unserer Geisteskultur geworden ist.

Ich mußte Sie einmal auf diese Dinge aufmerksam machen. Denn Sie werden es erleben, daß man Ihnen sagen wird: Nun ja, da habt ihr euch anstellen lassen an dieser Waldorfschule. Das ist eine ganz dilettantische Institution, da will man ja nicht einmal etwas wissen von der größten Errungenschaft unserer Zeit: von der experimentellen psychologischen Methode. Das Eingehen auf diese experimentelle psychologische Methode ist fachmännisch, was aber an der Waldorfschule didaktisch getrieben wird, das ist dagegen die reine Kurpfuscherei! – Sie werden einsehen müssen, daß Sie manchmal nötig haben werden, die Beziehungen der Wissenschaft – die gar nicht weniger respektiert werden soll – zu dem zu erkennen, was sich auf eine innerliche Pädagogik und Didaktik aufbauen muß, die dann aber gegenüber den äußerlichen Beziehungen, die man im Experimentieren kennenlernt, ein innerliches, liebevolles Sich-Beschäftigen mit dem Kinde herstellt. Gewiß, das letztere ist durchaus noch nicht ganz abgekommen; es herrscht sogar mehr als man denkt. Aber es herrscht durchaus gegen das, was man als wissenschaftliche Pädagogik immer mehr und mehr anstrebt. In einer gewissen Beziehung ist das auch richtig, daß der wissenschaftliche Betrieb in der Gegenwart zwar viel zerstören kann, daß er aber doch nicht die Macht hat, allen gesunden Menschenverstand auszutreiben. Und an diesen gesunden Menschenverstand wollen wir anknüpfen, und der wird, wenn er in der richtigen Weise gepflegt wird, eine innerliche Beziehung hervorrufen zu dem, was im Unterricht geschehen soll. Wir müssen uns schon bewußt werden, daß wir im Aufgange eines neuen Zeitalters leben und diese Tatsache recht durchdringen müssen. Bis in die Mitte des 15. Jahrhunderts hinein hat sich, nachwirkend, das erhalten, was von der griechischen und lateinisch-römischen Zeit hergekommen ist. Nach der Mitte des 15. Jahrhunderts ist das nur noch etwas, was nachklappt. Aber die, welche in diesem Nachklappenden leben, haben in gewissen Unterschichten ihres Bewußtseins noch den Hang, immer wieder in das griechisch-lateinische Zeitalter zurückzugehen, das man ja an seinem Orte voll bewundern kann, dessen Fortsetzung aber nicht mehr in unserer Zeit lebt. Denken Sie nur einmal, wie selbstzufrieden der Mensch, der etwas gelernt hat, heute wird, wenn er Ihnen auseinandersetzen kann: Wer richtig erzieht, darf bei Gedichten nicht bloß auf den Rhythmus, auf den Reim sehen, er muß sachgemäß kommentieren, in den Sinn einführen, und erst wenn man sachgemäß in den Sinn eingeführt hat, dann wird man auch das erreichen, was der Mensch als Tätigkeit in sich aufnehmen soll. Denn – wird ein solcher Mensch sagen, nachdem er lange tradiert hat, wie man vom Sinn ausgehen soll –, schon der alte Lateiner sagte: Rem tene, verba sequuntur ... Hast du die Sache begriffen, so wird das Wort von selbst nachfolgen. – Das ist ein taktisches Verhalten, das Sie heute vielfach bei den Leuten finden werden, welche glauben, recht viel gelernt zu haben, recht sehr über den Dilettantismus hinausgekommen zu sein, indem sie etwas zuerst als hohe Gegenwartsweisheit dozieren und dann hinterher sagen: Schon der alte Lateiner sagte... – Und wenn er es gar griechisch sagen kann, dann glauben die Leute erst recht, es sei etwas ganz Besonderes. Für das vierte nachatlantische Kulturzeitalter war es

93

gut, sich so zu verhalten, für unser Zeitalter paßt das nicht. Der Grieche hat seine Kinder nicht zuerst in alte Gymnasien geführt, wo sie etwa altägyptische Sprache gelernt hätten, er hat sie griechische Sprache lernen lassen. Wir aber gehen heute so vor, daß wir die Menschen zuerst in alte Sprachen einführen. Hier liegt etwas vor, was begriffen werden muß.

SIEBENTER VORTRAG

Stuttgart, 28. August 1919

Es wird sich für Sie mit Bezug auf die Didaktik manche Schwierigkeit ergeben, die Ihre Schule ihrer Natur gemäß im Anfange wird gemeinsam haben müssen mit den Schulen auf dem Lande. Die Stadtschulen, die heute keine besonders guten Methoden oder ausspintisierte Methoden haben und dadurch manches Gute, das schon in diesen Methoden sein könnte, verderben, diese Stadtschulen haben auf der andern Seite das Gute, daß sie die Lehrmittel, namentlich die physikalischen, chemischen, die naturgeschichtlichen Lehrmittel in ausreichendem Maße zur Verfügung haben. Es ist ja bei dem volksschulmäßig Pädagogischen so, wie es auch in der höheren Pädagogik und im wissenschaftlichen Betrieb ist: Während die Stadtschulen weniger gute Methoden haben – obwohl der gute Wille bei den neuen Pädagogen, zu guten Methoden zu kommen, durchaus nicht verkannt sein soll –, dafür aber reichlich mit Lehrmitteln versehen sind, haben die Landschulen heute noch manchmal, wenn die Lehrer noch nicht gar zu sehr verdorben sind dadurch, daß sie von der Stadtbildung her auf das Land hinausgeschickt werden, die besseren Lehrmethoden, sind aber dagegen weniger günstig mit Lehrmitteln ausgestattet. Die, welche heute mit den Zeitfragen und -anschauungen zurechtzukommen versuchen, die haben keine Laboratorien, keine Versuchsmittel zur Verfügung, und die, welche die reichlicheren Versuchsmittel an den Universitäten und so weiter zur Verfügung haben, die haben die wenigst fruchtbaren wissenschaftlichen Methoden. Man muß zum Beispiel sagen – denn dieser Umstand waltet schon seit langem in der Wissenschaft: Was hätte aus der Schopenhauerischen Philosophie, da sie ja jetzt doch bloß eine Art philosophischer Dilettantismus ist, werden können, wenn zum Beispiel *Schopenhauer* alle die Mittel zur Verfügung gestanden hätten, die man hat, wenn man längere Zeit an einer Universität Dozent ist, und wie wenig geht eigentlich von Schopenhauerischem Geiste heute von den Universitätsdozenten aus, welche die reichlicheren Mittel zu ihrer Verfügung haben!

Da wird vielfach appelliert werden müssen an Ihre Erfindungsgabe.

Sie werden sich mit manchem Einfachen behelfen müssen, wofür die gewöhnlichen Stadtschulen reichliche Behelfe haben. Das wird vielleicht gerade Ihren Unterricht beleben, aber es wird Ihnen auch das Unterrichten wirklich auf verschiedenen Gebieten recht sauer machen. Man wird das ganz besonders zu fühlen haben, wenn man mit den Kindern über das 9. Jahr hinausgekommen ist und eigentlich mit dem Unterrichte dann nur fortfahren kann, wenn man genügend Lehrmittel zur Verfügung hat. Da werden Sie manches ersetzen müssen durch Zeichnung, durch einfaches, primitives Malen, was man, wenn der Idealzustand vorhanden wäre, nicht mehr durch Zeichnung oder durch Malen geben würde, sondern durch die Anschauung des Objektes selbst.

Ich habe diese Bemerkung aus dem Grunde vorausgeschickt, weil ich heute zu Ihnen sprechen möchte über den Übergang in didaktischer Beziehung, der gerade beachtet werden muß, wenn wir mit den Kindern an die Zeit des 9. Lebensjahres herankommen. Wir werden da den Lehrplan erst verstehen, wenn wir uns didaktisch so weit geschult haben, daß wir die Wesenheit des Einzelnen zwischen dem 7. und 15. Lebensjahre werden begriffen haben. Ich möchte Ihnen für Sie als Lehrer anschaulich machen, was Sie in dieser Beziehung – in etwas anderer, in elementarer Weise, verständlich für die Kinder – im Unterricht werden anzuwenden haben, gerade wenn die Kinder so zwischen dem 9. und 10. Lebensjahre stehen. Bei manchen Kindern ist dieser Zeitpunkt schon vor dem 9. Jahre erreicht, bei manchen tritt er erst später ein, aber durchschnittlich ist das, was ich heute Ihnen zu erzählen habe, mit dem 9. Lebensjahre anfangend.

Wir werden, wenn wir an diese Lebenszeit herankommen, die Notwendigkeit empfinden müssen, namentlich auch Naturgeschichtliches in den Unterricht aufzunehmen. Vorher wird das Naturgeschichtliche in erzählender Art an die Kinder herangebracht, so wie ich gestern im Seminar von den Beziehungen der Tierwelt und der Pflanzenwelt zum Menschen gesprochen habe. Man wird vorher mehr in erzählender, in beschreibender Form das Naturgeschichtliche an das Kind heranbringen. Mit dem eigentlichen naturgeschichtlichen Unterricht aber wird man, bevor der Rubikon des 9. Lebensjahres überschritten ist, nicht eigentlich anzufangen haben.

Da ist es nun von großer Bedeutung zu wissen, daß man das, was im naturgeschichtlichen Unterricht im Kinde bewirkt werden soll, gründlich verdirbt, wenn man nicht im naturgeschichtlichen Unterricht mit der Auseinandersetzung über den Menschen beginnt. Sie mögen mit Recht sagen: Man wird dem Kinde von der Naturgeschichte des Menschen, wenn es 9 Jahre alt geworden ist, noch wenig sagen können. Doch es mag noch so wenig sein, aber das Wenige, was man dem Kinde vom Menschen beibringen kann, das bringe man ihm als Vorbereitung für allen andern naturgeschichtlichen Unterricht bei. Sie werden wissen müssen, indem Sie das tun, daß im Menschen gewissermaßen eine Synthesis, eine Zusammenfassung aller drei Naturreiche vorliegt, daß die drei übrigen Naturreiche im Menschen auf einer höheren Stufe zusammengefaßt sind. Sie werden das dem Kinde nicht zu sagen brauchen, aber durch den Gang Ihres Unterrichts werden Sie in dem Kinde ein Gefühl dafür herbeiführen müssen, daß der Mensch eine solche Zusammenfassung aller übrigen Reiche der Natur ist. Sie werden es erreichen, wenn Sie der Besprechung des Menschen den nötigen Nachdruck geben, wenn Sie in der Art, wie Sie den Menschen behandeln, beim Kinde hervorrufen den Eindruck von der Wichtigkeit des Menschen innerhalb der ganzen Weltenordnung. Sie werden vielleicht bei dem Kinde, wenn es 9 Jahre alt geworden ist, anfangen, die menschliche Gestalt äußerlich zu beschreiben. Sie werden es aufmerksam machen auf die Hauptgliederung des Menschen in Kopf, Rumpf und Gliedmaßen, aber Sie werden dabei mehr auf die äußere Erscheinung, auf die äußere Form Rücksicht zu nehmen haben. Sie werden gut tun, wenn Sie schon beim Kinde durch die Zuhilfenahme des vorher gepflegten Zeichnens für das Hauptsächlichste in der Menschenform eine Vorstellung hervorrufen: daß der Kopf kugelförmig ist, daß er an der Unterseite etwas abgeplattet ist und mit dieser Stelle auf dem Rumpf aufsitzt, also eine auf dem Rumpf aufsitzende Kugel ist. Dies beim Kinde als Vorstellung hervorzurufen, ist gut. Das ruft zu gleicher Zeit Gefühls- und Willenselemente wach, denn das Kind beginnt den Kopf künstlerisch, von seiner Kugelform aus, anzusehen. Das ist wichtig. Dadurch ergreifen Sie den ganzen Menschen, nicht bloß seinen Intellekt. Dann aber versuchen Sie, im Kinde die Vorstellung hervorzurufen, daß der Rumpf gewissermaßen ein Fragment des Kopfes ist. Versuchen Sie, das durch eine Zeichnung beim Kinde hervorzurufen, indem Sie ihm sagen: Der Kopf ist kugelförmig. Nimmst du ein Stück aus der Kugel heraus, indem du dies (das schraffierte Stück der Zeichnung) abschneidest und das andere zurückbehältst, so daß gewissermaßen der Mond zurückbleibt von der Sonne, dann bekommst du die hauptsäch-

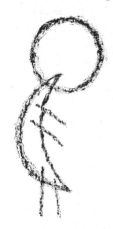

lichste Form des Rumpfes. – Es würde gut sein, wenn Sie aus Wachs oder geknetetem Teig eine Kugel formten, das schraffiert Angedeutete abschnitten und wirklich sphärisch den Mond zurückbehielten in seiner Gestaltung, damit Sie in dem Kinde wirklich eine solche Vorstellung von einem Kugelfragment für den menschlichen Rumpf hervorrufen. Und für die Gliedmaßen rufen Sie dann die Vorstellung hervor, daß sie eben an dem Rumpfe dranhängen und eingesetzt sind. Da wird das Kind manches nicht verstehen können, allein rufen Sie dennoch stark die Vorstellung hervor, daß die Gliedmaßen eingesetzt sind in den menschlichen Organismus. Sie dürfen an dieser Stelle nicht weitergehen, denn die Gliedmaßen setzen sich nach innen fort in den morphologischen Anlagen des Menschen und hängen da mit den Verdauungs- und Geschlechtsorganen zusammen, die nur eine Fortsetzung der Gliedmaßen nach innen sind. Aber daß die Gliedmaßen in den Organismus eingesetzt sind, von außen, diese Vorstellung rufen Sie stark in den

Kindern hervor. Damit bekommt das Kind zunächst eine Formvorstellung vom Menschen.

Dann versuchen Sie, in dem Kinde auch eine erste, wenn auch noch elementare, primitive Vorstellung davon hervorzurufen, daß das Anschauen der Welt an die Kopfkugel gebunden ist. Man kann dem Kinde sagen: Du hast deine Augen, deine Ohren, deine Nase, deinen Mund im Kopfe. Mit den Augen siehst du, mit den Ohren hörst du, mit der Nase riechst du, mit dem Munde schmeckst du. Das meiste von dem, was du von der Außenwelt weißt, das weißt du durch deinen Kopf. – Wenn Sie diesen Gedanken weiter ausgestalten, dann bekommt das Kind eine Vorstellung eben von der besonderen Ausbildung und Aufgabe des Kopfes. Sodann versuchen Sie in ihm eine Vorstellung von dem Rumpfe hervorzurufen, indem Sie sagen: Was du mit der Zunge schmeckst, geht dann als Nahrung in deinen Rumpf hinein, was du mit den Ohren hörst, geht als Ton in deinen Rumpf hinein. – Es ist gut, bei den Kindern eine Vorstellung des Organsystems des ganzen Menschen hervorzurufen, wenn Sie also dem Kinde auch noch andeuten, daß es in der Brust die Atmungsorgane hat, durch die es atmet, daß es im Unterleibe den Magen hat, durch den es verdaut. Es ist gut, wenn man das dem Kind andeutet. Und es ist dann weiterhin gut, wenn man das Kind sich darauf besinnen läßt, wie die Gliedmaßen des Menschen auf der einen Seite als Füße zum Gehen dienen, auf der andern Seite als Hände zum freien Bewegen und Arbeiten. Und es ist gut, wenn man dabei schon im Kinde das Verständnis für den Unterschied erweckt zwischen dem Dienst, den die Füße dem Körper des Menschen leisten, indem sie ihn tragen und es ihm möglich machen, daß er an verschiedenen Punkten, wo er zu leben hat, arbeiten kann – und den Dienst, den im Gegensatz dazu die Arme und Hände leisten, mit denen der Mensch nicht seinen eigenen Körper tragen muß, sondern mit denen er frei arbeiten kann. Während die Füße auf dem Boden aufstehen, können die Hände zum Arbeiten in die Luft hinausgestreckt werden. Kurz, auf den wesentlichen Unterschied der menschlichen Beine und Füße und der menschlichen Arme und Hände soll das Kind frühzeitig hingewiesen werden. Der Unterschied zwischen dem Dienst, den die Füße und Beine leisten, indem sie den menschlichen Leib tragen, und dem

Dienst, den die Hände und Arme leisten, indem sie nicht für den menschlichen Leib, sondern für die Welt arbeiten, dieser Unterschied zwischen dem egoistischen Dienst der Füße und dem selbstlosen Dienst der Hände im Arbeiten für die menschliche Außenwelt, sollte dem Kinde gefühlsmäßig früh beigebracht werden.

So sollten wir, indem wir aus der Form den Begriff herausarbeiten, dem Kinde so viel als möglich naturgeschichtlich vom Menschen beibringen. Dann erst gehe man über zur übrigen Naturgeschichte, und zwar zuerst zum Tierreich. Da wäre es gut, wenn Sie in die Klasse bringen könnten – Sie werden sich ja in irgendeiner Weise behelfen müssen – zum Beispiel einen Tintenfisch, eine Maus, ein Lamm oder auch ein Pferd, irgend etwas aus der Sphäre dieser Säugetiere, und dann wieder vielleicht eine Nachbildung des Menschen nun, menschliche Exemplare hätten Sie ja genug, Sie brauchten nur einen Schüler als menschliches Objekt den andern zu präsentieren. Nun müssen Sie sich klarwerden, wie Sie jetzt vorgehen. Sie werden versuchen, zunächst den Tintenfisch den Schülern nahezubringen. Sie werden ihnen erzählen, wie er im Meere lebt, werden durch Anschauung oder Zeichnung beschreiben, wie er aussieht, kurz, Sie werden die Kinder mit dem Tintenfisch bekanntmachen. Die Kinder werden fühlen, indem Sie ihnen den Tintenfisch beschreiben, daß Sie ihn in einer eigentümlichen Art beschreiben. Vielleicht erst später, wenn Sie zum Beispiel die Maus beschreiben, werden die Kinder merken, wie verschieden Sie die Maus vom Tintenfische beschrieben haben. Sie müssen dieses künstlerische Gefühl bei den Kindern zu entwickeln suchen, daß sie an der Art, wie Sie bei der Beschreibung des Tintenfisches anders verfahren als bei der Beschreibung der Maus, zugleich ein gewisses Gefühl für den Unterschied zwischen diesen beiden Tieren bekommen. Beim Tintenfisch müssen Sie diese Art so andeuten, daß der Tintenfisch etwas fühlt von dem, was in seiner Umgebung ist: Wittert er irgend etwas Gefährliches in seiner Umgebung, so läßt er ja sogleich seinen dunklen Saft los, um sich in eine Aura einzuhüllen, damit das von ihm selbst abgelenkt wird, was in seine Nähe kommt. Man kann dann dem Kinde viele Dinge sagen, durch die es begreift, daß der Tintenfisch, wenn er handelt, wenn er sich auf irgendeine Weise vor seinen Feinden schützt, oder auch wenn er sich ernährt, immer so handelt, wie zum Beispiel der Mensch handelt, wenn er etwas ißt oder etwas anschaut: Wenn der Mensch etwas ißt, so hat er Geschmack – ein Gefühl, das er durch seine Zunge, durch sein Geschmacksorgan vermittelt bekommt. Und das Auge des Menschen hat fortwährend das Bedürfnis, ins Licht zu sehen; indem es das macht, kann es sich mit dem Lichte auseinandersetzen. Dadurch, daß die Geschmacksorgane des Menschen schmecken wollen, nehmen sie das auf, was zur Nahrung dient. Beschreiben Sie also den Tintenfisch in der Weise, daß das Kind aus Ihrem Beschreiben die Sensitivität des Tintenfisches fühlt, seine feine Wahrnehmung für die Dinge in seiner Umgebung. Sie werden sich eine künstlerische Beschreibung des Tintenfisches ausarbeiten müssen, damit die Kinder ihn wirklich in dieser künstlerischen Beschreibung erfassen.

Dann beschreiben Sie die Maus. Sie beschreiben, wie sie eine spitze Schnauze hat, wie an dieser spitzen Schnauze zunächst sehr stark die Schnurrhaare zu bemerken sind, wie außerdem daran zu bemerken sind die von unten und von oben hervorstehenden Nagezähne; Sie beschreiben die unverhältnismäßig großen Ohren der Maus, kommen dann auf den walzenförmigen Rumpf der Maus und auf den feinen, sammetartigen Haarwuchs. Dann gehen Sie über zur Beschreibung der Gliedmaßen, der kleineren Vorderfüßchen, der etwas größeren Hinterfüßchen, wodurch es der Maus ermöglicht wird, gut springen zu können. Dann hat sie einen mit Schuppen besetzten Schwanz, der weniger behaart ist. Sie machen das Kind dabei aufmerksam, daß die Maus, wenn sie irgendwo hinaufklettert, oder mit den Vorderpfoten etwas umfassen will, sich auf den Schwanz stützt, den die Maus deshalb sehr gut gebrauchen kann, weil er innerlich empfindlicher ist, was damit zusammenhängt, daß er nicht Haare, sondern Schuppen hat. Kurz, Sie versuchen, die Maus dem Kinde zu beschreiben wiederum, indem Sie die Formen der Maus künstlerisch aufbauen. Und dieses künstlerische Aufbauen werden Sie erreichen, wenn Sie im Kinde eine Vorstellung davon hervorrufen, wie zu all den Verrichtungen, wozu der Tintenfisch noch nicht so an den Körper Angewachsenes braucht, bei der Maus Angewachsenes notwendig ist. Der Tintenfisch ist durch sich selbst, durch seinen Leib, empfindlich, daher braucht er nicht so große

101

Ohrlöffel wie die Maus. Er steht so mit der Umgebung in Beziehung, daß er seine Nahrung in sich hineinbringen kann ohne die spitze Schnauze, wie die Maus sie hat. Er braucht auch nicht so große, angewachsene Gliedmaßen wie die Maus, weil er seinen Leib selbst verwenden kann, um im Wasser vorwärtszukommen. Fassen Sie das recht zusammen, was Sie durch künstlerische Umkleidung dem Kinde beibringen wollen: daß der Tintenfisch weniger durch seine Gliedmaßenorgane sich äußert, daß er sich mehr durch seinen Leib selber äußert.

Ich muß das erst für Sie alles beschreiben, damit Sie es dann in Ihrem Unterricht umsetzen, denn Sie müssen sich dessen bewußt sein, was Sie später mehr unbewußt in den künstlerisch gestalteten Unterricht hineinbringen müssen. Kurz, beschreiben Sie so die Maus, daß Sie allmählich im Kinde das Gefühl hervorrufen: Die Maus ist ganz dazu organisiert, mit ihren Gliedmaßen ihrem Rumpfleben zu dienen. Machen Sie dem Kinde dann auch klar: Schließlich ist auch das Lamm so organisiert, mit seinen Gliedmaßen dem Rumpfleben zu dienen, auch das Pferd ist so organisiert, daß es, wenn es in der Wildheit lebt, mit seinen Gliedmaßen dem Rumpfleben dienen kann. Machen Sie zum Beispiel dem Kinde folgendes klar: Sieh, die Maus hat so recht spitzige Zähne, diese Zähne müssen scharf und spitz sein, sonst würde die Maus nicht an den Gegenständen nagen können, wie sie muß, damit sie sich ernähren kann, damit sie sich sogar auch Löcher bohren kann, in denen sie dann wohnt. Dadurch aber muß sie ja ihre Zähne fortwährend abnutzen. Doch bei der Maus ist es so eingerichtet, daß die Zähne, wie unsere Nägel, von innen heraus immer nachwachsen, so daß die Maus fortwährend den inneren Ersatz für die Zahnsubstanz bekommt. Das sieht man besonders an den Zähnen, die ja auch Organe sind, welche an dem übrigen Organismus dranhängen, daß sie so gebildet sind, daß der Rumpf der Maus leben kann.

So haben Sie beim Kinde eine starke Vorstellung, wenn auch elementar, empfindungsgemäß hervorgerufen vom Tintenfisch, und Sie haben weiter in ihm eine starke Vorstellung hervorgerufen vom Bau der Maus. Und jetzt gehen Sie über wiederum zum Bau des Menschen. Sie machen dem Kinde klar: Wenn wir jetzt am Menschen das aufsuchen, worin er am meisten dem Tintenfische ähnlich ist, so werden wir sonderbarerweise zum menschlichen Kopf geführt. Am meisten ist vom Menschen der Kopf dem Tintenfische ähnlich. Es ist ein Vorurteil, daß die Menschen just ihren Kopf für das Vollkommenste halten. Der Kopf ist zwar sehr kompliziert ausgestaltet, aber es ist eigentlich nur ein umgewandelter Tintenfisch; ich meine, ein umgewandeltes niederes Tier, denn der menschliche Kopf verhält sich zu seiner Umgebung ähnlich so, wie die niederen Tiere sich zu ihrer Umgebung verhalten. Und mit seinem Rumpf ist der Mensch am meisten den höheren Tieren ähnlich: Maus, Lamm, Pferd. Nur während der Tintenfisch durch seinen Kopf sein ganzes Leben unterhalten kann, könnte der Mensch das nicht. Der Kopf muß aufgesetzt sein auf dem Rumpf und darauf ruhen, er kann sich nicht frei bewegen; der Tintenfisch, der im Grunde genommen ein ganzer Kopf ist und sonst nichts, bewegt sich aber frei im Wasser. – Sie müssen es schon dahin bringen, daß die Kinder ein Gefühl davon bekommen, wie die niederen Tiere frei sich bewegende Köpfe sind, nur noch nicht so vollkommen wie der Menschenkopf. Und Sie müssen in den Kindern ein Gefühl erwecken dafür, daß die höheren Tiere hauptsächlich Rumpf sind und die Organe hauptsächlich zur Befriedigung der Bedürfnisse des Rumpfes raffiniert von der Natur ausgestaltet haben, was beim Menschen viel weniger der Fall ist; er ist in bezug auf seinen Rumpf unvollkommener ausgestaltet als die höheren Tiere.

Man muß dann in den Kindern ein Gefühl davon hervorrufen, worin nun der Mensch in der äußeren Form am allervollkommensten ist. Das ist er in bezug auf seine Gliedmaßen. Wenn Sie die höheren Tiere bis zum Affen hinauf verfolgen, so werden Sie finden, daß die vorderen Gliedmaßen noch nicht so sehr verschieden von den hinteren sind und daß überhaupt die vier Gliedmaßen im wesentlichen dazu dienen, den Rumpf zu tragen, weiterzubewegen und so fort. Diese wunderbare Differenzierung der Gliedmaßen in Füße und Hände, in Beine und Arme, tritt erst beim Menschen ein und prägt sich aus in dem schon in der Anlage als aufrecht organisierten Gang, mit der schon der Anlage nach aufrecht organisierten Haltung. Keine der Tiergattungen ist mit Bezug auf die Durchorganisierung der Gliedmaßen so vollkommen gestaltet wie der Mensch.

Dann schalte man eine recht anschauliche Beschreibung der menschlichen Arme und Hände ein: Wie diesen alles Tragen des Organismus abgenommen ist, wie die Hände für Körperzwecke nicht in Berührung kommen mit der Erde, wie sie umgeformt sind zum Ergreifen der Gegenstände, zum Verrichten der Arbeit. Und dann gehe man auf das Willensmäßig-Moralische über. Man rufe in dem Kinde gefühlsmäßig, nicht theoretisch, eine starke Vorstellung hervor: Du nimmst zum Beispiel die Kreide in die Hand, um zu schreiben; die Kreide in die Hand nehmen, das kannst du nur dadurch, daß deine Hand umgeformt ist zur Verrichtung der Arbeit, daß sie nicht mehr den Leib zu tragen hat. Mit Bezug auf die Arme kann das Tier nicht faul sein, weil es im Grunde genommen keine Arme hat. Wenn man vom Vierhänder als vom Affen spricht, so ist das nur eine ungenaue Redeweise, denn er hat eigentlich vier armähnlich gestaltete Beine und Füße und nicht vier Hände. Denn, wenn auch schließlich die Tiere zum Klettern gebildet sind, so ist das Klettern auch etwas, was dem Leibe dient, und ihre Füße sind handförmig umgestaltet, damit sie durch das Klettern den Leib unterstützen können. – Für das, was im menschlichen Leibe vorgeht, sind die Hände und Arme des Menschen zwecklos geworden – äußerlich das schönste Sinnbild der menschlichen Freiheit! Es gibt kein schöneres Sinnbild der menschlichen Freiheit als die menschlichen Arme und Hände. Der Mensch kann für seine Umwelt arbeiten durch die Hände, und er kann schließlich auch, indem er sich nährt, indem er selber ißt, für sich aus freiem Willen durch die Hände arbeiten.

So erweckt man in dem Kinde durch die Beschreibung des Tintenfisches, der Maus oder des Lammes oder des Pferdes und des Menschen selbst nach und nach eine starke empfindungsmäßige und gefühlsmäßige Vorstellung davon, daß die niederen Tiere Kopfcharakter, die höheren Tiere Rumpfcharakter haben und der Mensch Gliedmaßencharakter hat. Es führt den Menschen nur zum eingeimpften Hochmut, wenn man ihm fortwährend beibringt, daß er durch seinen Kopf das vollkommenste Wesen auf der Welt ist. Dadurch saugt er unwillkürlich die Vorstellung ein, daß man durch die Faulheit, durch die Trägheit vollkommen ist. Denn instinktiv weiß der Mensch, daß der Kopf ein Faulpelz ist, daß er auf den Schultern ruht, daß er sich nicht selber

durch die Welt bewegen will, daß er sich tragen läßt von den Gliedmaßen. Und es ist nicht wahr, daß der Mensch durch den Kopf, durch
den Faulpelz Kopf, das eigentlich vollkommene Wesen ist, sondern er
ist es durch seine Gliedmaßen, die in die Welt und ihre Arbeit eingegliedert sind. Sie machen den Menschen innerlichst moralischer,
wenn Sie ihm nicht beibringen, er sei vollkommen durch den Faulpelz
Kopf, sondern vollkommen durch die regsamen Gliedmaßen. Denn
diejenigen Wesen, die nur Kopf sind wie die niederen Tiere, die müssen
ihren Kopf selber bewegen, und diejenigen Wesen, welche ihre Gliedmaßen nur im Dienste des Rumpfes verwenden, wie die höheren Tiere,
sind eben dem Menschen gegenüber gerade dadurch die unvollkomme-
neren Wesen, daß ihre Gliedmaßen weniger zum freien Gebrauch gebildet sind als beim Menschen; sie sind schon mit einem gewissen Zweck
behaftet, sie dienen überall dem Rumpf. Beim Menschen ist das eine
Gliedmaßenpaar, die Hände, vollständig in die Sphäre der menschlichen Freiheit gesetzt. Eine gesunde Empfindung gegenüber der Welt
bringen Sie dem Menschen nur bei, wenn Sie in ihm die Vorstellung
erwecken, daß er vollkommen ist wegen seiner Gliedmaßen, nicht
wegen seines Kopfes. Das können Sie durch die vergleichende Beschreibung des Tintenfisches, der Maus oder des Lammes oder des Pferdes
und des Menschen sehr gut. Dadurch werden Sie auch zu gleicher Zeit
merken, daß Sie eigentlich niemals, wenn Sie irgend etwas in einem
Naturreiche beschreiben, den Menschen nicht dabei haben sollten, denn
im Menschen vereinigen sich einmal alle Tätigkeiten der Natur. Deshalb sollten wir immer, wenn wir irgend etwas in der Natur beschreiben, im Hintergrunde den Menschen haben. Deshalb müssen wir
auch, wenn wir nach dem Erreichen des 9. Lebensjahres beim Kinde
zum naturgeschichtlichen Unterricht übergehen, vom Menschen ausgehen.

Wer den Menschen als Kind beobachtet, der wird finden, daß eben
zwischen dem 9. und 10. Lebensjahre mit dem Menschen etwas vorgeht.
Es prägt sich nicht so deutlich aus, wie der erste Anhub dieses Vorganges in einem früheren kindlichen Lebensalter. Wenn das Kind anfängt, etwas bewußter seine Glieder zu bewegen, zu gehen, ja selbst
oftmals ungeschickt zu gehen, wenn es anfängt, zweckentsprechend

seine Arme und Hände zu bewegen, so liegt da ungefähr der Zeitpunkt, wo das Kind anfängt, sich seines Ich etwas bewußt zu werden, um später sich bis zu diesem Zeitpunkte zurückzuerinnern, nicht an das, was vorher geschehen ist. Wenn Sie bemerken, wie normalerweise – es ändert sich bei einzelnen Kinderexemplaren – der Mensch in diesem Zeitalter anfängt «Ich» zu sagen, sogar etwas später, weil sich die Sprachtätigkeit, also das Willensartige, erst ausgebildet haben muß, dann können Sie daraus ersehen, daß das Auftreten des Selbstbewußtseins im Menschen in diesem Zeitpunkte deutlich bemerkbar ist, während jene Veränderung nicht so stark bemerkbar ist, die dann so um das Erreichen des 9. Lebensjahres herum mit dem Selbstbewußtsein des Menschen vor sich geht. Da verstärkt sich das Selbstbewußtsein; da kann man bemerken, daß das Kind viel verständiger das auffaßt, was man über den Unterschied des Menschen und der Welt zu ihm spricht. Vor dem Rubikon des 9. Lebensjahres ist das Kind noch viel mehr mit der Umwelt verschmolzen als nach dem Erreichen dieses Zeitraumes. Dann unterscheidet sich das Kind viel mehr von der Umwelt. Daher kann man jetzt ein bißchen anfangen, zum Kinde vom Seelischen zu sprechen, und es wird einem nicht mehr so unverständig zuhören als vor dem Erreichen des 9. Lebensjahres. Kurz, das Selbstbewußtsein des Kindes vertieft sich, verstärkt sich auch mit dem Erreichen des 9. Lebensjahres.

Wer eine Empfindung für solche Sachen hat, der wird bemerken, daß das Kind mit diesem Lebensalter anfängt, die Worte viel innerlicher zu gebrauchen als vorher, viel mehr sich bewußt zu werden, daß die Worte etwas sind, was aus seinem Inneren entsteht. Heute, wo man sich um das Äußerliche viel mehr bekümmert als um das Innerliche, lenkt man gerade auf diesen Umschwung im 9., 10. Lebensjahre viel zu wenig die Aufmerksamkeit. Der Erzieher aber muß seine Aufmerksamkeit auf diesen Umschwung lenken. Daher werden Sie mit einer ganz andern Grundstimmung zum Kinde sprechen können, wenn Sie den naturgeschichtlichen Unterricht – der eigentlich immer den Menschen mit den andern Naturreichen vergleichen muß – erst nach diesem Zeitpunkte an das Kind heranbringen. Während wir vorher, wo der Mensch noch mehr mit der Natur zusammengewachsen ist, nur in erzählender Form zu dem Kinde über die Dinge des naturwissenschaftlichen Unterrichts sprechen können, können wir es jetzt nach dem 9. Lebensjahre in der Weise tun, daß wir jetzt den Tintenfisch, die Maus oder das Lamm oder das Pferd und den Menschen vor das Kind hinstellen, und wir dürfen auch von den Beziehungen zur menschlichen Gestalt mit ihm reden. Vorher würden Sie auf etwas stoßen, was dem Kinde unverständlich ist, wenn Sie das, was mit dem Kopfe zusammenhängt, auf den Tintenfisch beziehen wollten, wenn Sie das, was mit dem Rumpfdasein zusammenhängt, mit der Maus in Beziehung bringen wollten, und wenn Sie das, was den Menschen erhebt über die andern Naturreiche, in den menschlichen Gliedmaßen suchen wollten. Und Sie sollen jetzt sogar das benützen, was Ihnen da das besondere Lebensalter des Kindes entgegenbringt, aus dem Grunde, weil Sie, wenn Sie auch den naturwissenschaftlichen Unterricht so verwenden, wie ich es angedeutet habe, später sehr feste, nicht wankende Moralbegriffe in die Kinderseele hineinbringen. Moralbegriffe bringt man nicht in die Kinder hinein, indem man an den Verstand appelliert, sondern indem man an Gefühl und Willen appelliert. Aber an Gefühl und Willen wird man dann appellieren können, wenn man die Gedanken und Gefühle des Kindes darauf hinlenkt, wie es selbst nur dann ganz Mensch ist, wenn es seine Hände benutzt zur Arbeit für die Welt, wie es dadurch das vollkommenste Wesen ist, und wie eine Beziehung besteht vom menschlichen Kopf zum Tintenfisch und vom menschlichen Rumpf zur Maus oder zum Schaf oder zum Pferd. Durch dieses Sich-Hineingestellt-Fühlen in die Naturordnung nimmt das Kind auch Gefühle auf, durch die es sich später recht als Mensch weiß.

Sie können dies ganz besonders wichtige moralische Element in die kindliche Seele hineinverpflanzen, wenn Sie sich bemühen, den naturgeschichtlichen Unterricht so zu gestalten, daß das Kind nichts davon ahnt, daß Sie ihm Moral beibringen wollen. Aber Sie werden niemals auch nur die Spur von Moralismus in die Kinder hineinversetzen, wenn Sie den naturgeschichtlichen Unterricht erteilen unabhängig vom Menschen, indem Sie den Tintenfisch für sich beschreiben, die Maus oder das Lamm oder das Pferd für sich beschreiben und sogar den Menschen für sich beschreiben, wobei Sie überhaupt nur Worterklärungen beschreiben. Denn den Menschen können Sie nur beschreiben, wenn Sie ihn zusammensetzen aus allen übrigen Organismen und Tätigkeiten der Natur. Das bewunderte *Schiller* an *Goethe*, daß Goethes Naturanschauung in naiver Weise darin bestand, daß er den Menschen aus allen einzelnen Stücken der Natur zusammensetzte, wie es zum Ausdruck gebracht ist in dem schönen Brief aus dem Anfange der neunziger Jahre des 18. Jahrhunderts, den Schiller an Goethe schrieb. Ich habe ihn immer wieder und wieder vorgebracht, weil er etwas enthält, was ganz übergehen sollte in unsere Kultur: das Bewußtsein von der Synthesis der ganzen Natur im Menschen. Goethe drückt es immer wieder so aus: Der Mensch ist auf den Gipfel der Natur gestellt und fühlt sich dort wieder als eine ganze Natur. Oder auch so sagt Goethe: Die ganze übrige Welt kommt im Menschen eigentlich zu ihrem Bewußtsein. – Wenn Sie meine Schriften durchgehen, werden Sie solche Aussprüche Goethes immer wieder und wieder zitiert finden. Ich habe sie nicht deshalb zitiert, weil sie mir gefallen haben, sondern weil solche Ideen übergehen sollten in das Zeitbewußtsein. Deshalb tut es mir immer so leid, daß eine der bedeutendsten pädagogischen Schriften eigentlich ganz unbekannt oder wenigstens unfruchtbar geblieben ist innerhalb des eigentlichen pädagogischen Betriebes. Schiller hat nämlich an Goethes naiver Selbsterziehung gute Pädagogik gelernt und hat diese Pädagogik hineingegossen in seine Schrift «Briefe über die ästhetische Erziehung des Menschen». In diesen Briefen steht ungeheuer viel fruchtbares Pädagogisches; man muß nur darüber hinausdenken und das, was in ihnen ist, konsequent weiterdenken. Schiller ist ja dazugekommen durch die Anschauungen Goethes. Bedenken Sie nur, wie Goethe gleichsam als ein Stück Kultur, das in die Natur hineingesetzt ist, von allerfrühester Kindheit an opponiert hat gegen das Erziehungsprinzip seiner Umgebung. Goethe konnte den Menschen niemals von der Umgebung absondern. Er nahm immer den Menschen in seinem Zusammenhange mit der Natur und fühlte sich als Mensch eins mit der Natur. Daher gefiel ihm auch zum Beispiel der Klavierunterricht so lange nicht, als er ganz abgesondert von der Natur des Menschen ihm erteilt wurde. Er fing erst an, sich für den Klavierunterricht zu interessieren, als ihm die Tätigkeit der einzelnen Finger nahegebracht wurde, als er hörte: Das ist der «Däumerling», das ist der «Deuterling» und so weiter, und als er nun wußte, wie der Däumerling und der Deuterling beim Klavierspiel verwendet werden. Er wollte immer den ganzen Menschen drinnenstehend haben in der ganzen Natur. Und das andere – ich habe es auch schon erwähnt: Er baut sich im 7. Lebensjahre einen eigenen Naturaltar, nimmt dazu ein Notenpult seines Vaters, legt Pflanzen aus seines Vaters Herbarium und Mineralien darauf, oben darauf ein Räucherkerzchen, dann fängt er mit einem Brennglase die Strahlen der Morgensonne auf, um dadurch dem großen Gotte der Natur ein Opfer zu bringen: eine Opposition gegenüber dem, was man ihm sonst in der Erziehung beibringen wollte. Goethe hat sich immer dargelebt als ein Mensch, der so erzogen werden wollte, wie man in der neueren Zeit erzogen werden sollte. Und weil Goethe so war, nachdem er sich dazu erst herangebändigt hatte, deshalb hat er Schiller so gefallen, und Schiller schrieb dann in seinen ästhetischen Briefen über Erziehung dasjenige, was eben in diesen Briefen enthalten ist.

Mein alter Freund und Lehrer *Schröer* hat mir einmal erzählt, wie er in einer Mittelschulkommission als Lehrer an einer Prüfung angehender Lehrer teilzunehmen hatte, aber er hatte nicht zu gleicher Zeit auch vorbereiten können, was die künftigen Lehrer zu dieser Prüfung mitbringen mußten. Da hat er sie nun einmal über Schillers ästhetische Briefe gefragt. Sie haben sich ausgekannt in allem möglichen, in Plato und so weiter, aber als Schröer nun anfing, sie über Schillers ästhetische Briefe zu fragen, da haben sie revoltiert! Und in ganz Wien hieß es dann: Da hat der Schröer in der Prüfung die Lehrer über Schillers ästhetische Briefe fragen wollen, aber die versteht doch kein Mensch! Das sind doch Sachen, die man nicht verstehen kann!

Wenn wir aber manche gesunden didaktischen Dinge aufsuchen wollen, wenn auch in ihren Rudimenten, so müssen wir zum Beispiel zurückgehen auf Schillers Briefe zur ästhetischen Erziehung und auch auf *Jean Pauls* Erziehlehre «Levana». Auch diese enthält für das Unterrichtswesen ungeheuer viel praktische Hinweise. In der neueren Zeit ist es ja mit Bezug auf manche Dinge besser geworden, aber man kann nicht sagen, daß das, was von Schillers ästhetischen Briefen und von Jean Pauls Erziehungslehre ausgehen konnte, ganz unverfälscht in die

Pädagogik übergegangen wäre. Die Dinge werden immer auf etwas andern Boden gestellt.

Ich habe Ihnen heute einen Begriff zu geben versucht, wie man von einem gewissen Lebensalter des Kindes, ungefähr im 9. Jahre, ablesen kann, was man in diesem Alter erzieherisch tun soll. Morgen wollen wir davon sprechen, wie man das 14., 15. Lebensjahr benutzen soll, um dem Kinde das beizubringen, was dann seinem Wesen entspricht. So wollen wir uns der Einsicht nähern, wie die ganze Zeit zwischen dem 7. und 15. Jahre gegliedert ist und was man als Erzieher und Unterrichter zu tun hat. Daraus kommt dann der Lehrplan zustande. Heute stellen die Leute in abstracto die Frage: Wie sollen wir die Fähigkeiten des Kindes entwickeln? Aber wir sollten uns klar sein: Man muß zuerst die Fähigkeiten des werdenden Menschen kennen, wenn der abstrakte Satz: Man muß die Fähigkeiten des Kindes entwickeln – eine konkrete Bedeutung haben soll.

ACHTER VORTRAG

Stuttgart, 29. August 1919

Ich habe bereits gesagt, daß wir mit Bezug sowohl auf den Religionsunterricht wie aber auch auf den Lehrplan selbstverständlich Kompromisse schließen müssen, da heute schon einmal die äußere Gesetzlichkeit für die Schule besteht. Aber wir müssen doch die richtigen guten Grundlagen des Lehrplanes durchschauen, damit wir persönlich da oder dort, wo uns der Lehrplan etwas Unorganisches aufdrängt, korrigieren können, so gewissermaßen unter der Hand korrigieren können.

Den richtigen Lehrplan für die Zeit zwischen dem 7. und dem 14., 15. Lebensjahre zu finden, ist im allgemeinen gebunden an die wirkliche Erkenntnis der Entwickelung des Kindes in dieser Zeit. Wir haben gestern einen Moment der Entwickelung hervorgehoben, den Moment, der zwischen dem 9. und 10. Lebensjahre liegt, also in der Zeit, wenn das Kind das 9. Lebensjahr vollendet hat und das 10. beginnt. Wenn wir also die Entwickelung des Kindes vom 7. Jahre ab durch das 8. Jahr, durch das 9. Jahr verfolgen, dann haben wir, ehe das 10. Jahr erreicht wird, irgendwo jenen Punkt drinnen, den ich Ihnen in der Entwickelung dadurch gekennzeichnet habe, daß ich sagte: Da wird das Ich-Bewußtsein verstärkt und verdichtet, so daß wir von dieser Zeit an mit naturgeschichtlichen Begriffen an das Kind herankommen können in der Art, wie ich es gestern mit Tintenfisch und Maus oder Lamm oder Pferd und dem Menschen erzählt habe. Aber Sie werden gesehen haben, daß dabei immer noch Rücksicht genommen werden soll auf das Wechselverhältnis des Menschen zu seiner Umgebung, Rücksicht darauf, wie der Mensch eigentlich die Zusammenfassung von allen übrigen Naturreichen ist, wie er noch nicht aus den übrigen Naturreichen scharf herausgesondert werden soll. Man verdirbt ungeheuer viel am werdenden Menschen, wenn man nicht so verfährt, daß man das Kind im 10., 11. Jahre immer wieder gefühlsmäßig, empfindungsmäßig darauf hinweist, wie der Mensch zusammenhängt mit der äußeren Natur, wie er eine Synthese der äußeren Naturwelt ist.

Dann aber liegt wieder ein wichtiger Punkt in der Entwickelung des Kindes da, wo der Mensch zwischen dem 12. und 13. Jahre steht. In dieser Zeit verstärkt und erkraftet sich das Geistig-Seelenhafte des Menschen, insofern dieses Geistig-Seelenhafte weniger vom Ich abhängig ist. Es durchkraftet und verbindet sich das, was wir gewohnt sind in der Geisteswissenschaft den astralischen Leib zu nennen, mit dem Ätherleib. Geboren wird ja der astralische Leib als selbständige Wesenheit erst richtig mit der Geschlechtsreife, aber er tritt durch den Ätherleib in einer eigentümlichen Weise auf, indem er diesen in der Zeit zwischen dem 12. und 13. Lebensjahre durchkraftet und durchsetzt. Da liegt also wieder ein wichtiger Punkt der Entwickelung. Er äußert sich so, daß der Mensch, wenn wir richtig behandeln, was in ihm steckt, dann anfängt, Verständnis zu entwickeln für das, was in der äußeren Welt an Impulsen wirkt, die ähnlich sind den geistigseelischen Impulsen, wie sie also zum Beispiel in der Außenwelt als geschichtliche Kräfte wirken. Ich habe Ihnen an einem Probebeispiel das Walten solcher geschichtlicher Kräfte so dargelegt, wie man sie verwenden kann im Volksschulunterricht. Aber obgleich Sie das, was ich für Sie auseinandergesetzt habe, in eine kindliche Sprache überführen müssen, so würden Sie, wenn Sie noch so kindlich sprechen würden, doch nicht das richtige Verständnis für historische, für geschichtliche Impulse im Kinde erwecken können, wenn Sie vor dem vollendeten 12. Lebensjahre mit der Geschichtsbetrachtung an das Kind herankommen würden. Sie können Geschichte dem Kinde vorher in Form von Geschichten erzählen, können ihm Biographien erzählen. Das wird es fassen. Aber geschichtliche Zusammenhänge wird es vor dem vollendeten 12. Jahre nicht fassen. Daher werden Sie ein Unheil anrichten, wenn Sie die Einhaltung dieses Zeitpunktes nicht beachten. In diesem Zeitpunkte beginnt der Mensch eine Sehnsucht zu entwickeln, dasjenige, was er früher als Geschichten aufgenommen hat, nun wirklich auch als Geschichte dargestellt zu bekommen. Und wenn Sie dem Kinde vorher Geschichten zum Beispiel von dem oder jenem Kreuzfahrer oder von andern erzählt haben, so müssen Sie nun versuchen, dies umzugestalten, so daß das Kind in diesem Umgestalteten die geschichtlichen Impulse, die geschichtlichen Zusammenhänge wahrnimmt.

Wenn Sie so etwas beobachten, deutlich merken, daß Ihnen das Kind vom 12. Jahre ab, wenn Sie es richtig machen, Verständnis entgegenbringt, so werden Sie sich sagen: Ich werde also bis zum 9. Jahre hauptsächlich mich auf das beschränken, was wir schon angedeutet haben als das Künstlerische, und daraus Schreiben und Lesen herausbringen und später dann auch zum Rechnen übergehen; zum Naturgeschichtlichen werde ich aber erst nach dem gestern charakterisierten Zeitpunkt übergehen, und zum Geschichtlichen, insofern es nicht bloß Geschichten sind, werde ich überhaupt erst übergehen nach dem Erreichen des 12. Lebensjahres. Da beginnt das Kind innerlich Anteil zu nehmen an den großen geschichtlichen Zusammenhängen. Das wird für die Zukunft ganz besonders wichtig sein, denn es wird sich immer mehr und mehr die Notwendigkeit herausstellen, die Menschen schon zum Erfassen geschichtlicher Zusammenhänge zu erziehen, während sie bisher gar nicht zu einer eigentlichen Geschichtsauffassung kamen. Denn sie waren mehr Glieder des Wirtschaftslebens und des Staatslebens, wurden in das Wirtschafts- und Staatsleben einmechanisiert und genügten auch den Anforderungen, den Interessen des Wirtschafts- und Staatslebens, wenn sie notdürftig Geschichten kannten über Herrscher und Kriege – was ja nicht Geschichte ist – und wenn sie Zahlen wußten, wann die Herrscher und höchstens noch einige berühmte Persönlichkeiten gelebt und wann die Kriege stattgefunden haben.

Wie sich das Kulturelle der Menschheit entwickelt hat, das wird in der Zukunft besonders Gegenstand des Unterrichts sein müssen. Dann aber wird der Unterricht die geschichtlichen Impulse in sich aufnehmen müssen, und man wird richtig im geeigneten Zeitpunkt diese geschichtlichen Impulse in den Lehrplan einstellen müssen.

Nun beginnt aber damit noch etwas anderes dem Menschen verständlich zu werden, wenn er diesen Rubikon nach dem Erreichen des 12. Lebensjahres überschritten hat. Sie können die Einrichtung des menschlichen Auges mit dem Kinde vorher so klar als möglich besprechen – das Kind wird sich die Einrichtung des menschlichen Auges vor dem Erreichen dieses Zeitpunktes nicht in der richtigen Weise verständnisvoll aneignen können. Denn was heißt es eigentlich, die Einrichtung des menschlichen Auges dem Kinde beizubringen? Es heißt, das Kind darauf aufmerksam machen, wie Lichtstrahlen an das Auge herankommen, in das Auge fallen, wie diese Lichtstrahlen von der Linse aufgenommen und gebrochen werden, wie sie dann durch den Glaskörper gehen, wie sie als Bild auf der Hinterwand des Auges wirken und so weiter. Das alles müssen Sie so beschreiben wie physikalische Vorgänge. Sie beschreiben einen physikalischen Vorgang, der eigentlich im Menschen selbst, im menschlichen Sinnesorgan nämlich, vor sich geht. Wollen Sie das beschreiben, dann müssen Sie schon vorher die Begriffe im Kinde entwickelt haben, die es befähigen, eine Beschreibung des Auges in diesem Sinne entgegenzunehmen. Das heißt, Sie müssen vorher das Kind gelehrt haben, was Brechung der Lichtstrahlen ist. Das läßt sich dem Kinde sehr einfach erklären, indem man ihm eine Linse zeigt, ihm sagt, was der Brennpunkt ist und zeigt, wie die Strahlen gebrochen werden. Da beschreibt man aber bloß physikalische Tatsachen, die außer dem Menschen geschehen. Das kann man machen in der Zeit zwischen dem Punkte nach dem 9. Jahre und dem Punkte vor dem 12. Jahre. Anwenden diese physikalische Beschreibung auf Organe im Menschen selbst, sollte man erst nach vollendetem 12. Lebensjahre, weil erst da das Kind beginnt, in der richtigen Weise einzuschätzen, wie die Außenwelt im Menschen selbst wirkt, wie sich die Tätigkeit der Außenwelt in den Menschen hinein fortsetzt. Das kann es vor dem 12. Lebensjahre noch nicht verstehen. Physikalische Vorgänge kann es verstehen – nicht aber, wie sich physikalische Vorgänge im Menschen selbst vollziehen.

Es ist etwas Verwandtes zwischen der Auffassung der geschichtlichen Impulse in der Menschheit und der Auffassung der äußeren physikalischen Naturimpulse im menschlichen Organismus. In den Geschichtsimpulsen lebt das, was wahres Menschentum ist, aber was in diese Impulse zusammengefaßt ist, das lebt als äußerer geschichtlicher Verlauf und wirkt wieder auf den Menschen. Wenn Sie das menschliche Auge beschreiben, so wirkt dasselbe, was außen in der Natur wirkt, auch wieder im Menschen. Beiden Vorgängen muß ein gleichgeartetes Verstehen entgegengebracht werden, und dieses Verstehen beginnt eigentlich erst mit dem 12. Lebensjahre. Daher wird es notwendig sein, den Lehrplan so zu gestalten, daß man die zum Erfassen des Menschen selbst geeigneten physikalischen Begriffe dem Kinde in der Zeit vom 9. bis 12. Jahre beibringt, also neben der Naturgeschichte einfache Physik lehrt, daß man aber wartet mit der Anwendung der physikalischen Gesetzmäßigkeit auf den Menschen selber bis zum 12. Jahre – geradeso wie man mit dem Erzählen von Geschichten bis zum 12. Jahre fortfahren soll, um dann aus den Geschichten «Geschichte» zu machen.

Was ich damit auseinandergesetzt habe, gilt mit Bezug auf den Anfang der Sache. Natürlich kann sich dann die Weitergestaltung des Physikunterrichts in die Zeit nach dem 12. Jahre hinein fortsetzen. Aber anfangen sollte man weder Physikunterricht noch naturgeschichtlichen Unterricht vor dem 9. Lebensjahr, und Geschichtsunterricht und physiologisch gearteten Unterricht, also Beschreibung der Betätigungen des Menschen, nicht vor dem vollendeten 12. Jahre. Wenn Sie bedenken, daß das Verstehen etwas ist, was nicht bloß im menschlichen Intellektuellen aufgeht, sondern immer Gefühl und Willen mit umschließt, so werden Sie demjenigen nicht ganz fernstehen, was ich jetzt gesagt habe. Und wenn die Menschen solche Dinge nicht beachten, so rührt das davon her, weil sie sich Illusionen hingeben. Man kann notdürftig dem Intellektuellen des Menschen geschichtliche oder physiologische Begriffe vor dem 12. Lebensjahr beibringen, aber man verdirbt dadurch die menschliche Natur, man macht sie im Grunde genommen für das ganze Leben ungeeignet. So werden Sie in die Lage kommen, zum Beispiel zwischen dem 9. und 12. Jahre nach und nach die Begriffe von Strahlenbrechung, von Bildgestaltung durch Linsen oder andere Instrumente zu besprechen. Sie werden zum Beispiel die Wirkungsweise des Opernguckers mit dem Kinde zwischen dem 9. und 12. Jahre besprechen können. Sie werden mit ihm in dieser Zeit auch die Beschaffenheit, die Wirkungsweise der Uhr besprechen können, werden ihm den Unterschied zwischen einer Pendeluhr und einer Taschenuhr auseinandersetzen können und alles Ähnliche. Aber Sie sollten dem Kinde vor dem 12. Lebensjahre nicht die Anwendung der Strahlenbrechung und der Bildgestaltung auf das menschliche Auge auseinandersetzen.

Nun haben sich Ihnen damit Gesichtspunkte ergeben, die Sie darüber belehren können, wie Sie lehrplanmäßig mit der Verteilung des

Unterrichtsstoffes vorgehen sollen, damit Sie in der richtigen Weise die Fähigkeiten des Kindes entwickeln. Noch anderes ist dabei von diesem Gesichtspunkte aus zu beobachten. Es ist von einer gewissen Bedeutung, daß wir uns mit dem Unterricht nicht allzusehr vom Leben entfernen, aber auch nicht in trivialer Weise dem Leben zu viel Rechnung tragen. Dem Kinde schließlich zu sagen: Was hast du an den Füßen? – Ein Paar Stiefel –, antwortet es. Wozu hast du die Stiefel? – Damit ich sie mir anziehe –, das nennen manche Lehrer Anschauungsunterricht, und sie bringen wirklich rechte Trivialitäten im Anschauungsunterricht zutage. Wenn man so Anschauungsunterricht treibt, wie es manchmal in Didaktikbüchern vorgeschrieben wird, so langweilt man das Kind im Unterbewußtsein furchtbar, und man verdirbt dadurch wieder sehr viel an dem Kinde. Mit diesem Zu-nahe-Stehenbleiben am Leben und fortwährend Begriffe-Heraufholen ins Bewußtsein, die eigentlich ganz gut im Unbewußten liegen können, die bloß gewohnheitsmäßige Tätigkeiten zu stark ins Bewußtsein heraufführen, damit sollte man sich nicht befassen. Aber deshalb braucht man sich auch wieder nicht vom Leben ganz zu entfernen und dem Kinde zu früh leere Abstraktionen beizubringen. Das wird insbesondere für den Physikunterricht von einer großen Wichtigkeit sein. Ja, der Physikunterricht wird schon ohnedies Gelegenheit geben, das dem Leben Nahe und das dem Leben, dem äußeren Leben zunächst, Ferne sehr nahe zusammenzubringen. Sie sollten daher berücksichtigen, daß Sie die physikalischen Begriffe am Leben entwickeln. Sie sollten, so gut es geht, die Kinder nach Ihrer Erfinderkraft solche Dinge zum Beispiel wahrnehmen lassen: wie es manchmal in unserem Zimmer, nachdem wir eingeheizt haben, noch fußkalt ist, während es oben an der Decke schon warm geworden ist. Da machen Sie das Kind auf eine Lebenstatsache aufmerksam, und Sie können von dieser Lebenstatsache ausgehen und ihm dann erklären, daß ja selbstverständlich durch den Ofen zuerst die Luft unten um den Ofen herum warm wird. Es wird ja nicht zuerst oben im Zimmer warm. Aber die warme Luft hat das Bestreben, immer nach oben zu gehen, und dann muß die kalte Luft nach unten fallen, so daß dem Kinde der Vorgang so erklärt werden muß: Unten um den Ofen herum wird die Luft zuerst warm, diese warme Luft steigt nach oben, so daß dann die

116

kalte Luft nach unten fallen muß, und daher haben wir es in einem Zimmer noch fußkalt, wenn oben die Luft schon lange warm ist. – So sind Sie dabei von einer Lebenstatsache ausgegangen und können von da aus nun den Übergang dazu finden, daß die warme Luft sich ausdehnt und die kalte sich zusammenzieht. Da entfernen Sie sich dann schon vom Leben. Aber auch sonst, zum Beispiel wenn Sie in der Physik vom Hebel reden, ist es nicht gut, wenn Sie bloß den abstrakten Hebel hinstellen; gehen Sie aus vom Waagebalken, und kommen Sie von diesem auf die Hebelwirkung. Gehen Sie also aus von dem, was im Leben Anwendung hat, und gehen Sie dann über zu dem, was für die Physik daraus ausgedacht werden kann.

Nun kann ich Ihnen aber gar nicht verschweigen, daß durch manches, was schon in unsere physikalischen Begriffe hineinkommt, doch Verheerungen in dem Kinde angerichtet werden und daß doch sehr viel davon abhängt, daß man als Lehrer selbst das Richtige weiß, daß man überhaupt versucht, eine gewisse Reife für das Urteil zu haben. Sie sind genötigt, verhältnismäßig großen Kindern zu sagen: Du hast hier eine Elektrisiermaschine; man nennt das, was ich dir hier vorführe, Reibungselektrisiermaschine. Ich kann dadurch, daß ich gewisse Gegenstände reibe, Elektrizität erzeugen, aber ich muß die Gegenstände, die elektrisch werden sollen, vorher immer sorgfältig abwischen, denn sie müssen trocken sein. Wenn sie naß sind, geht das Experiment nicht, dann entwickelt sich keine Elektrizität. – Sie entwickeln dann den Kindern die Gründe, warum es nicht geht, mit nassen Instrumenten Elektrizität zu erzeugen. Dann gehen Sie dazu über, zu erklären, wodurch der Blitz entsteht, von dem Sie sagen, er sei auch ein elektrischer Vorgang. Da sagen nun viele Menschen: Es reiben sich die Wolken, und durch die Reibung der Wolken entsteht dann der Blitz als eine elektrische Entladung. – Das Kind wird es vielleicht glauben, weil der Lehrer selbst es glaubt, aber in seinem Unterbewußtsein geht etwas ganz Besonderes vor sich, von dem das Kind natürlich nichts weiß. Es sagt sich: Ja, der Lehrer wischt da die Instrumente, die sich reiben sollen und wo Elektrizität entstehen soll, vorher immer sorgfältig ab, damit sie nicht naß sind, aber nachher erzählt er mir, daß bei den sich reibenden Wolken, die doch auch naß sind, Elektrizität entstehen soll! –

Diese Unebenheiten merkt das Kind. Und vieles von der Zerrissenheit im Leben rührt davon her, daß das Kind solche Widersprüche erzählt bekommt. Draußen in der Welt sollten die Widersprüche entstehen – in unserem Denken sind sie nicht am Platze! Aber weil das heutige Wissen und Erkennen der Menschen nicht tiefgründig genug ist, leben in dem, was wir den Kindern oder auch was wir später den jungen Menschen beibringen, fortwährend solche Widersprüche, die das unbewußte Innere des Menschen eigentlich zerreißen. Deshalb müssen wir wenigstens darauf schauen, daß wir in dem, was wir bewußt an das Kind heranbringen, nicht zu viel von dem drinnen haben, was es sich dann im Unterbewußtsein anders vorstellt. In der Wissenschaft werden wir ja als Lehrer nicht gleich berufen sein, solches Zeug auszumerzen, wie die törichte Beziehung, die zwischen Blitz und Elektrizität in der Physik eingeführt ist. Aber wenn wir, ich möchte sagen, mehr Durchsichtiges behandeln, dann sollten wir uns schon immer zum Bewußtsein bringen, daß wir ja nicht bloß auf das Bewußtsein des Kindes wirken, sondern immer auch auf sein Unterbewußtes. Wie können wir auf dieses Unterbewußte Rücksicht nehmen?

Das können wir nur dadurch, daß wir als Lehrer immer mehr und mehr Menschen werden, die nicht für das Kind das Verständnis zubereiten. Von einem andern Gesichtspunkte aus habe ich schon gesagt, was da in Betracht kommt. Sie sollen die Fähigkeiten in sich entwickeln, die in dem Augenblick, wo Sie sich auf irgendeinem Unterrichtsgebiet mit dem Kinde beschäftigen, Sie von diesem Unterrichtsgebiete so absorbiert sein lassen, wie das Kind von dem Unterricht absorbiert wird, ganz gleich, was Sie behandeln. Sie sollten sich nicht von dem Gedanken durchdringen lassen: Ich weiß ja schon vieles andere, und ich richte das so her, wie es für das Kind paßt, ich stelle mich so richtig über das Kind und richte alles, was ich dem Kinde sagen will, so her, wie es für das Kind paßt. – Nein! Sie müssen die Fähigkeit haben, sich so zu verwandeln, daß das Kind durch Ihren Unterricht förmlich aufwacht, daß Sie selbst mit dem Kinde zum Kinde werden. Aber nicht auf kindische Weise. Die Gouvernanten machen es oft auf diese Weise, sie lallen mit dem Kinde, sie sagen, wenn das Kind «Tata» sagt, auch «Tata» statt Vater. Nicht darauf kommt es an, daß man in äußerlicher Weise mit dem Kinde kindisch wird, sondern daß man dasjenige ins Kindliche umsetzt, was reifer ist. Da muß man allerdings dann, um das in der richtigen Weise tun zu können, etwas tiefer in die menschliche Natur hineinschauen. Da muß man ernst machen damit, daß der Mensch gerade mit Bezug auf die wichtigste geistige Eigenschaft dadurch produktiv wird, daß er sich das Kindliche bewahrt für das ganze Leben. Ein Dichter, ein Künstler ist man, wenn man immer die Betätigung des Kindes mit dem reifen Menschen in sich beleben lassen kann. Immer ein gesetzter Kerl sein, nicht mehr mit seinem Denken, Fühlen und Wollen – das jetzt mit den dreißiger Jahren reifere Begriffe aufgenommen hat – kindlich, innerlich kindlich verfahren zu können, immer nur ein gesetzter Mensch sein, das ist für den Lehrer nicht die geeignete Lebensstimmung. Sondern das ist für ihn die richtige Lebensstimmung: mit allem, was er selber erfährt, was er selber kennenlernt, wieder in die Kindheit zurückgehen zu können. Er wird ja natürlich nicht so in die Kindheit zurückgehen, wenn er für sich selber ist, daß er, wenn er zum Beispiel eine neue Tatsache kennenlernt, sie sich in lallenden Worten beschreibt. Aber er wird so zurückgehen können, daß er sich an dieser neuen Tatsache so freut, so intensiv freut, wie das Kind sich an der Wahrnehmung einer neuen Tatsache des Lebens freut. Kurz, das Seelisch-Geistige soll zurückgehen in die Kindheit, nicht das äußerlich Leibliche.

Dann wird natürlich viel abhängen von der Stimmung, die zwischen dem Lehrer und den Schülern entsteht. Denn wenn Sie zum Beispiel über das Leben, über die Natur so reden, daß Sie sich daran erfreuen wie das Kind selbst, daß Sie darüber erstaunt sind wie das Kind selbst, dann ist das die richtige Stimmung. Ein Beispiel: Sie haben alle etwas von Physik gelernt, verstehen also den sogenannten Morsetelegraphen ganz gut. Sie wissen, wie die Dinge vor sich gehen, wenn man ein Telegramm von dem einen Orte zum andern befördert. Sie wissen, daß durch die verschiedenen Vorrichtungen, durch den Taster, auf den der Telegraphenbeamte drückt – einmal kurz, einmal lang drückt –, der Strom entweder für kurze oder längere Zeit geschlossen ist, während er unterbrochen ist, wenn nicht auf den Taster gedrückt wird. Sie wissen, daß dann in den Strom der eigentliche Morsetelegraphenapparat einge-

119

schaltet ist, wo ein eiserner Balken von einer Spule angezogen wird, die einen Elektromagneten in sich enthält. Sie wissen, wie dann wieder in diesen Strom eingeschaltet ist ein sogenanntes Relais. Sie wissen, daß dadurch mit Hilfe eines Drahtes eine Verbindung hergestellt wird von einem solchen Telegraphenapparat der einen Station zu dem einer andern, so daß auf jener zweiten Station das mitspielt, was auf der ersten Station hervorgerufen wird. Indem ich kurze oder lange Zeit den Strom einschalte, wird auf der andern Station wieder etwas vernommen, wobei durch eine Übertragung das entsteht, was dann der Telegraphenbeamte auf der andern Station liest. Was kurze oder lange Unterbrechung ist, wird als Eindruck auf einem Papierstreifen sichtbar, so daß man bei einer kurzen Dauer des Stromes einen Punkt, bei einer langen Dauer einen Strich auf dem Papier sieht. Der Papierstreifen läuft durch Rollen. Man sieht also zum Beispiel einen Punkt, dann vielleicht nach einer Unterbrechung drei Punkte und so weiter. So ist aus Punkten und Strichen das Alphabet zusammengesetzt; ein a ist: ·–, ein b: –··, ein bloßer Strich ist ein t und so weiter. So kann man also ablesen, was von einer Station zur andern geht.

Aber alles, was über diesen Telegraphenapparat erzählt wird, ist eigentlich nur ein Gegenstand für die intellektuelle Betrachtung. Man braucht wahrhaftig nicht viel Seelisches anzuwenden, um all das Zeug, was sich da mechanisch abspielt, indem der Mechanismus von der Wirkung der Elektrizität, über die ja nur Hypothesen heute in der Wissenschaft bestehen, durchdrungen ist, begreiflich zu machen. Aber eines bleibt dabei doch ein Wunder, und man kann die Dinge schon als Wunder erzählen. Und ich muß sagen: Wenn ich an die Verbindung denke, die zwischen dem Morseapparat der einen Station und dem einer andern Station zustande kommt, so stehe ich immer von neuem mit dem größten Gefühl vor der Tatsache, wenn ich daran denken muß, wie der Stromkreis geschlossen wird. Er wird ja nicht dadurch geschlossen, daß ein Draht von der ersten Station zur zweiten und ein zweiter Draht von dieser wieder zurückgeht. Das könnte man auch machen, da würde dann die Unterbrechung dadurch hergestellt werden, daß man den geschlossenen Stromkreis unterbricht. Es wird aber nicht durch Drähte, die hin- und hergehen, ein solcher geschlossener

Stromkreis erzeugt, in welchem dann der Morseapparat eingeschaltet ist, sondern es wird eigentlich nur der eine Teil des Stromes durch den Draht geleitet. Dann geht der Draht auf der einen Station in die Erde und geht dort in eine Metallplatte hinein, und auf der andern Station geht der Draht ebenfalls in die Erde in eine Metallplatte. Und die Verbindung, die hier durch den Draht bewirkt werden könnte, wird durch die Erde selbst bewirkt. Es geht durch die Erde selbst das vor sich, was sonst durch die andere Hälfte des Drahtes beim geschlossenen Strom bewirkt würde. Und jedesmal, wenn man daran denken muß, wie ein Telegraphenapparat an einer Station verbunden wird mit dem einer andern, muß man an ein Wunder denken, daß sich die Erde, die ganze Erde zum Vermittler macht, daß sie gleichsam den Strom aufnimmt in ihre Hut und ihn wieder brav an die andere Station abgibt, da doch nur sie die Vermittlung übernimmt. Alles, was darüber an Erklärungen gegeben wird, sind Hypothesen. Wichtig aber für unser menschliches Verhältnis ist, daß wir dies als eine wunderbare Tatsache immer wieder und wieder empfinden können, daß wir uns nicht abstumpfen auch gegen das gefühlsmäßige Ergreifen physikalischer Vorgänge. Dann werden wir die Stimmung finden, wenn wir dies dem Kinde erklären, immer wieder zurückzukehren zu der Art, wie wir das erste Mal, als wir eine Sache begriffen haben, diese aufgenommen haben. Dann werden wir bei einem physikalischen Erklären mit dem sich verwundernden Kinde selbst zu einem sich verwundernden Kinde. Und solche Dinge stecken in allen, auch in den physikalischen Vorgängen der Welt.

Denken Sie einmal, Sie bringen dem Kinde folgendes bei: Dort steht so etwas wie eine Art Bank, auf dieser Bank liegt eine Kugel, ich ziehe die Bank rasch weg – die Kugel fällt herunter. Was wird, wenn er eine solche Erscheinung dem Kinde klarmacht, meistens der heutige Lehrer sagen? Er wird sagen: Die Kugel wird von der Erde angezogen, sie unterliegt, wenn sie nicht unterstützt wird, der Schwerkraft. – Damit ist aber eigentlich nichts gesagt. Denn dieser Satz: Die Kugel unterliegt der Schwerkraft –, hat eigentlich gar keinen Inhalt, er ist eine von jenen Worterklärungen, von denen wir schon gesprochen haben. Denn von der Schwerkraft und ihrem Wesen sagen auch wieder die Physiker:

Von der weiß man nichts –, trotzdem aber reden sie von ihr. Nur können wir aber nicht umhin, von der Schwerkraft zu reden. Wir müssen davon reden. Denn sonst geht der Zögling ins Leben hinaus und man fragt ihn da oder dort, wo sich seine Berechtigung an irgendeinem Platze erweisen sollte: Was ist die Schwerkraft? Und stellen Sie sich vor, was geschehen würde, wenn ein fünfzehnjähriger Lümmel oder eine fünfzehnjährige Lümmelin nicht wissen sollte, was die Schwerkraft ist! Dann ist der Teufel los. Also wir müssen schon dem Kinde sagen, was die Schwerkraft ist, wir dürfen uns nicht törichterweise vor dem verschließen, was die Welt heute verlangt. Aber wir können damit, daß wir auf das Unterbewußte wirken, schöne Begriffe im Kinde erwecken. Wir können ihm, weil wir ihm anderes beigebracht haben, zum Beispiel klarmachen: Wenn du hier den Rezipienten einer Luftpumpe hast, in dem keine Luft drinnen ist, und wenn du jetzt den Stöpsel herausnimmst, so strömt die Luft rasch ein, füllt das aus, was da leer ist. So ist überall das Bedürfnis vorhanden, daß in das, was leer ist, etwas einströmt. Das ist verwandt mit dem, was in dem andern Falle vor sich geht, wo man von der Wirkung der Schwerkraft spricht; wenn man unten den Pflock wegzieht, so strömt dann auch etwas ein. Der Unterschied ist nur der, daß in dem einen Falle die äußere Luft in den leeren Raum hineinströmt, während im andern Falle die Wirkung nur nach einer Richtung geschieht. Jetzt vergleichen Sie die eine Erscheinung mit der andern. Geben Sie dem Kinde nicht Wortdefinitionen, sondern bringen Sie Beziehungen zwischen den Begriffen und den Erscheinungen, die mit der Luft zusammenhängen, und jenen Erscheinungen, die an den festen Körpern vor sich gehen. Und würde einmal der Begriff gefaßt des Einströmens fester Körper in der Richtung, in der sie sich bewegen wollen, wenn sie ununterstützt sind, dann würde dieser Begriff fallen von dem Einströmen der Luft in den leeren Raum, dann würden gesündere Begriffe zustande kommen, als sie heute in die Welt gegossen werden, wie zum Beispiel durch die vertrackte Relativitätstheorie von Professor *Einstein*. Das sage ich nur als eine Nebenbemerkung zu der gegenwärtigen Kulturverfassung, aber ich muß Sie auf so etwas hinweisen, wie manches Unselige in unserer Kultur lebt – zum Beispiel in der Relativitätstheorie, besonders in ihrer letzten Ausgestaltung – und wie diese Dinge dann ihr wüstes Wesen treiben, wenn das Kind ein Forscher geworden ist.

Damit haben Sie jetzt schon ein großes Stück von dem kennengelernt, wie der Lehrplan und aus welchen Unterlagen heraus er zu gestalten ist.

NEUNTER VORTRAG

Stuttgart, 30. August 1919

Wir bekommen in die Waldorfschule Schüler der verschiedensten Klassenstufen herein. Wir müssen uns namentlich, indem wir den Unterricht in den verschiedenen Klassen beginnen werden, danach richten, daß wir Schüler der verschiedensten Klassenstufen bekommen, und wir werden dabei auch noch etwas anderes ins Auge zu fassen haben.

Wir können nicht gleich – es ist schade, daß wir es nicht können – die nötige Universität mit allen Fakultäten für die Waldorfschule einrichten. So sind wir auch darauf angewiesen, daß die Schüler, wenn wir sie aus der Waldorfschule entlassen, in andere Unterrichtsanstalten aufgenommen werden, die sie dann durchlaufen müssen, um ins Leben einzutreten. Wir müssen also unsere Waldorfschüler dahin bringen, daß sie beim Abgang die Lehrziele erreicht haben, die von ihnen gefordert werden, wenn sie dann draußen im Leben eine ihrem Alter entsprechende Bildungsanstalt betreten werden. Wir werden mit der Waldorfschule ein entsprechendes Ziel und eine entsprechende Aufgabe lösen, wenn wir, trotzdem wir nach diesen beiden Richtungen hin zunächst eingeengt sind, etwas von dem verwirklichen können, was unseren aus der gegenwärtigen Kulturepoche der Menschheitsentwickelung hergenommenen Erziehungsprinzipien entspricht. Das werden wir aber nur erreichen können, wenn wir eine goldene Regel anwenden werden gerade bei den älteren Kindern, die wir bekommen werden und die wir bald an die andern Anstalten des Lebens entlassen werden müssen: ökonomisch zu unterrichten.

Ökonomisch werden wir dadurch unterrichten, daß wir vor allen Dingen gerade bei den dreizehn-, vierzehn-, fünfzehnjährigen Kindern sorgfältig alles ausscheiden, was eigentlich nur eine Belastung der menschlichen Seelenentwickelung in diesen Jahren ist und keine Früchte für das Leben tragen kann. Wir werden zum Beispiel in unseren Unterricht wenigstens Latein aufnehmen müssen, vielleicht auch, wenn es sich als notwendig herausstellen sollte, Griechisch. Überhaupt werden wir uns mit dem Sprachunterricht auseinanderzusetzen haben, und dies wird etwas wirklich Bedeutungsvolles in unserer Didaktik sein. Nehmen Sie einmal die Tatsache: Sie bekommen Schüler, die französischen, lateinischen Unterricht bis zu einer gewissen Stufe erhalten haben. Dieser Unterricht ist natürlich in einer gewissen Weise erteilt worden. Sie müssen nun zunächst die erste Stunde, vielleicht sogar die erste Woche, dazu verwenden, sich gut zu informieren, was Ihre Kinder bereits können. Sie werden wiederholentlich dasjenige pflegen müssen, was die Kinder schon getrieben haben. Aber Sie werden es ökonomisch pflegen müssen, damit Ihre Schüler und Schülerinnen, je nach ihrer Befähigung, schon von diesem Wiederholen etwas haben.

Nun werden Sie schon sehr viel erreichen, wenn Sie bedenken, daß für allen sogenannten fremdsprachlichen Unterricht das Aufhaltendste das Übersetzen aus der fremden Sprache ist und das Übersetzen aus der eigenen Sprache in diese fremde. Es liegt ungeheuer viel Zeitverschwendung darin, daß zum Beispiel mit den Gymnasiasten so viel aus dem Lateinischen ins Deutsche und aus dem Deutschen wieder zurück ins Lateinische übersetzt wird. Es sollte viel mehr gelesen werden, und es sollten viel mehr die eigenen Gedanken in der fremden Sprache zum Ausdruck gebracht werden, als daß übersetzt und zurückübersetzt wird. Wie werden Sie dann im Sinne dieser Regel mit Ihren Zöglingen in einer fremden, zum Beispiel der französischen Sprache beginnen?

Sie werden zuerst – sehen wir auf die ältesten Schüler, die dabei in Betracht kommen, auf die dreizehn-, vierzehnjährigen – sorgfältig auszuwählen haben, was Sie in der entsprechenden Sprache mit den Schülern lesen wollen. Lesestücke werden Sie auswählen und werden darangehen, die Schüler aufzurufen, daß sie Ihnen diese Lesestücke vorlesen. Sie werden Zeit und Kraft bei den Schülern ersparen, wenn Sie jetzt die Lesestücke dieser fremden Sprachen zunächst nicht ins Deutsche übersetzen lassen, sondern wenn Sie fürs erste darauf sehen, daß das Kind ordentlich liest und Sie womöglich durch Vorlesen erreichen, daß es ein französisches oder lateinisches Lesestück ordentlich liest, der Aussprache gemäß und so weiter. Dann tun Sie gut, wenn Sie mit solchen Schülern, bei denen Sie die Wiederholung und den weiterausblickenden Unterricht ineinander verweben wollen, nicht Übersetzungen vornehmen, sondern sich frei erzählen lassen, was in den Lese-

125

stücken enthalten ist. Lassen Sie einfach das Kind mit seinen eigenen Worten erzählen, was in den Lesestücken enthalten ist, geben Sie sorgfältig darauf acht, ob es in der Wiedererzählung etwas ausläßt und versuchen Sie dadurch zu erkennen, ob es etwas nicht verstanden hat. Es ist natürlich für Sie bequemer, wenn Sie einfach übersetzen lassen, denn da sehen Sie, wo das Kind hält und nicht weiter kann; unbequemer ist es für Sie, nicht bloß zu sehen, wo es nicht weiter kann, sondern wo es etwas ausläßt, aber Sie bekommen auch dadurch heraus, wo es etwas nicht verstanden hat, wo es eine Wendung in der eigenen Sprache nicht wiedergegeben hat. Es werden natürlich Kinder da sein, welche die Sache recht gut wiedergeben werden, das schadet nichts. Andere werden da sein, die sie mehr mit eigenen Worten anders wiedergeben werden, das schadet auch nichts. Aber sprechen wir es so zunächst mit den Kindern durch.

Dann gehen wir daran, das Umgekehrte zu machen. Besprechen wir in der eigenen Sprache irgendeinen Stoff, irgend etwas, was dem Kinde möglich ist, mit uns durchzudenken, mit uns durchzufühlen. Und dann versuchen wir, daß das Kind frei – je nachdem es schon die Sprache beherrscht – in der fremden Sprache uns wiedererzählt, was wir so durchgesprochen haben. Auf diese Weise werden wir herausbekommen, wieweit das Kind, das wir so aus irgendeiner Klasse bekommen haben, diese fremde Sprache beherrscht.

Nun geht es nicht, schulmäßig eine fremde Sprache zu treiben, ohne daß man Sprachlehre – sowohl gewöhnliche Sprachlehre wie Satzlehre – wirklich treibt. Insbesondere ist es bei den Kindern, die schon das 12. Jahr überschritten haben, notwendig, daß man ihnen zum Bewußtsein bringt, was in der Sprachlehre liegt. Aber auch da kann man außerordentlich ökonomisch verfahren. Und wenn ich Ihnen in der «Allgemeinen Pädagogik» gesagt habe, daß man im gewöhnlichen Leben schließt, daß man dann übergehe zum Urteil und Begriff, so können Sie dem Kinde natürlich diesen logischen Unterricht nicht geben, aber in Ihrem Sprachlehrunterricht wird das drinnenliegen. Sie werden gut tun, die Dinge der Welt mit dem Kinde so zu besprechen, daß Sie gerade auch mit Zuhilfenahme des fremdsprachlichen Unterrichtes den grammatikalischen Unterricht wie von selbst herausbekommen. Es handelt sich nur darum, daß man eine solche Sache in der richtigen Weise formt. Gehen Sie davon aus, so etwas mit dem Kinde zu bilden, was eigentlich schon ein fertiger Satz ist und nur ein Satz ist. Weisen Sie es – wenn es gerade in diesem Augenblick wäre, könnten Sie es ja gut tun – darauf hin, was da draußen vorgeht. Sie könnten ganz gut den fremdsprachlichen Unterricht damit verbinden, daß Sie das Kind zum Beispiel ausdrücken lassen sowohl lateinisch, wie französisch, wie deutsch: Es regnet. – Gehen Sie davon aus, daß Sie dem Kinde die Redewendung abfordern: Es regnet –, und machen Sie es dann darauf aufmerksam – Sie haben es ja immer schon mit älteren Kindern zu tun –, daß dies ja eine bloße Tätigkeit ist, die es ausdrückt, wenn es sagt: Es regnet. – Gehen Sie dann über von diesem Satz zu dem andern – und Sie können nun, wenn Sie wollen, mit dem Kinde auch die fremde Sprache pflegen, denn gerade indem Sie das in den fremdsprachlichen Unterricht hineinarbeiten, was wir jetzt tun, sparen Sie ungeheuer viel Zeit und Kraft –, den Sie dadurch herausbekommen, daß Sie sagen: Jetzt denke dir einmal nicht draußen den ganzen Raum, wo es regnet, sondern denke dir einmal die Wiese im Frühling. – Bringen Sie das Kind dazu, daß es Ihnen von der Wiese sagt: Es grünt –, und dann gehen Sie erst dazu über, daß das Kind den Satz: Es grünt – sich übersetzt in den Satz: Die Wiese grünt. – Dann führen Sie es dazu, daß es diesen Satz: Die Wiese grünt –, wieder verwandelt in die Vorstellung, in den Begriff: Die grüne Wiese.

Wenn Sie diese Gedanken, die ich Ihnen eben jetzt vorgeführt habe, nacheinander anregen im Sprachunterricht, dann unterrichten Sie das Kind zunächst nicht pedantisch in Satzlehre und Logik, sondern Sie lenken die ganze Seelenverfassung des Kindes in eine solche Richtung, daß Sie ihm ökonomisch beibringen, was es schon in der Seele haben soll. Sie führen dem Kinde die «es»-Sätze vor, die eigentlich nur im tätigen Weben leben, die Sätze für sich sind, worin es kein Subjekt und kein Prädikat gibt, die im lebendigen «Schluß-Leben» drinnenstehen, die verkürzte Schlüsse sind. Sie gehen dann bei etwas, wo es noch geht, dazu über, ein Subjekt zu suchen: Die Wiese grünt – die Wiese, die grün ist. Da gehen Sie dazu über, einen Urteilssatz zu bilden. Sie werden einsehen, daß es Ihnen schwer gelingen würde, für das: Es regnet – einen

127

ähnlichen Urteilssatz zu bilden, wie: Die Wiese grünt. – Denn wo sollten Sie das Subjekt hernehmen für das: Es regnet? – Es gibt keine Möglichkeit dafür. Da kommt man wirklich durch das Üben mit den Kindern in Sprachgebiete hinein, über welche die Philosophen ungeheuer viel geschrieben haben. Der slawische Gelehrte *Miklosič* zum Beispiel hat angefangen, über subjektlose Sätze zu schreiben. Dann hat sich *Franz Brentano* damit befaßt, dann namentlich *Marty* in Prag. Die haben alle die Regeln aufgesucht, die mit subjektlosen Sätzen zusammenhängen, wie: es regnet, es schneit, es blitzt, es donnert und so weiter, denn sie konnten aus ihrer Logik heraus nicht verstehen, woher subjektlose Sätze kommen.

Subjektlose Sätze kommen nämlich davon her, daß wir in bezug auf gewisse Dinge sehr eng mit der Welt verknüpft sind, daß wir als Mikrokosmos im Makrokosmos drinnenstehen und unsere eigene Tätigkeit nicht sondern von der Tätigkeit der Welt. Wenn es zum Beispiel regnet, sind wir auch – besonders wenn wir keinen Regenschirm haben – sehr eng mit der Welt verbunden, können uns nicht recht von ihr absondern, wir werden gerade so naß, wie die Steine und Häuser um uns herum. Daher sondern wir uns in solchem Falle wenig von der Welt, erfinden da kein Subjekt, sondern bezeichnen nur die Tätigkeit. Wo wir uns mehr von der Welt sondern können, wo wir schon leichter weglaufen können wie bei der Wiese, da machen wir dann ein Subjekt: Die Wiese grünt.

Daraus sehen Sie, daß man immer darauf Rücksicht nehmen kann, in der Art, wie man zu den Kindern spricht, wie der Mensch in einem Wechselverhältnis zu seiner Umgebung steht. Und indem man – besonders in den Stunden, die dem fremdsprachlichen Unterricht gewidmet sind – solche Dinge an das Kind heranbringt, in denen sich die Grammatik mit der praktischen Lebenslogik verknüpft, versuche man sich zu informieren, wieviel das Kind von Grammatik und Satzlehre weiß. Vermeiden Sie aber bitte da beim fremdsprachlichen Unterricht, zuerst das Lesestück zu behandeln und nachher die Sprache zu atomisieren, zu zerzausen. Versuchen Sie, möglichst in Selbständigkeit das Grammatikalische zu entwickeln. – Es gab eine Zeit, wo die fremdsprachlichen Unterrichtsbücher tolle Sätze enthielten, weil in diesen Sätzen nur Rücksicht genommen war auf das richtige Anwenden der grammatikalischen Regeln. Nach und nach hat man das für töricht befunden und mehr dem Leben entnommene Sätze in die Bücher hineingegeben, die den fremdsprachlichen Unterricht vermitteln sollen. Aber auch da ist der Mittelweg besser als der extreme Weg nach der einen oder andern Seite. So werden Sie auch nicht gut Aussprache lehren können, wenn Sie nur Sätze aus dem Leben verwenden, wenn Sie nicht ökonomisch verfahren. Sie müssen ja viel längere Zeit dabei verwenden, falls Sie nicht auch solche Sätze verwenden wollen, wie wir sie gestern als Übung besprochen haben, wie zum Beispiel diesen:

Lalle Lieder lieblich,
Lipplicher Laffe,
Lappiger, lumpiger,
Laichiger Lurch

wo nur Rücksicht genommen ist auf das Wesen des Sprachlichen selbst. Daher versuchen Sie, Grammatik und Satzlehre so mit den Kindern zu treiben, daß Sie schon Sätze bilden, die gerade daraufhin gebildet sind, diese oder jene Regel zur Anschauung zu bringen. Nur müssen Sie es so einrichten, daß Sie diese Dinge, wo Sie durch Sätze der einen oder andern fremden Sprache grammatikalische Regeln zur Anschauung bringen, nicht aufschreiben lassen, damit diese Dinge nicht ins Nachschreibebuch übergehen, sondern daß sie gepflegt werden – und dann sind sie dagewesen, aber man bewahrt sie nicht auf. Ein solches Verfahren trägt ungeheuer viel bei zur Ökonomie besonders des fremdsprachlichen Unterrichts, denn dadurch bringt man es dahin, daß die Kinder sich gefühlsmäßig die Regel einimpfen und die Beispiele nach und nach fallen lassen. Läßt man die Kinder die Beispiele aufschreiben, dann impfen sie sich zu stark die Form der Beispiele ein. Aber für den grammatikalischen Unterricht sollen die Beispiele wegfallen, sollen vor allem nicht sorgfältig ins Schulbuch eingeschrieben werden, sondern es soll die Regel bleiben. Daher tun Sie gut, für die lebendige Sprache, für das Sprechen Übungen, Lesestücke zu verwenden, wie ich es vorhin charakterisiert habe und wieder die Umsetzung der eigenen Gedanken in die fremde Sprache – wobei dann die eigenen Gedanken mehr dem gewöhnlichen Leben entlehnt sind – zu pflegen. Für die

Grammatiklehre aber verwenden Sie Sätze, bei denen Sie eigentlich von vornherein darauf ausgehen, daß das Kind sie vergißt, daß es daher auch nicht das tut, was immer Unterstützung des Gedächtnisses ist: sie niederzuschreiben. Denn alle diese Tätigkeit, die Sie vollbringen, wenn Sie dem Kinde an Sätzen Grammatik oder Satzlehre beibringen, alles das verläuft in lebendigen Schlüssen, und das soll nicht hinuntergehen in die gewohnheitsmäßigen träumerischen Zustände, das soll immer im vollbewußten Leben spielen.

Natürlich bringt man dadurch etwas in den Unterricht hinein, was diesen Unterricht ein bißchen anstrengend macht. Aber Sie werden nicht darum herumkommen, daß insbesondere jener Unterricht für Sie mit gewissen Anstrengungen verknüpft sein wird, der sich auf jene Schüler wird beziehen müssen, die Sie in späteren Klassen übernehmen. Da werden Sie sehr ökonomisch verfahren müssen. Aber die Ökonomie kommt eigentlich nur dem Schüler zugute. Sie werden viel Zeit brauchen, um das zu erfinden, was dann den Unterricht am ökonomischsten gestaltet. Der Grammatik- und Satzlehreunterricht sei daher ein solcher, der vorzugsweise im Gespräche verläuft. Daher wird es auch nicht gut sein, direkt Bücher über Grammatik und Satzlehre, so wie diese Bücher heute beschaffen sind, den Kindern in die Hand zu geben; denn da stehen dann auch Beispiele drinnen, aber die Beispiele sollten eigentlich nur besprochen werden. In dem Heft, woraus das Kind fortwährend für Grammatik und Satzlehre zu lernen hat, sollten nur die Regeln stehen. Daher wird sehr, sehr ökonomisch verfahren, und ungeheuer viel Gutes tun Sie dem Kinde, wenn Sie irgendeine zum Beherrschen der Sprache notwendige Regel mit dem Kinde heute an einem Beispiel entwickeln, das Sie erfunden haben und morgen oder übermorgen in derselben fremdsprachlichen Stunde auf die Regel zurückkommen und das Kind veranlassen, aus seinem eigenen Oberstübchen heraus ein Beispiel dafür zu finden. Unterschätzen Sie pädagogisch-didaktisch nur ja solche Dinge nicht. Beim Unterrichten kommt es nämlich auf Feinheiten ungeheuer an. Es ist ein Riesenunterschied, ob Sie einfach das Kind um eine Grammatikregel fragen und es veranlassen, daß es seine Beispiele aus seinem Heft, wohinein Sie ihm das Beispiel diktiert haben, nachspricht, oder ob Sie das Beispiel, das Sie gegeben haben, ganz für das Vergessen hergerichtet haben und nun das Kind veranlassen, selbst ein Beispiel zu finden. Diese Tätigkeit, die das Kind verrichtet, indem es selbst Beispiele erfindet, ist etwas ungemein Erzieherisches. Und Sie werden sehen: wenn Sie die bösesten Rangen haben, die eigentlich immer unaufmerksam sind, und Sie dazu veranlassen – das können Sie sehr gut, indem Sie einfach selber lebendig beim Unterrichte dabei sind –, nach der Satzlehre Beispiele zu finden, dann bekommen die Kinder Freude an diesen Beispielen und namentlich an der Tätigkeit, selbst solche Beispiele zu finden. Und wenn Sie jetzt nach den großen Ferien die Kinder hereinbekommen, die vorher draußen wochenlang gespielt und getollt haben, so müssen Sie sich bewußt sein, daß die Kinder jetzt wenig Neigung haben nach solchen vorangegangenen Wochen, das Spielen und Tollen zu wechseln mit dem ruhigen Sitzen in der Klasse und ruhig den Dingen zuzuhören, die dann im Gedächtnis haften sollen. Aber wenn Sie das auch in der ersten Woche recht stören wird, vielleicht auch noch in der zweiten Woche, wenn Sie namentlich im fremdsprachlichen Unterricht so verfahren, daß Sie das Kind von der Seele aus durch Erfinden von Beispielen mittun lassen, dann haben Sie nach drei, vier Wochen in der Klasse solche Kinder, die ebenso gerne solche Beispiele erfinden, wie sie vordem draußen getollt haben. Aber auch Sie müssen Sorgfalt darauf verwenden, solche Beispiele auszudenken und nicht sparen, dem Kinde das auch zum Bewußtsein zu bringen. Es ist sehr gut für das Kind, wenn es, nachdem es in diese Tätigkeit gekommen ist, nun immerfort so etwas machen möchte, so daß es so kommen könnte, daß während der eine ein Beispiel vorbringt, der andere sagt: Ich habe auch schon eins – und nun wollen sie alle heran und ihre Beispiele nennen; es ist sehr gut, wenn Sie dann am Ende der Stunde sagen: Das freut mich aber ganz besonders, daß ihr das nun gerade so gerne tut, wie ihr draußen getollt habt! – So etwas klingt in den Kindern nach; das tragen sie dann auf dem ganzen Heimweg mit sich herum, bringen es nach Hause und erzählen es beim Essen ihren Eltern. Aber Sie müssen wirklich solche Dinge sagen, welche die Kinder nachher beim Essen auch gerne den Eltern erzählen. Und erreichen Sie es gar, daß das Kind noch beim Essen den Vater oder die Mutter fragt: Kannst du zu dieser Regel auch ein Beispiel finden? – dann haben Sie tatsächlich den Vogel abgeschossen. Diese Dinge sind zu erreichen, aber man muß mit ganzer Seele selbst beim Unterrichte dabei sein.

Überlegen Sie sich nur, was es für einen Unterschied macht, wenn Sie mit dem Kinde geistvoll besprechen den Übergang von dem: es regnet, es grünt, die Wiese grünt, die grüne Wiese – oder wenn Sie Grammatik und Syntax in der vielfach üblichen Weise entwickeln, indem Sie auseinandersetzen: Dies ist ein Eigenschaftswort, dies ist ein Zeitwort; wenn ein Zeitwort ganz allein dasteht, so ist noch kein Satz da – wenn Sie nicht bloß, wie es häufig in den Grammatiken steht, die Dinge zusammensetzen, sondern sie im lebendigen Unterricht entwickeln. Und vergleichen Sie die Art, wenn Sie so Grammatik treiben, wie es im lebendigen Unterricht sein sollte, mit jener andern Art, wie es häufig vorkommt: Da kommt der Lehrer des Lateinischen oder des Französischen in die Stunde herein; jetzt müssen die Kinder die Bücher oder Hefte für das Lateinische oder das Französische herauslegen; sie müssen präpariert sein, nun sollen sie übersetzen, dann sollen sie lesen. Jetzt fängt ihnen schon an, alles weh zu tun, weil sie die Bänke spüren. Denn man hätte nämlich gar nicht so viel Sorgfalt für die Bänke und Tische verwenden müssen, wenn man richtig erzogen und unterrichtet hätte. Es ist nur ein Beweis dafür, daß man nicht vernünftig erzogen und unterrichtet hat, daß man so viel Sorgfalt auf die Ausgestaltung der Bank- und Tischformen hat verwenden müssen, denn es kommt, wenn die Kinder beim Unterricht wirklich dabei sind, so viel Lebendiges in die Klasse hinein, daß sie, wenn sie sitzen, überhaupt nicht ganz sitzen. Und daran habe man seine Freude, daß sie nicht ganz sitzen, nur wenn man selber bequem ist, will man eine möglichst fest aufsitzende Klasse haben, die dann nach Schluß des Unterrichts mit zerschlagenen Gliedern nach Hause geht. Diese Dinge sind auch besonders beim Grammatik- und Satzlehreunterricht zu beachten. Und nun stellen Sie sich vor: die Kinder sollen übersetzen – da wird nun erst an den Dingen, die sie genießen sollten, Grammatik und Syntax entwickelt! Dann geht das Kind gewiß nicht so nach Hause, daß es dann zu seinem Vater sagt: Ich habe so viel Freude an meinem Buch, nun übersetzen wir einmal zusammen. – Da kommt es schon darauf an, das Prinzip der Ökonomie ins Auge zu fassen, und gerade beim fremdsprachlichen Unterricht wird Ihnen dieser Gesichtspunkt dienen können.

Wir müssen nun selbstverständlich darauf sehen, daß der Grammatik- und Syntaxunterricht sogar ziemlich vollständig ist. Daher werden wir uns bei den Schülern, die wir nun aus den verschiedenen Klassen bekommen, darüber informieren müssen, wo sie Lücken haben. Wir werden zuerst daran gehen müssen, diese Lücken gerade im Grammatik- und Syntaxunterricht auszufüllen, so daß wir es nach einigen Wochen bei einer Klasse dahin gebracht haben, daß die alten Lücken ausgefüllt sind und wir dann weitergehen können. Aber wenn wir so unterrichten, wie ich es geschildert habe – und wie wir es können, wenn wir ganz beim Unterricht dabei sind, wenn uns selbst der Unterricht interessiert –, dann machen wir das zurecht, was wir den Kindern beibringen müssen, damit sie die eventuellen Aufnahmeprüfungen für die gebräuchlichen höheren Lehranstalten später bestehen können. Und noch manches andere bringen wir an die Kinder heran, was die gewöhnlichen Volksschulen schon gar nicht heranbringen, was die Kinder lebenskräftig macht und ihnen etwas mitgibt, was ihnen das ganze Leben hindurch dienen kann. Nun wäre es ganz besonders gut, wenn für den fremdsprachlichen Unterricht durch die Organisation erreicht werden könnte ein Nebeneinandergehen der einzelnen Sprachen, welche die Kinder aus irgendwelchen Gründen lernen müssen. Es wird ungeheuer viel Zeit damit verloren, wenn man bei dreizehn-, vierzehn-, fünfzehnjährigen Jungen und Mädchen Lateinisch von der einen Lehrkraft, Französisch von einer andern Lehrkraft, Englisch von einer dritten Lehrkraft erteilen läßt. Viel, viel wird gewonnen, wenn man einen und denselben Gedanken, der von dem einen Lehrer mit einem Schüler in der einen Sprache entwickelt wird, auch von einem andern Schüler in der andern Sprache und von einem dritten Schüler in der dritten Sprache entwickeln lassen könnte. Es würde dann die eine Sprache die andere im reichen Maße unterstützen. Natürlich können solche Dinge nur insoweit gepflegt werden, als man die Mittel, also in diesem Falle die Lehrer, dazu hat. Aber was man hat, das sollte ausgenutzt werden. Es sollte die Unterstützung, welche von der einen Sprache durch die andere geleistet werden kann, berücksichtigt werden.

Dadurch kommt man wieder in die Möglichkeit, beim Grammatik- und Satzbauunterricht immer von der einen Sprache in die andere hinüberzuweisen, und dabei kommt etwas in Betracht, was für den Schüler ungeheuer wichtig ist.

Man lernt als Schüler etwas viel besser, wenn man die Anwendungsweise dafür nach verschiedenen Richtungen hin in der Seele hat. So werden Sie dem Schüler sagen können: Sieh mal, du hast jetzt einen deutschen Satz und einen lateinischen Satz gesagt; beim deutschen Satz, wenn er sich auf die eigene Person bezieht, können wir fast nie das «ich» auslassen, beim lateinischen Satz ist das «ich» schon im Verbum drinnen. – Sie brauchen gar nicht weiterzugehen; es ist sogar gar nicht gut, wenn Sie weitergehen, aber es ist gut, diese Tatsache anzuschlagen, so daß der Schüler ein gewisses Gefühl dafür bekommt; dann geht von diesem Gefühl etwas aus, was als lebendige Fähigkeit wirkt, um anderes in der Grammatik zu begreifen. Und das bitte ich Sie aufzunehmen und recht viel durchzudenken: daß man in der Lage ist, wenn man regsamen, lebendigen Unterricht betreibt, während des Unterrichtens sich die Fähigkeiten zu erzeugen, die man dann im Unterricht braucht. Es ist in der Tat so. Wenn Sie zum Beispiel so etwas nur angeschlagen, nicht pedantisch ausführen, indem Sie dem Kinde gesagt haben: Die lateinische Sprache hat noch nicht das «ich», sie hat es noch im Verbum drinnen; die deutsche Sprache hat es – dann ist für einen Augenblick in dem Kinde eine Fähigkeit erwacht, die sonst nicht da ist. Die ist gerade jetzt erwacht, und Sie können nachher grammatikalische Regeln mit den Kindern leichter treiben, wenn solche Dinge erwacht sind, als wenn Sie sie aus den gewöhnlichen Seelenverfassungen der Kinder herausholen wollen. Sie müssen darüber nachdenken, wie Sie sich für eine Stunde die Fähigkeiten erzeugen. Die Kinder brauchen gar nicht im vollen Ausmaße die Fähigkeiten zu haben, die Sie benutzen; sondern Sie müssen auch die Geschicklichkeit besitzen, solche Fähigkeiten hervorzurufen, die dann wieder abfluten können, wenn das Kind wieder draußen ist.

Das kann ganz besonders beim Sprachunterricht in Betracht kommen. Und es wird in Betracht kommen, wenn Sie den Sprachunterricht bestehen lassen aus Lesen, richtigem, aussprachegemäßem Lesen; nicht

134

so viel Ausspracheregeln geben, sondern vorlesen und nachlesen lassen, dann sich das Gelesene erzählen lassen, auch Gedanken darüber fassen und diese Gedanken nun in den verschiedenen Sprachen ausdrücken lassen – und abgesondert davon Grammatik und Syntax betreiben mit zu behaltenden Regeln und mit zu vergessenden Beispielen. Dies zum Gerüst des Sprachunterrichts.

ZEHNTER VORTRAG

Stuttgart, 1. September 1919

Wir werden nun versuchen, in der Didaktik etwas weiterzukommen, indem wir künftighin in diesen Stunden den einen Blick mehr nach dem Lehrplan werfen, den andern Blick mehr nach dem, was innerhalb des Lehrplans der Unterrichtsstoff sein wird. Wir werden nicht gleich alles im Lehrplan drinnen haben, was drinnen liegen soll, denn wir werden unsere künftige Betrachtungsweise eben aufbauend gestalten.

Ich habe Ihnen zuerst Betrachtungen gegeben, die die Möglichkeit bieten, überhaupt schon etwas hineinzutun in die Unterrichtsstufen. Wie viele Unterrichtsstufen werden wir im wesentlichen während der Volksschulzeit überhaupt unterscheiden? Nach dem, was wir kennengelernt haben, sehen wir einen wichtigen Einschnitt gegen das 9. Lebensjahr, so daß wir sagen können: Wenn wir ein Kind bis zum 9. Lebensjahr bekommen, haben wir die erste Periode des Volksschulunterrichts. Was werden wir denn da treiben? Wir werden den Ausgangspunkt nehmen vom Künstlerischen. Wir werden sowohl Musik als Malerisch-Zeichnerisches mit dem Kinde so treiben, wie wir das besprochen haben. Wir werden allmählich aus dem Malerisch-Zeichnerischen das Schreiben entstehen lassen. Wir werden also nach und nach aus den gezeichneten Formen die Schriftformen entstehen lassen und werden dann übergehen zum Lesen.

Es ist wichtig, daß Sie die Gründe für diesen Gang einsehen, daß Sie nicht zuerst mit dem Lesen beginnen und dann das Schreiben daranknüpfen, sondern daß Sie vom Schreiben zum Lesen übergehen. Das Schreiben ist gewissermaßen noch etwas Lebendigeres als das Lesen. Das Lesen vereinsamt den Menschen schon sehr und zieht ihn von der Welt ab. Im Schreiben ahmen wir noch Weltenformen nach, wenn wir aus dem Zeichnen heraus das Schreiben betreiben. Die gedruckten Buchstaben sind auch schon außerordentlich abstrakt geworden. Sie sind ja durchaus aus den Schriftbuchstaben entstanden; wir lassen sie daher auch im Unterricht aus den Schriftbuchstaben entstehen. Es ist durchaus richtig, wenn Sie wenigstens für den Schriftunterricht den Faden nicht abreißen lassen, der da führt von gezeichneter Form zum geschriebenen Buchstaben, so daß das Kind gewissermaßen im Buchstaben die ursprünglich gezeichnete Form immer noch spürt. Dadurch überwinden Sie das Weltfremde des Schreibens. Indem der Mensch sich in das Schreiben hineinfindet, eignet er sich ja etwas sehr Weltenfremdes an. Aber wenn wir an Weltenformen, an f = Fisch und so weiter die geschriebenen Formen anknüpfen, so führen wir den Menschen wenigstens wiederum zurück zur Welt. Und das ist sehr, sehr wichtig, daß wir den Menschen nicht von der Welt abreißen. Je weiter wir zurückgehen in der Kultur, desto lebendiger finden wir ja auch diesen Zusammenhang des Menschen mit der Welt. Sie brauchen nur ein Bild vor Ihre Seele zu rufen und Sie werden das verstehen, was ich jetzt gesagt habe. Denken Sie sich, statt meiner, der ich hier spreche, indem Sie sich in alte Zeiten zurückversetzen, einen griechischen Rhapsoden, der seinen Leuten den Homer in jener eigentümlichen Weise von dazumal, in jenem Zwischending zwischen Gesang und Sprache, das wir nicht mehr haben, vorträgt, und denken Sie sich neben diesem homerisch-rezitierenden Rhapsoden jemand sitzen, der stenographiert. Ein groteskes Bild! Unmöglich, ganz unmöglich! Aus dem einfachen Grunde ganz unmöglich, weil der Grieche ein ganz anderes Gedächtnis hatte als wir und nicht darauf angewiesen war, etwas so Weltenfremdes, wie es die Stenographieformen sind, zu erfinden, um das zum Behalten zu bringen, was durch die Sprache an die Menschen herankommt. Sie sehen daran, daß sich in unsere Kultur fortwährend etwas ungemein Zerstörendes hineinmischen muß. Wir brauchen dieses Zerstörende. Wir können ja in unserer gesamten Kultur die Stenographie nicht missen. Aber wir sollten uns bewußt werden, daß sie etwas Zerstörerisches hat. Denn eigentlich – was ist denn in unserer Kultur dieses entsetzliche Nachstenographieren? Das ist in unserer Kultur nichts anderes, als wenn wir eben nicht mehr zurechtkämen mit unserem richtigen Rhythmus zwischen Wachen und Schlafen und die Schlafenszeit dazu verwendeten, allerlei Dinge zu treiben, so daß wir unserem Seelenleben etwas einpflanzten, was es naturgemäß eigentlich nicht mehr aufnimmt. Mit unserem Stenographieren behalten wir etwas in der Kultur drinnen, was eigentlich unserer jetzigen Naturanlage nach der Mensch, wenn er sich nur sich selbst überließe, nicht achten, sondern vergessen würde. Wir erhalten also in unserer Kultur künstlich etwas wach, was ebenso unsere Kultur zerstört, wie das nächtliche Ochsen der Studenten, wenn sie überfleißig sind, ihre Gesundheit zerstört. Unsere Kultur ist deshalb keine ganz gesunde mehr. Aber wir müssen uns klar sein, daß wir eben schon den Rubikon überschritten haben; der lag in der Griechenzeit. Da wurde der Rubikon überschritten, wo die Menschheit noch eine ganz gesunde Kultur hatte. Die Kultur wird immer ungesunder werden, und die Menschen werden immer mehr und mehr aus dem Erziehungsprozeß einen Heilungsprozeß zu machen haben gegen dasjenige, was in der Umgebung krank macht. Darüber darf man sich keinen Illusionen hingeben. Daher ist es so unendlich wichtig, das Schreiben wiederum anzuknüpfen an das Zeichnen und das Schreiben vor dem Lesen zu lehren.

Dann sollte man etwas später mit dem Rechnen beginnen. Das kann man – weil ein ganz exakter Punkt in der Lebensentwickelung des Menschen nicht gegeben ist – nach andern Dingen einrichten, die man notwendig berücksichtigen muß. Man sollte also etwas später beginnen mit dem Rechnen. Was dazu gehört, wollen wir dann später dem Plane einfügen und mit dem Rechnen so beginnen, wie ich es Ihnen gezeigt habe. Immer wird sich aber schon einfügen in diesen ganzen Plan auf der ersten Stufe ein gewisses Betreiben des fremdsprachlichen Unterrichts, weil wir das aus der Kultur heraus notwendig haben; aber man muß für dieses Lebensalter diese fremden Sprachen durchaus noch betreiben als Sprechenlernen, indem man die Kinder in bezug auf die fremde Sprache so behandelt, daß sie sprechen lernen.

Erst auf der zweiten Stufe, vom 9. Jahre bis etwa zum 12. Jahr beginnen wir das Selbstbewußtsein mehr auszubilden. Und das tun wir in der Grammatik. Da ist der Mensch dann schon in der Lage, durch die Veränderung, die er durchgemacht hat und die ich Ihnen charakterisiert habe, das in sein Selbstbewußtsein hinein aufzunehmen, was ihm aus der Grammatik werden kann; namentlich die Wortlehre behandeln wir da. Dann aber beginnen wir da mit der Naturgeschichte des Tierreiches, so wie ich Ihnen das bei Tintenfisch, Maus und Mensch gezeigt habe. Und wir lassen dann erst später das Pflanzenreich folgen, wie Sie es mir heute nachmittag zeigen wollen.

Und jetzt können wir in diesem Lebensalter des Menschen auch zur Geometrie übergehen, während wir vorher dasjenige, was dann Geometrie wird, ganz im Zeichnerischen drinnen gehalten haben. Am Zeichnerischen können wir ja dem Menschen Dreieck, Quadrat, Kreis und Linie entwickeln. Die eigentlichen Formen entwickeln wir also am Zeichnerischen, indem wir zeichnen und dann sagen: Das ist ein Dreieck, das ist ein Quadrat. Aber was als Geometrie hinzutritt, wo wir die Beziehungen zwischen den Formen suchen, das beginnen wir erst so um das 9. Jahr herum. Dabei wird natürlich das Fremdsprachliche fortgesetzt und läuft auch ein in die grammatikalische Behandlung.

Zuletzt bringen wir an das Kind physikalische Begriffe heran. Dann kommen wir zur dritten Stufe, welche bis zum Ende der Volksschule geht, also bis ins 14., 15. Jahr. Da beginnen wir nun die Satzlehre einzuprägen. Zu der wird das Kind erst gegen das 12. Jahr hin eigentlich reif. Vorher treiben wir instinktiv dasjenige, was das Kind Sätze aufbauen läßt.

Nun ist auch die Zeit da, wo wir, die Geometrieformen benützend, übergehen können zum Mineralreiche. Das Mineralreich behandeln wir unter fortwährenden Beziehungen zum Physikalischen, das wir auch auf den Menschen anwenden, wie ich es schon gesagt habe: Strahlenbrechung – die Linse für das Auge; also physikalisch und chemisch. Dann können wir in dieser Zeit zur Geschichte übergehen. Die Geographie, die wir immer unterstützen können durch die Naturgeschichte, indem wir physikalische Begriffe hineinbringen, und durch die Geometrie, indem wir Karten zeichnen, indem wir physikalische Begriffe hineinbringen, die Geographie treiben wir durch alles das und verbinden sie zuletzt mit der Geschichte. Das heißt, wir zeigen, wie die verschiedenen Völker ihre Charaktere ausgebildet haben. Das treiben wir durch diese ganzen zwei kindlichen Lebensalter hindurch. Das Fremdsprachige wird natürlich wiederum fortgesetzt und auf die Satzlehre ausgedehnt.

Nun wird natürlich sorgfältig auf verschiedenes Rücksicht genommen werden müssen. Denn wir können ja natürlich nicht, indem wir mit den kleinen Kindern, die uns übergeben werden, beginnen Musik zu treiben, dieses Musikalische in der gleichen Zeit in irgendeinem Klassenzimmer treiben, wenn die andern irgend etwas haben, wozu es recht still sein soll, wenn sie lernen sollen. Wir werden also bei den kleinen Kindern das Malerisch-Zeichnerische an einen Vormittag verlegen müssen, das Musikalische etwa auf den späten Nachmittag. Wir werden uns also auch in der Schule räumlich so gliedern müssen, daß eines neben dem andern bestehen kann. Wir können nicht zum Beispiel Gedichte aufsagen lassen und über Geschichte sprechen, wenn die Kleinen im Nachbarzimmer trompeten. Also das sind Dinge, die schon etwas mit der Gestaltung des Lehrplanes zusammenhängen, und die wir bei der Einrichtung unserer Schule werden sorgfältig berücksichtigen müssen, wie manches auf den Vor- und Nachmittag zu verlegen sein wird und dergleichen. Nun handelt es sich darum, daß uns ja die Möglichkeit geboten wird, indem wir diese drei Stufen des Lehrplanes kennen, bei den Kindern auf größere oder geringere Befähigung Rücksicht zu nehmen. Natürlich müssen wir Kompromisse schließen, aber ich werde jetzt mehr den idealen Zustand annehmen und später Lichter werfen hinüber zu den Lehrplänen der gegenwärtigen Schulen, damit wir das Kompromiß ordentlich brav schließen können. Wir werden gut tun – also jetzt ideal betrachtet –, die Begrenzung zwischen den Klassen weniger scharf sein zu lassen innerhalb der Stufen, als wenn es von einer Stufe zur andern übergeht. Wir werden uns denken, daß einheitliches Aufsteigen eigentlich nur stattfinden kann zwischen der ersten und zweiten und zwischen der zweiten und dritten Stufe. Denn wir werden die Erfahrung machen, daß die sogenannten Minderbegabten meistens nur später begreifen. So daß wir haben werden durch die Jahrgänge der ersten Stufe die befähigten Schüler, die nur früher werden begreifen können und die dann später verarbeiten, und die Minderbefähigten, die zuerst Schwierigkeiten machen, aber zuletzt doch begreifen. Diese Erfahrung werden wir durchaus machen, und daher sollen wir auch nicht zu früh uns ein Urteil bilden darüber, welche Kinder besonders befähigt seien und welche weniger befähigt seien. Nun habe ich ja schon betont, daß wir Kinder bekommen werden, die schon die verschiedensten Klassen durchgemacht haben. Sie zu behandeln wird um so schwieriger werden, je älter sie sind. Aber wir werden doch bis zu einem hohen Grade das, was an ihnen verbildet worden ist, wiederum zurückbilden können, wenn wir uns nur entsprechend Mühe geben. So werden wir nicht versäumen, wenn wir das mit Bezug auf das Fremdsprachige getan haben – das Lateinische, Französische, Englische, Griechische –, was wir vorgestern betont haben, möglichst bald dazu überzugehen, das zu betreiben, was den Kindern die allermeiste Freude macht: sie in der Klasse miteinander in der betreffenden Sprache Konversation treiben zu lassen und diese Konversation als Lehrer nur zu leiten. Sie werden die Erfahrung machen, daß das den Kindern wirklich große Freude macht, wenn sie miteinander durch Konversation in der betreffenden Sprache sich unterhalten und der Lehrer nichts anderes tut, als immer nur verbessern, oder höchstens die Konversation leiten; so zum Beispiel wenn einer besonders langweiliges Zeug sagt, er abgelenkt wird auf etwas Interessantes. Da muß die Geistesgegenwart des Lehrers ihre ganz besonderen Dienste tun. Da müssen Sie wirklich die Schüler vor sich fühlen wie einen Chor, den Sie zu dirigieren haben, aber noch mehr ins Innere hinein als ein Dirigent sein Orchester zu dirigieren hat.

Dann handelt es sich darum, daß Sie bei den Schülern konstatieren, was sie früher an Gedichten aufgenommen haben, was sie behalten haben an sonstigen Lehrstücken und dergleichen, was sie Ihnen also aus ihrem Gedächtnis als einen Schatz vorbringen können. Und an diesen Schatz, den die Kinder gedächtnismäßig innehaben, knüpfen Sie jeden Unterricht in der fremden Sprache an, knüpfen Sie namentlich das an, was Sie nachzuholen haben an Grammatikalischem und Syntaktischem; denn es ist von ganz besonderer Bedeutung, daß so etwas bleibt, was die Kinder gedächtnismäßig an Gedichten und dergleichen aufgenommen haben, und daß die Kinder an so etwas anknüpfen können, wenn sie später die Regeln der Grammatik oder der Syntax sich vergegenwärtigen wollen, um eine Sprache zu betreiben. Ich habe gesagt, daß es nicht gut ist, wenn man an den Sätzen, die man sich während des Grammatikunterrichts bildet und an denen man die Regeln lernt, auch das Gedächtnis malträtiert, wenn man also diese Sätze aufschreiben läßt. Die können vergessen werden. Dagegen soll herübergeleitet werden das, was man an diesen Sätzen lernt, zu den Dingen, die man gedächtnismäßig behalten hat. So daß man später für das Beherrschen der Sprache eine Hilfe hat an dem, was man gedächtnismäßig besitzt. Schreibt man später einen Brief in der Sprache, unterhält man sich in der Sprache, dann soll man sich an dem, was man einmal in dieser Weise gelernt hat, geistesgegenwärtig schnell erinnern können, was eine gute Wendung ist. Solche Dinge zu berücksichtigen, gehört zur Ökonomie des Unterrichts. Man muß auch wissen, was bei fremdsprachlichem Unterricht diesen Unterricht besonders ökonomisch macht, oder was ihn aufhält. Wenn man den Kindern in der Klasse etwas vorliest und sie die Bücher vor sich haben und mitlesen, so ist das nichts als aus dem Kindesleben ausgestrichene Zeit. Das ist das Allerschlimmste, was man tun kann. Das Richtige ist, daß der Lehrer dasjenige, was er vorbringen will, erzählend vorbringt, oder, selbst wenn er ein Lesestück wörtlich vorbringt oder ein Gedicht rezitiert, es persönlich ohne Buch selber gedächtnismäßig vorbringt und daß die Schüler dabei nichts anderes tun als zuhören, daß sie also nicht mitlesen; und daß dann womöglich dasjenige reproduziert werde, was angehört worden ist, ohne daß es vorher gelesen worden ist. Das ist für den fremdsprachigen Unterricht von Bedeutung. Für den Unterricht in der Muttersprache ist das nicht so sehr zu berücksichtigen. Aber bei der fremden Sprache ist sehr zu berücksichtigen, daß hörend verstanden wird und nicht lesend, daß sprechend etwas zum Verstehen gebracht wird. Wenn dann die Zeit zu Ende ist, wo man so etwas getrieben hat, kann man die Kinder das Buch nehmen lassen und sie hinterher lesen lassen. Oder man kann, wenn man damit die Kinder nicht malträtiert, ihnen einfach als Hausaufgabe geben, aus ihrem Buche zu lesen, was man mündlich vorgenommen hat während der Schulzeit. Die Hausaufgabe sollte sich auch in fremden Sprachen vornehmlich darauf beschränken, das Lesen zu betreiben. Also was geschrieben werden soll, das sollte eigentlich in der Schule selbst geleistet werden. In den fremden Sprachen sollten möglichst wenig Hausaufgaben gegeben werden, erst auf den späteren Stufen, also nach dem 12. Jahre; aber auch dann nur über so etwas, was im Leben wirklich vorkommt: Briefe schreiben, Geschäftsmitteilungen machen und dergleichen. Also das, was im Leben wirklich vorkommt.

Im Unterricht schulmäßig in einer fremden Sprache Aufsätze machen lassen, die nicht an das Leben anknüpfen, das ist eigentlich nicht ganz, aber in einem höheren Grade ein Unfug. Man sollte stehenbleiben bei dem Briefmäßigen, Geschäftsmitteilungsmäßigem und Ähnlichem. Man könnte höchstens so weit gehen, daß man die Erzählung pflegt. Die Erzählung über Geschehenes, Erlebtes, soll man ja viel mehr als den sogenannten freien Aufsatz in der Volksschule pflegen. Der freie Aufsatz gehört eigentlich noch nicht in die Volksschulzeit. Aber die erzählende Darstellung des Geschehenen, des Gehörten, das gehört schon in die Volksschule, denn das muß das Kind aufnehmen, weil es sonst nicht in der richtigen Weise sozial an der Menschenkultur teilnehmen kann. Auf diesem Gebiet beobachten unsere gegenwärtigen Kulturmenschen in der Regel auch nur die halbe Welt, nicht die ganze.

Sie wissen ja, daß jetzt Versuche gemacht werden, die namentlich der Kriminalpsychologie dienen sollen. Diese Versuche werden zum Beispiel so gemacht – ich will einen Fall anführen, man will ja heute alles durch Versuche konstatieren: Man nimmt sich vor, ein Kolleg zu halten, die Versuche werden hochschulmäßig gehalten, sie werden namentlich an den Universitäten gemacht. Man macht also, um dieses Kolleg experimentell zu gestalten, mit einem Schüler oder Hörer, wie man ja sagt, genau ab: Ich werde als Professor das Katheder besteigen und werde die ersten Worte eines Vortrages sagen. So, das schreiben wir jetzt auf. In diesem Augenblick springen Sie hinauf auf das Katheder und reißen den Rock vom Haken herunter, den ich vorher aufgehängt habe. – Der Hörer hat also etwas genau so auszuführen, wie es festgelegt wird. Dann benimmt sich der Professor auch entsprechend: er schießt auf den Schüler los, um ihn zu verhindern, den Rock herabzunehmen. Nun wird weiter festgelegt: Wir kommen in ein Handgemenge. Genau legen wir die Bewegungen fest, die wir machen. Wir studieren es genau ein, lernen es gut auswendig, um die ganze Szene so auszuführen. Dann wird das Auditorium, das nichts weiß – man bespricht ja das alles nur mit einem Hörer –, sich in irgendeiner Weise benehmen. Das können wir nicht mit festsetzen. Aber wir werden versuchen, einen dritten ins Geheimnis zu ziehen, der sich nun genau notiert, was das Auditorium macht. So, jetzt haben wir das Experiment ausgeführt. Nachher lassen wir das Auditorium, jeden einzelnen Hörer, die Szene aufschreiben.

Solche Versuche sind an Hochschulen gemacht worden. Der Versuch, den ich jetzt beschrieben habe, ist in der Tat gemacht worden, und dabei hat sich herausgestellt: Wenn ein Auditorium von etwa 30 Personen da ist, schreiben höchstens 4 bis 5 den Vorgang richtig auf! Man kann das konstatieren, weil man ja vorher alles genau besprochen und nach der Besprechung ausgeführt hat. Also kaum ein Zehntel der Zuschauer schreibt den Vorgang richtig auf. Die meisten schreiben ganz tolle Sachen auf, wenn ein solcher Vorgang sie überrascht. Heute, wo man das Experimentieren liebt, ist das etwas, was sehr gerne gemacht wird und woraus man dann das wichtige wissenschaftliche Ergebnis zieht, daß die Zeugen, die vor Gericht aufgerufen werden, nicht glaubwürdig sind. Denn wenn schon gebildete Leute eines Hochschulauditoriums – das sind doch alles gebildete Leute – einen Vorgang so behandeln, daß nur ein Zehntel von ihnen etwas richtig aufschreibt, die andern etwas Unrichtiges und sogar mancher ganz tolles Zeug, wie soll man denn von den Zeugen in gerichtlichen Verhandlungen verlangen, daß sie irgend etwas, was sie vielleicht vor Wochen oder vor Monaten gesehen haben, als Vorgang richtig erzählen? Der gesunde Menschenverstand weiß solche Sachen aus dem Leben. Denn schließlich erzählen einem ja auch im Leben die Menschen die Dinge, die sie gesehen haben, meistens falsch und ganz selten richtig. Man muß schon einen Riecher dafür haben, ob etwas falsch oder richtig erzählt wird. Kaum ein Zehntel ist wahr von dem, was die Leute von rechts und links einem sagen in dem strengen Sinne, daß es eine Nacherzählung ist von tatsächlich Geschehenem.

Nun aber, die Menschen machen das nur halb, was da getan wird; sie bilden diejenige Hälfte aus, die man eigentlich, wenn man sich wirklich des gesunden Menschenverstandes bedient, weglassen könnte, denn die andere Hälfte ist die wichtigere. Man sollte dafür sorgen, daß unsere Kultur sich so entwickelt, daß man sich auf die Zeugen mehr verlassen kann und die Leute mehr die Wahrheit reden. Um das aber zu erreichen, muß man schon im Kindesalter anfangen. Und deshalb ist es wichtig, daß man Gesehenes und Erlebtes nacherzählen läßt, mehr als daß man freie Aufsätze pflegen läßt. Da werden die Kinder die Gewohnheit eingeimpft bekommen, im Leben und auch eventuell vor Gericht nichts zu erfinden, sondern den äußeren sinnlichen Tatsachen gegenüber die Wahrheit zu erzählen. Das Willensmäßige müßte auch auf diesem Felde mehr berücksichtigt werden als das Intellektuelle. Indem dazumal in jenem Auditorium jener Vorgang vorher besprochen worden ist und nachher das Ergebnis der Aussagen der Zuschauer festgelegt worden ist, war man darauf bedacht, zu erfahren, inwieweit die Menschen lügen. Das ist etwas, was in einer intellektualistisch gesinnten Zeit, wie es die unsrige ist, begreiflich ist. Aber wir müssen die intellektualistisch gesinnte Zeit zum Willensmäßigen zurückbringen. Daher müssen wir solche Einzelheiten in der Pädagogik beobachten, daß wir die Kinder, wenn sie einmal schreiben können, und namentlich nach dem 12. Jahre, wirklich Gesehenes erzählen lassen, daß wir nicht so sehr den freien Aufsatz pflegen, der eigentlich noch nicht in die Volksschule gehört.

Und von besonderer Wichtigkeit ist es auch, daß wir im fremdsprachigen Unterricht uns allmählich mit den Schülern dazu bringen, daß sie Gesehenes, Gehörtes in einer kurzen Erzählung wiedergeben können. Dann aber ist notwendig, besonders das Reflexbewegungsartige der Sprache zu pflegen, das heißt, den Kindern möglichst Befehle zu erteilen: Tu das, tu jenes – und dann sie es ausführen lassen, so daß bei solchen Übungen in der Klasse auf das vom Lehrer Gesprochene weniger das Nachdenken des vom Lehrer Gesprochenen oder die Antwort durch die Sprache langsam folgt, sondern das Tun. So daß also auch das Willensmäßige, das Bewegungsmäßige im Sprachunterricht kultiviert wird. Das sind wiederum Dinge, die Sie sich gut überlegen und einverleiben müssen und die Sie namentlich auch berücksichtigen müssen, wenn Sie den fremdsprachigen Unterricht pflegen. Immer wird es sich namentlich darum handeln, daß wir das Willensmäßige mit dem Intellekt in der richtigen Weise zu verbinden wissen.

Nun wird es wichtig sein, daß wir zwar auch Anschauungsunterricht pflegen, aber den Anschauungsunterricht nicht banalisieren. Das Kind soll niemals die Empfindung haben, daß das, was wir als Anschauungsunterricht pflegen, eigentlich selbstverständlich ist. Ich zeige dir ein Stück Kreide. Was hat die Kreide für eine Farbe? – Sie ist gelb. – Wie ist da die Kreide oben? – Sie ist abgebrochen. – Es wird mancher Anschauungsunterricht nach diesem Muster gegeben. Greulich ist er. Denn das, was eigentlich im Leben selbstverständlich ist, sollte man nicht als Anschauungsunterricht geben. Den Anschauungsunterricht sollte man durchaus in eine höhere Sphäre heben. Das Kind soll zu gleicher Zeit in eine höhere Sphäre seines Seelenlebens entrückt werden, indem es Anschauungsunterricht pflegt. Das können Sie natürlich ganz besonders, wenn Sie den Anschauungsunterricht verknüpfen mit der Geometrie.

Die Geometrie bietet Ihnen ein außerordentlich gutes Beispiel, den Anschauungsunterricht mit dem Lehrstoff der Geometrie selber zu verbinden. Sie zeichnen zum Beispiel zunächst dem Kinde ein rechtwinkliges, gleichschenkliges Dreieck auf. Indem Sie dies dem Kinde aufzeichnen, können Sie unten an dieses Dreieck ein Quadrat ansetzen, so daß also an das rechtwinklige, gleichschenklige Dreieck ein Quadrat angrenzt (siehe Zeichnung I). Nun bringen Sie dem Kinde, wenn Sie es ihm noch nicht beigebracht haben, den Begriff bei, daß bei einem rechtwinkligen Dreieck die Seiten a und b die Katheten sind und c die Hypotenuse ist. Sie haben über der Hypotenuse ein Quadrat errichtet. Das gilt also alles selbstverständlich nur für ein gleichschenkliges Dreieck. Nun gliedern Sie das Quadrat durch eine Diagonale ab. Sie machen einen roten Teil (oben und unten) und einen gelben Teil (rechts). Nun sagen Sie dem Kinde: Den gelben Teil schneide ich hier heraus, und setze ihn daneben (siehe Zeichnung II). Und nun setzen Sie auch noch den roten Teil heraus an den gelben Teil. Jetzt haben Sie ein Quadrat über der einen Kathete errichtet, aber dieses Quadrat ist zusammengesetzt aus einem roten Stück und aus einem gelben Stück. Das, was ich daneben gezeichnet habe (siehe Zeichnung II), ist daher gerade so groß wie das, was in Zeichnung I rot und gelb zusammen ist und die Hälfte des Hypotenusenquadrats ist. Dasselbe mache ich nun für die andere Seite mit blauer Kreide und stückle das Blaue unten an, so daß ich wiederum ein gleichschenkliges rechtwinkliges Dreieck bekomme. Das zeichne ich jetzt wieder heraus (siehe Zeichnung III). Jetzt habe ich wiederum das Quadrat über der andern Kathete.

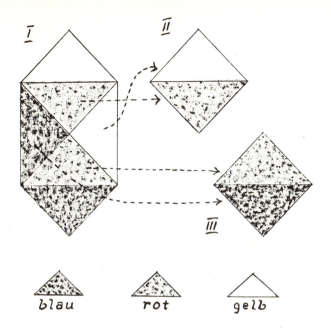

Schopenhauer hat sich zu seiner Zeit wahnsinnig geärgert, weil in den Schulen der pythagoräische Lehrsatz nicht so gelehrt wurde, und er hat das in seinem Buche «Die Welt als Wille und Vorstellung» zum Ausdruck gebracht, indem er in seiner etwas groben Weise sagt: Wie dumm ist die Schule, daß sie nicht so etwas einfach durch Übereinanderlegen lehrt, so daß man aus der Anschauung heraus den pythagoräischen Lehrsatz zum Verständnis bringt. – Das gilt zunächst nur für ein gleichschenkliges Dreieck, aber man kann das für ein ungleichseitiges rechtwinkliches Dreieck auch genau so durch Übereinanderklappen machen, wie ich es Ihnen jetzt gesagt habe. Das ist Anschauungsunterricht. Sie können die Geometrie als Anschauungsunterricht gestalten. Aber es hat eine gewisse Bedeutung – und ich habe oftmals die Probe damit gemacht –, wenn Sie darauf hinarbeiten, auch den pythagoräischen Lehrsatz dem Kinde nach dem 9. Jahr anschaulich zu machen,

147

die Sache so zu machen, daß Sie für sich selbst in Aussicht nehmen, den pythagoräischen Lehrsatz dem Kinde so recht aus den einzelnen Lappen des Hypotenusenquadrats zusammenzusetzen. Und wenn Sie sich als Lehrer bewußt sind, bei dem, was in der Geometriestunde vorhergeht, Sie wollen das erreichen, dann können Sie in 7 bis 8 Stunden höchstens dem Kinde alles dasjenige beibringen, was nötig ist in der Geometrie, um im Unterricht bis zum pythagoräischen Lehrsatz, der bekannten Eselsbrücke, zu kommen. Ungeheuer ökonomisch werden Sie verfahren, wenn Sie die ersten Anfangsgründe der Geometrie auf diese Weise anschaulich gestalten. Sie werden viel Zeit ersparen und außerdem werden Sie dem Kinde etwas sehr Wichtiges ersparen – was zerstörend für den Unterricht wirkt, wenn nicht damit gespart wird –, das ist: Sie lassen das Kind nicht abstrakte Gedanken ausführen, um den pythagoräischen Lehrsatz zu begreifen, sondern Sie lassen es konkrete Gedanken ausführen und gehen vom Einfachen ins Zusammengesetzte. Man sollte zunächst, so wie es hier in der Zeichnung für das gleichschenklige Dreieck gemacht ist, den pythagoräischen Lehrsatz aus den Lappen zusammensetzen und dann erst zum ungleichseitigen Dreieck übergehen. Selbst da, wo es heute anschaulich gemacht wird – das geschieht ja schon –, ist es nicht mit Bezug auf das Ganze des pythagoräischen Lehrsatzes. Es wird nicht zuerst der einfache Vorgang, der den andern gut vorbereitet, am gleichschenkligen Dreieck durchgemacht und dann erst übergegangen zum ungleichseitigen rechtwinkligen Dreieck. Das ist aber wichtig, daß man das in ganz bewußter Weise in die Zielsetzung des geometrischen Unterrichts einfügt. Also das Auftragen von verschiedenen Farben ist es, was ich Sie bitte zu berücksichtigen. Die einzelnen Flächen sind mit Farbe zu behandeln und dann die Farben übereinanderzulegen. Die meisten von Ihnen werden ja auch schon etwas Ähnliches gemacht haben, aber doch nicht in dieser Weise.

I. bis zum 9. Jahre

Musikalisches – Malerisch-Zeichnerisches
Schreiben – Lesen
Fremde Sprachen. Etwas später Rechnen.

II. bis zum 12. Jahre

Grammatik, Wortlehre
Naturgeschichte des Tierreiches
und des Pflanzenreiches
Fremde Sprachen. Geometrie
Physikalische Begriffe.

Geographisches

III. bis Ende der Volksschulzeit

Satzlehre
Mineralien
Physikalisches und Chemisches
Fremde Sprachen
Geschichte.

ELFTER VORTRAG

Stuttgart, 2. September 1919

Ich habe Ihnen gesagt, daß der Geographieunterricht zuerst auf der zweiten Stufe des Volksschulalters auftreten kann. Wir können gut mit dem Geographieunterricht beginnen, wenn das 9. Lebensjahr überschritten ist. Wir müssen ihn nur in der richtigen Weise einrichten. Wir müssen überhaupt beim Volksschulunterricht der Zukunft – das gilt sogar auch für den Mittelschulunterricht – darauf sehen, daß dieser Geographieunterricht viel mehr umfaßt, als er gegenwärtig umfaßt. Das Geographische tritt in der Gegenwart allzusehr zurück, es wird wirklich recht stiefmütterlich behandelt. Mit dem Geographischen sollten eigentlich die Errungenschaften des übrigen Unterrichts in vielfacher Beziehung wie in eins zusammenfließen. Und wenn ich Ihnen auch gesagt habe, daß der Mineralogieunterricht erst auf der dritten Stufe, so um das 12. Jahr herum auftritt, so kann doch beschreibend, anschauend auch das Mineral schon auf der früheren Unterstufe etwas in das Geographische verflochten werden. Das Kind kann außerordentlich viel zwischen dem 9. und 12. Jahr aus der Geographie aufnehmen, wenn wir nur richtig mit dieser Geographie verfahren. Da handelt es sich darum, daß wir gerade in der Geographie von dem ausgehen, was das Kind in irgendeiner Weise von der Oberfläche der Erde und dem, was auf der Oberfläche der Erde geschieht, schon kennt. Wir versuchen, dem Kinde zunächst kunstgemäß wiederum eine Art Bild beizubringen von den Gebirgs- und Flußverhältnissen, aber auch den sonstigen Verhältnissen der Umgebung. Wir machen es so, daß wir wirklich mit dem Kinde elementarisch eine Karte ausarbeiten für die nächste Umgebung, in der das Kind aufwächst, die es kennt. Wir versuchen, dem Kinde dasjenige beizubringen, was die Übersetzung bietet von dem Drinnensein in einer Gegend zum Anschauen aus der Luftperspektive oder durch die Luftperspektive, also richtig die Verwandlung der zunächst bekannten Gegend in die Karte. Wir versuchen dem Kinde beizubringen, wie die Flüsse diese Gegend durchfließen, das heißt, wir zeichnen das Fluß- und Bachsystem der Umgebung in die

Karte, in die wir allmählich die Anschauung der Umgebung verwandeln, wirklich ein. Und wir zeichnen auch in diese Karte die Gebirgsverhältnisse ein. Es ist gut, wenn wir da mit Farben arbeiten, wenn wir die Flüsse blau einzeichnen, wenn wir die Gebirge mit brauner Kreide einzeichnen. Dann aber zeichnen wir auch in diese Karte die übrigen, mit den menschlichen Lebensverhältnissen zusammenhängenden Dinge ein. Wir zeichnen in diese Karte die verschiedenen Konfigurationen der Gegend ein, indem wir das Kind darauf aufmerksam machen: Sieh einmal, ein gewisser Teil der Gegend ist mit Obstbäumen bepflanzt und wir zeichnen die Obstbäume ein (siehe Zeichnung 1). Wir machen das

Zeichnung 1

Kind aufmerksam, daß auch Nadelwald da ist und zeichnen auch die Gebiete ein, die mit Nadelwald bedeckt sind (siehe Zeichnung 2). Wir

Zeichnung 2

machen das Kind aufmerksam, daß ein Teil der Gegend bedeckt ist mit Getreide und zeichnen diese Gegenden auch ein (siehe Zeichnung 3).

Zeichnung 3

Dann machen wir es aufmerksam, daß Wiesen da sind und zeichnen sie

Zeichnung 4

ein (siehe Zeichnung 4). Diese Zeichnung stellt die Wiesen dar, die wir abmähen können. Das sagen wir dem Kinde. Die Wiesen, die wir nicht abmähen können, die wir aber doch dazu benutzen können, daß das Vieh darauf getrieben wird und das Gras frißt, das dort niedrig, spärlich bleibt, die zeichnen wir auch ein (siehe Zeichnung 5), und sagen

Zeichnung 5

dem Kinde, daß das Hutweiden sind. So machen wir die Landkarte für das Kind lebendig. Das Kind bekommt durch diese Landkarte eine Art Überblick über die wirtschaftlichen Grundlagen der Gegend. Dann aber machen wir das Kind auch schon aufmerksam darauf, daß in den Bergen drinnen allerlei ist: Kohle, Erze und so weiter. Und wir machen das Kind weiter aufmerksam, daß die Flüsse benützt werden, um Dinge, die an einem Orte wachsen oder fabriziert werden, an den andern Ort zu verfrachten. Wir führen ihm vieles von dem aus, was zusammenhängt mit dieser wirtschaftlichen Gestaltung einer Gegend. Nachdem wir die wirtschaftlichen Grundlagen in Flüssen und Bergen, in Wiesen, Wald und so weiter klargemacht haben, soweit das möglich ist nach den Kenntnissen, die wir dem Kinde beibringen können, zeichnen wir ein an die gehörige Stelle die Dörfer oder Städte, die in dem Gebiet sind, das wir zuerst vornehmen wollen. Und dann beginnen wir, das Kind darauf hinzuweisen, womit es zusammenhängt, daß gerade an bestimmten Orten Dörfchen sich entwickeln, wie das zusammenhängt mit dem, was in den Bergen ist, was man da hervorbringen kann, wie es zusammenhängt mit den Bach- und Flußläufen. Kurz, wir versuchen an der Landkarte schon eine gewisse Vorstellung hervorzurufen im Kinde von den wirtschaftlichen Zusammenhängen zwischen der Naturgestaltung und den menschlichen Lebensverhältnissen, dann versuchen wir, in dem Kinde eine gewisse Vorstellung hervorzurufen von dem Unterschiede zwischen den ländlichen und den städtischen Lebensverhältnissen. Soweit das Kind diese Sache schon begreifen kann, betreiben wir das durchaus. Und zuletzt gehen wir auch schon zu dem über, was der Mensch durch seine Wirtschaft tut, um von sich aus den Naturverhältnissen entgegenzukommen. Das heißt, wir beginnen das Kind aufmerksam zu machen, daß der Mensch künstliche Flüsse anlegt in den Kanälen, daß er sich Eisenbahnen baut. Dann machen wir das Kind darauf aufmerksam, wie durch die Eisenbahnen die Lebensmittel und dergleichen und die Menschen selbst ins Leben hineingestellt werden. Haben wir eine Zeitlang dahin gearbeitet, daß das Kind den wirtschaftlichen Zusammenhang zwischen den Naturverhältnissen und den menschlichen Lebensverhältnissen begreift, dann können wir das, was wir so an Begriffen in dem Kinde hervorgerufen haben, benützen, um die Sache in die größeren Erdenverhältnisse hinauszutragen. Da wird es, wenn wir nur diese erste Stufe richtig gemacht haben, nicht notwendig sein, daß wir einen großen Pedantismus entfalten. Der Pedant wird jetzt sagen: Das Natürliche ist, daß wir zuerst die engste Heimatkunde geographisch betreiben und dann konzentrisch die Sache weiter ausdehnen. – Das ist schon Pedanterie. So braucht man den Aufstieg nicht zu machen. Sondern wenn man eine Grundlage geschaffen hat für das Begreifen des Zusammenhanges von Natur und Menschenwesen, dann kann man auch ruhig zu etwas anderem übergehen. Man geht dann so auf etwas anderes über, daß man auch noch möglichst gut und intensiv wirtschaftliche Zusammenhänge zwischen dem Menschen und den Naturverhältnissen entwickeln kann. Man gehe zum Beispiel für unsere Gegend hier, nachdem man die nötigen Begriffe an den bekannten Territorien entwickelt hat, indem man das Kind örtlich orientiert, indem man gewissermaßen seinen Horizont erweitert, dazu über, daß man dem Kind sagt: Es gibt die Alpen. – Man gehe über zur Geographie der Alpen. Man hat das Kind gelehrt Landkarten zeichnen. Man kann jetzt das Landkartenzeichnen dadurch ausdehnen, daß man dem Kinde die Linie hinzeichnet, welche das Gebiet der Südalpen angrenzen läßt an das Mittelländische Meer. Indem man dem Kind aufzeichnet das nördliche Stück von Italien, das Adriameer und so weiter,

153

sagt man ihm: Es gibt da große Flüsse – und zeichnet in dieses Gebiet auch die Flußläufe ein. Man kann dann dazu übergehen, ihm zu zeichnen: die Rhone, den Rhein, den Inn, die Donau mit ihren Nebenflüssen. Man kann dann da hineinzeichnen die einzelnen Glieder des Alpenbaues. Und es wird das Kind außerordentlich gefesselt werden, wenn man ihm klarmacht, wie die einzelnen Glieder zum Beispiel des Alpenbaues durch die Flußläufe voneinander geschieden sind. Man zeichne ruhig längs der blauen Linien der Flüsse rote Linien, die jetzt ideelle Linien sind, zum Beispiel die Rhone entlang, vom Genfer See bis zum Ursprung und gehe dann über zum Rhein und so weiter, zeichne dann die Linie hinüber über den Arlberg und so weiter, dann die Linie Drau, Enns und so weiter, um auf diese Weise durch solche rote Linien in der Richtung von Westen nach Osten die Alpen zu gliedern, so daß man dem Kinde sagen kann: Sieh einmal, ich habe jetzt längs der Flußläufe unten eine rote Linie gezogen und oben eine rote Linie gezogen. Was zwischen diesen zwei roten Linien ist, das sind andere Alpen als was oben, oberhalb der roten Linie, und was unten, unterhalb der roten Linie ist. – Und jetzt zeige man dem Kinde – da geht dann der mineralogische Unterricht auf in dem geographischen, er quillt hervor – zum Beispiel ein Stück Jurakalk und sage ihm: Sieh einmal, die Gebirgsmassen oberhalb der oberen roten Linie, die bestehen aus solchem Kalk und was wiederum unter der roten Linie ist, besteht auch aus solchem Kalk. – Und was da zwischen drinnen ist, dafür zeige man ihm ein Stück Granit, Gneis und sage ihm: Das Gebirge mitten drinnen besteht aus solchem Gestein, das Urgestein ist. – Und das Kind wird sich schon ungeheuer für dieses Alpenmassiv interessieren, das Sie ihm vielleicht noch an einer Territorienkarte zeigen, wo auch die Seitenperspektive da ist und nicht nur die Luftperspektive, wenn Sie ihm plastisch klarmachen, daß durch die Flußläufe geschieden werden in den Alpen: Kalkalpen. Gebirgsläufe mit Gneis, Glimmerschiefer, Tonschiefer und so weiter und daß sich das Gebirgsmassiv, die ganze Gebirgskette von Süden nach Norden, indem sie nur gebogen ist, so nebeneinanderstellt: Kalkgebirge – Urgebirge – Kalkgebirge, geschieden durch die Flußläufe. Vieles, was nicht pedantischer Anschauungsunterricht ist, was die Begriffswelt des Kindes sehr erweitert, können Sie drangliedern.

Dann aber gehen Sie dazu über – Sie haben dazu schon die Elemente im Naturunterricht geschaffen –, dem Kinde zu schildern, was unten im Tal wächst, was weiter oben wächst und was ganz oben wächst und auch, was ganz, ganz oben wieder nicht wächst. Sie gehen über zur Vegetation in vertikaler Richtung.

Und jetzt beginnen Sie, das Kind darauf aufmerksam zu machen, wie sich der Mensch in eine solche Gegend hineinstellt, die vorzugs- weise durch das Gebirgsmassiv bestimmt ist. Sie beginnen ihm zu schil- dern, ganz anschaulich, ein recht hochgelegenes Gebirgsdörfchen, das Sie ihm einzeichnen, und wie da die Menschen leben. Und ein unten im Tal gelegenes Dorf und Straßen schildern Sie ihm. Und dann die Städte, die dort sind, wo ein Fluß einen Nebenfluß aufnimmt. Dann schildern Sie wiederum in diesen größeren Zusammenhängen das Verhältnis der Naturgestaltung zum menschlichen Wirtschaftsleben. Sie bauen gewis- sermaßen aus der Natur heraus dieses menschliche Wirtschaftsleben auf, indem Sie das Kind auch aufmerksam machen, wo wiederum Erze und Kohlen sind, wie diese die Ansiedlungen bestimmen und so weiter.

Dann zeichnen Sie ihm eine gebirgsarme Gegend, eine ebene Gegend auf und behandeln diese ebenso. Zuerst schildern Sie das Naturmäßige, die Beschaffenheit des Bodens und machen jetzt schon darauf aufmerk- sam, daß auf einem mageren Boden etwas anderes gedeiht wie auf einem fetten Boden. Sie machen darauf aufmerksam, wie der Boden innerlich beschaffen ist – mit einfachen Mitteln kann man das –, auf dem Kartoffeln wachsen; wie der Boden beschaffen ist, auf dem Weizen wächst, auf dem Roggen wächst und so weiter. Sie haben ja dem Kinde schon vorher den Unterschied zwischen Weizen, Roggen, Hafer bei- gebracht. Da halten Sie nicht zurück, manches schon dem Kinde bei- zubringen, was es zunächst nur so im allgemeinen begreift, was es erst deutlicher begreift, wenn es wiederum von einem andern Gesichts- punkte aus im späteren Unterricht darauf zurückgewiesen wird. Führen Sie aber bis zum 12. Jahr hin das Kind vorzugsweise in die wirtschaftlichen Verhältnisse ein. Machen Sie ihm diese klar. Innere Geographie treiben Sie mehr, als daß Sie darauf sehen, schon in dieser Zeit ein vollständiges Bild der Erde zu geben. Aber wichtig ist es doch, schon darauf aufmerksam zu machen, daß das Meer sehr groß ist. Sie haben es schon begonnen zu zeichnen bei den Südalpen, wo Sie das Mittelländische Meer angrenzend gezeichnet haben. Das Meer zeichnen Sie dann als blaue Fläche auf. Dann zeichnen Sie dem Kinde auf die äußeren Umrisse von Spanien, von Frankreich, zeichnen ihm dann auf, wie nach dem Westen zu ein großes Meer liegt und führen es so langsam dazu über, daß es begreifen lernt, daß es auch Amerika gibt. Das sollte man schon vor dem 12. Jahr als Vorstellung hervorrufen.

Wenn Sie so mit einem guten Unterbau beginnen, dann können Sie um das 12. Jahr herum bei dem Kinde darauf rechnen, daß es Ihnen Verständnis entgegenbringt, wenn Sie nunmehr schon systematisch vorgehen, wenn Sie eine kürzere Zeit hindurch darauf sehen, daß das Kind wirklich ein Bild der Erde bekommt, indem Sie ihm die fünf Erdteile beibringen, die Meere – allerdings in einer kürzeren Weise als Sie es früher gemacht haben – und nun das wirtschaftliche Leben dieser verschiedenen Erdgebiete beschreiben. Aus dem, was Sie als Grundlage gelegt haben, müßten Sie da das andere alles hervorholen. Wenn Sie, wie gesagt, zusammengefaßt haben über die ganze Erde hin das, was Sie an Erkenntnis über das Wirtschaftsleben in das Kind gelegt haben, dann gehen Sie dazu über, gerade in den Momenten, wo Sie vielleicht schon ein halbes Jahr in der Weise Geschichte lehrten, wie wir es gelernt haben, nunmehr die geistigen Verhältnisse der Menschen, die die einzelnen Erdgebiete bewohnen, mit den Kindern zu besprechen. Versäumen Sie es aber nicht, diesen Unterschied dann erst eintreten zu lassen, wenn Sie die Seele dazu etwas gefügig gemacht haben durch den ersten geschichtlichen Unterricht. Dann reden Sie auch über die räumliche Verteilung der Charakterverhältnisse der einzelnen Völker. Aber reden Sie nicht früher über die Charakterunterschiede der einzelnen Völker als gerade um diese Zeit, denn da bringt das Kind auf jener Unterlage, die ich Ihnen geschildert habe, diesem Unterricht das meiste Verständnis entgegen. Da können Sie ihm davon sprechen, wie der Unterschied der asiatischen, der europäischen, der amerikanischen Völker ist, wie der Unterschied der mittelländischen Völker und der nordischen Völker Europas ist. Da können Sie übergehen dazu, Geographie mit Geschichte allmählich zu verbinden. Sie werden hier einer schönen und das Kind erfreuenden Aufgabe entsprechen, wenn Sie das, was ich

jetzt geschildert habe, vorzugsweise zwischen dem 12. Jahr und dem
Ende der Volksschulzeit treiben, so bis gegen das 15. Jahr hin. Sie sehen,
daß man in den Geographieunterricht außerordentlich viel hineinlegen
sollte, damit tatsächlich der Geographieunterricht eine Art Zusammenfassung desjenigen werde, was man sonst betreibt. Was kann alles in
der Geographie zusammenfließen! Zum Schlusse wird sich sogar ein
wunderbares Ineinandergestalten zwischen Geographie und Geschichte
ermöglichen lassen. Dann werden Sie, wenn Sie so in den Geographieunterricht manches hineingetragen haben, auch wiederum manches aus
ihm herausholen können. Da wird natürlich an Ihre Phantasie, an Ihre
Erfindungsgabe einige Anforderung gestellt. Wenn Sie dem Kinde erzählen, da oder dort wird dieses oder jenes gemacht, zum Beispiel: die
Japaner machen ihre Bilder so und so, dann versuchen Sie gerade das
Kind anzuhalten, so etwas auch in seiner einfachen, primitiven Weise
zu machen. Versäumen Sie es schon am Anfang nicht, indem Sie dem
Kinde den Zusammenhang zwischen dem Ackerbau und dem menschlichen Leben beibringen, dem Kinde eine deutliche Vorstellung von
dem Pflug, von der Egge und so weiter im Zusammenhang mit den
geographischen Vorstellungen zu geben. Und einiges davon versuchen
Sie namentlich von dem Kinde nachahmen zu lassen, wenn auch als
kleines Spiel- oder Kunstwerk. Dadurch wird das Kind geschickt, und
dadurch wird das Kind geeignet gemacht, sich später in richtiger Weise
ins Leben hineinzustellen. Und wenn man gar könnte kleine Pflüge
machen und die Kinder im Schulgarten ackern lassen, wenn man sie
könnte mit kleinen Sicheln mähen lassen oder mit kleinen Sensen
schneiden lassen, so würde man eine gute Verbindung zum Leben herstellen. Denn wichtiger als die Geschicklichkeit, ist die seelische Verbindung zwischen dem Leben des Kindes und dem Leben in der Welt.
Denn es ist tatsächlich so: ein Kind, das mit der Sichel Gras abgeschnit-
ten, mit der Sense Gras abgemäht hat, das mit einem kleinen Pflug
Furchen gezogen hat, wird ein anderer Mensch als ein Kind, welches
das nicht getan hat. Das Seelische wird dadurch einfach etwas anderes.
Der abstrakte Handfertigkeitsunterricht kann das eigentlich nicht ersetzen. Und das Stäbchenlegen und Papierflechten, das sollte tunlichst
vermieden werden, weil es eher abbringt davon, den Menschen ins

157

Leben hineinzustellen, als daß es diese Hineinstellung ins Leben fördert. Viel besser ist es, wenn Sie das Kind dazu anhalten, Dinge zu tun, die wirklich im Leben geschehen, als wenn Sie Dinge erfinden, die nicht im Leben geschehen. Wir machen das Kind dadurch, daß wir so seinen Geographieunterricht gestalten, wie ich es geschildert habe, auf die allernatürlichste Weise bekannt damit, daß das menschliche Leben von verschiedenen Seiten her in verschiedener Weise sich zusammenfaßt. Und wir nehmen dabei Rücksicht auf das, was es immer gut verstehen kann. Wir schildern dem Kinde zuerst vom 9. bis 12. Jahre im Geographieunterricht wirtschaftliche und äußere Verhältnisse. Wir führen es dann weiter dazu, die Kulturverhältnisse, die geistigen Verhältnisse der verschiedenen Völker zu begreifen. Und da machen wir dann, alles übrige aufsparend auf eine spätere Zeit, leise aufmerksam auf die bei den Völkern waltenden Rechtsverhältnisse. Aber nur die ganz ersten, primitivsten Begriffe lassen wir da durchscheinen durch das wirtschaftliche und geistige Leben. Denn für Rechtsverhältnisse hat das Kind noch nicht das volle Verständnis. Und wenn es zu früh mit diesen Begriffen von Rechtsverhältnissen bekanntgemacht wird, so verdirbt man damit, weil es etwas sehr Abstraktes ist, die Seelenkräfte für das ganze übrige Leben.

Es ist tatsächlich gut, wenn Sie den Geographieunterricht dazu verwenden, Einheit in den übrigen Unterricht zu bringen. Es ist vielleicht gerade für die Geographie das Allerschlimmste, daß man sie in den streng abgezirkelten Stundenplan, den wir ohnedies nicht haben wollen, einreiht.

Wir werden ja überhaupt die Sache so machen, daß wir durch längere Zeit hindurch den gleichen Lehrgegenstand behandeln. Wir nehmen das Kind in die Schule auf und arbeiten zunächst hin nach dem Ziele, daß es schreiben lernt. Das heißt: Wir beschäftigen es die Stunden, die wir von seinem Vormittag in Anspruch nehmen, damit, malen, zeichnen, schreiben zu lernen. Wir machen nicht den Stundenplan so, daß wir die erste Stunde schreiben, die zweite lesen und so weiter, sondern wir fassen durch lange Zeiträume das Gleichgeartete zusammen. Wir gehen erst später, wenn das Kind schon etwas schreiben kann, zum Lesen über. Etwas Lesen lernt es ja schon im Schreiben; das kann aber noch besser verbunden werden. Für die späteren Dinge setzen wir auch bestimmte Zeiten fest, in denen wir die Dinge so betreiben, daß wir nicht immer stundenmäßig einen Gegenstand auf den andern folgen lassen, sondern daß wir durch lange Zeit hindurch die Kinder mit einem Lehrgegenstand beschäftigen und dann erst wiederum, wenn wir sie wochenlang damit beschäftigt haben, zurückkommen auf anderes. Dadurch konzentrieren wir den Unterricht, und wir sind in der Lage, dadurch viel ökonomischer zu unterrichten, als wenn wir jenes furchtbar Kraft- und Zeitverschwendende mit dem Stundenplan betreiben: daß wir in der ersten Stunde einen Lehrgegenstand nehmen und daß in der nächsten Stunde wieder ausgelöscht wird, was in der vorhergehenden gelernt worden ist. Aber gerade in der Geographie kann es Ihnen anschaulich werden, wie Sie gewissermaßen von allem möglichen aus übergehen können zur Geographie. Sie werden nicht von vornherein vorgeschrieben haben: vom 9. bis 10. Jahre ist Geographie zu lehren, sondern es wird Ihnen überlassen sein, wann Sie die Zeit für geeignet finden, nach dem was Sie sonst getrieben haben, zu geographischen Auseinandersetzungen überzugehen.

Dadurch ist natürlich viel Verantwortung auf Sie gelegt, aber ohne diese Verantwortung läßt sich kein Unterricht durchführen. Der Unterricht, der von vornherein dem Lehrer den Stundenplan und alles mögliche vorschreibt, der schaltet eigentlich in Wahrheit die Kunst des Lehrers vollständig aus. Und das darf nicht sein. Der Lehrer muß das treibende und belebende Element im ganzen Schulwesen sein. Gerade an der Art, wie ich Ihnen gezeigt habe, daß man mit der Geographie verfahren soll, werden Sie einen richtigen Begriff bekommen von dem, wie überhaupt verfahren werden soll. Geographie kann wirklich ein großes Geleis sein, in das alles einmündet, aus dem wiederum manches hervorgeholt wird. Sie haben zum Beispiel in der Geographie dem Kinde gezeigt, wie sich das Kalkgebirge unterscheidet von dem Urgebirge. Sie zeigen dem Kinde die Bestandteile des Urgebirges, Granit oder Gneis. Sie machen es darauf aufmerksam, wie da verschiedene Mineralien drin sind, wie das eine herausglitzert als Glitzerndes, dann zeigen Sie ihm den Glimmer daneben und sagen, daß das, was da drin sitzt, Glimmer ist. Und dann zeigen Sie ihm, was noch alles im Granit oder im Gneis drinnen ist. Und dann zeigen Sie ihm Quarz und versuchen, das Mineralische aus dem Gesteinmäßigen herauszuentwickeln. Gerade da können Sie wiederum viel leisten mit Bezug auf das Verständnis für das Zusammengegliederte, das sich dann in seine einzelnen Teile gliedert. Es ist viel nützlicher, wenn Sie dem Kinde zuerst Granit und Gneis beibringen, und dann die Mineralien, aus denen Granit und Gneis besteht, als wenn Sie zuerst dem Kinde beibringen: das ist Granit, der besteht aus Quarz, Glimmer, Feldspat und so weiter und dann erst zeigen, daß das im Granit oder Gneis vereinigt ist. Gerade bei dem Mineralogieunterricht können Sie von dem Ganzen ins Einzelne, von der Gebirgsbildung in die Mineralogie hineingehen. Das ist schon nützlich für das Kind.

Bei dem Tierreiche werden Sie es im entgegengesetzten Sinne machen, indem sie es aus den einzelnen Tieren aufbauen. Das Pflanzenreich haben wir, wie Sie es im Seminar gesehen haben, als Ganzes zu behandeln und gehen dann in das Einzelne über. Beim Mineralreich gibt uns die Natur selbst vielfach das Ganze und wir können zum Einzelnen übergehen.

Dann aber soll man gerade – wiederum den mineralischen Unterricht mit dem Geographieunterricht verknüpfend – nicht versäumen, über die Anwendung desjenigen zu sprechen, was wir wirtschaftlich in der Natur finden. Da knüpfen wir an die Besprechung, die wir über das Steingefüge der Gebirge bekommen, alles dasjenige an, was, wie die Kohle, in seiner Verwendung auch mit der Industrie zu tun hat. Wir schildern es zunächst auf einfache Weise für das Kind, aber wir knüpfen es schildernd an die Besprechung des Gebirges an.

Wir sollten auch nicht versäumen, zum Beispiel ein Sägewerk schon zu beschreiben, wenn wir den Wald beschreiben. Zuerst gehen wir zum Holz über und beschreiben dann das Sägewerk.

Wir können ungeheuer viel nach dieser Richtung tun, wenn wir nicht schon von vornherein einen militärisch abgezirkelten Stundenplan haben, sondern wenn wir nach dem, was der Unterricht ergibt, verfahren können. Wir müssen nur eine gute Vorstellung haben von dem, was das Lebensalter des Kindes vom Schulbeginn bis zum 9. Jahre, vom 9. bis 12. Jahre, vom 12. bis 15. Jahre fordert.

ZWÖLFTER VORTRAG

Stuttgart, 3. September 1919

Man darf sich nicht der Tatsache verschließen, daß die Beziehungen des Menschen zu der Umgebung viel kompliziertere sind, als das Gebiet umfaßt, dessen wir uns immer bewußt sind. Von den verschiedensten Gesichtspunkten aus habe ich Ihnen ja das Wesen und die Bedeutung der unbewußten und unterbewußten Seelenwirkungen klarzumachen versucht. Und insbesondere auf dem Gebiete des Pädagogischen, des Didaktischen hat es eine große Bedeutung, daß der Mensch so erzogen werde, wie es nicht nur seinem Bewußtsein, sondern auch seinem Unterbewußtsein, seinen unterbewußten und unbewußten Seelenkräften entspricht. Da muß man schon, wenn man wirklicher Erzieher und Unterrichter sein will, auf die Feinheiten des Menschenwesens eingehen.

Wir haben die drei Stufen der menschlichen Entwickelung kennengelernt, die sich geltendmachen zwischen dem Zahnwechsel und der Geschlechtsreife und die insbesondere in die Volksschulzeit und in den Anfang der Mittelschulzeit hineinfallen. Wir müssen uns nur klar sein, daß insbesondere in der letzten dieser Lebensepochen das Unterbewußte neben dem Bewußten eine große Rolle spielt, eine Rolle, die eine Bedeutung für das ganze künftige Menschenleben hat.

Ich möchte, indem ich die Sache von einer andern Seite her betrachte, Ihnen klarmachen, was da zugrunde liegt.

Denken Sie nur, wie viele Menschen heute mit elektrischen Eisenbahnen fahren, die keinen blauen Dunst davon haben, worauf die Fortbewegung der elektrischen Eisenbahn eigentlich beruht. Denken Sie sich, wie viele Menschen heute selbst nur die Dampfmaschine in der Form der Lokomotive an sich vorübersausen sehen, ohne eine Ahnung davon zu haben, wie sich die physikalische und mechanische Wirkung abspielt, die zum Fortbewegen der Dampfmaschine führt. Bedenken Sie doch, wie wir eigentlich durch ein solches Nichtwissen als Menschen zu unserer Umgebung, derer wir uns sogar bedienen, stehen. Wir leben in einer Welt drinnen, die von Menschen hervorgebracht ist, die nach menschlichen Gedanken geformt ist, die wir benützen und von der wir nichts verstehen. Diese Tatsache, daß wir von etwas, was vom Menschen geformt ist, was im Grunde genommen das Ergebnis menschlicher Gedanken ist, nichts verstehen, das hat für die gesamte menschliche Seelen- und Geistesstimmung eine große Bedeutung. Die Menschen müssen sich nur eigentlich betäuben, damit sie die Wirkungen, die von dieser Seite her stammen, nicht wahrnehmen.

Man kann es immer mit einer großen Befriedigung sehen, wenn Menschen aus den – ja, wie soll man es nennen, damit man nicht verletzt –, aus den besseren Ständen in eine Fabrik hineingehen und sich recht unbehaglich fühlen. Das kommt daher, weil sie das Gefühl aus ihrem Unterbewußtsein heraufschießen fühlen und empfinden: sie benützen alles das, was in dieser Fabrik erzeugt wird, und sie haben eigentlich als Menschen nicht die geringste Beziehung zu dem, was in dieser Fabrik vorgeht. Sie wissen nichts davon. Wenn man schon das Unbehagen wahrnimmt – um etwas Bekanntes zu nehmen –, wenn der, der ein echter Zigarettenraucher ist, der in die Waldorf-Astoria-Zigarettenfabrik geht und keine Ahnung hat, was da geschieht, damit er diese Zigaretten kriegt, so ist man schon erfreut darüber, daß der Mensch wenigstens noch wahrnehmen kann dieses sein Nichtwissen von der aus Menschengedanken hervorgehenden Umgebung, in der er lebt und deren Erzeugnisse er benützt. Und wenn Menschen, die nichts von dem Betrieb der elektrischen Bahn verstehen, immer mit einem kleinen Unbehagen in die Elektrische einsteigen und wieder aus ihr aussteigen, dann ist man schon froh. Denn dieses Spüren des Unbehagens, das ist schon der erste Anfang einer Besserung auf diesem Gebiet. Das Schlimmste ist das Miterleben der von Menschen gemachten Welt, ohne daß man sich kümmert um diese Welt.

Diesen Dingen können wir nur entgegenarbeiten, wenn wir mit diesem Entgegenarbeiten schon auf der letzten Stufe des Volksschulunterrichts beginnen, wenn wir wirklich das Kind im 15., 16. Jahr nicht aus der Schule herauslassen, ohne daß es wenigstens von den wichtigsten Lebensverrichtungen einige elementare Begriffe hat. So daß es die Sehnsucht bekommt, dann bei jeder Gelegenheit neugierig, wißbegierig zu sein auf dasjenige, was in seiner Umgebung vorgeht und dann aus dieser Neugierde und Wißbegierde heraus seine Kenntnisse weiter ent- wickelt. Wir sollten daher die einzelnen Unterrichtsgegenstände gegen das Ende der Schulzeit hin in umfassendem Sinne so verwenden zu einer sozialen Bildung des Menschen, wie wir die einzelnen Dinge in der Geographie nach dem Muster dessen verwenden, was ich im letzten Vortrag zu einer Art Gesamtaufbau des geographischen Wesens an- geführt habe. Das heißt, wir sollten nicht unterlassen, aus den physi- kalischen naturgeschichtlichen Begriffen heraus, die wir gewonnen haben, das Kind in den Gang wenigstens ihm naheliegender Betriebs- systeme einzuführen. Das Kind sollte im allgemeinen mit dem 15. und 16. Jahr einen Begriff bekommen haben von dem, was in einer Seifen- fabrik oder in einer Spinnerei vor sich geht. Es wird sich natürlich darum handeln, daß wir die Dinge so ökonomisch wie möglich treiben. Es läßt sich überall aus einem umfassenden Betriebe heraus etwas Zusammenfassendes gestalten, was dasjenige, was sich kompliziert ab- spielt, in sehr primitiver Art zusammenfaßt. Ich glaube, Herr Molt wird mir recht geben, wenn ich behaupte, daß man schon dem Kinde, wenn man ökonomisch vorginge, den ganzen Fabrikationsprozeß der Zigarettenbereitung, sogar vom Anfang bis zum Ende, in einige kurze Sätze zusammengefaßt, die nur aus dem übrigen Unterrichtsstoff her- aus begreiflich gemacht werden müßten, beibringen könnte. Solch ein Beibringen gewisser Zusammenfassungen von Betriebszweigen, das ist für den kindlichen Menschen im 13., 14., 15., 16. Jahr eine allergrößte Wohltat. Wenn der Mensch sich in diesen Jahren so eine Art Heft an- legen würde, worinnen stehen würde: Seifenfabrikation, Zigaretten- fabrikation, Spinnereien, Webereien und so weiter, so wäre das sehr gut. Man brauchte ihm ja nicht gleich eine mechanische oder chemische Technologie in weitem Umfange beizubringen, aber wenn das Kind sich ein solches Heft anlegen könnte, dann würde es sehr viel von die- sem Heft haben. Selbst wenn das Heft verlorenginge, es bleibt ja das Residuum. Der Mensch würde nämlich nicht nur das davon haben, daß er dann diese Dinge weiß, sondern das Wichtigste ist, daß er fühlt, indem er durch das Leben und durch seinen Beruf geht: er hat diese Dinge einmal gewußt; er hat sie einmal durchgenommen. Das wirkt nämlich auf die Sicherheit seines Handelns. Das wirkt auf die Sicherheit, mit der der Mensch sich in die Welt hineinstellt. Das ist sehr wichtig für die Willens- und Entschlußfähigkeit des Menschen. Sie werden in keinem Beruf Menschen mit tüchtiger Initiative haben können, wenn diese Menschen nicht so in der Welt drinnenstehen, daß sie auch von dem, was nicht zu ihrem Beruf gehört, das Gefühl haben: sie haben sich einmal ein, wenn auch primitives Wissen davon angeeignet. Mögen sie das vergessen haben, das Residuum, der Überrest davon ist ihnen geblieben. Allerdings, wir lernen ja auch viel in der Schule. Und in dem Anschauungsunterricht, der so oft in Plattheiten ausartet, da wird dem Schüler ja auch so etwas beigebracht, aber man kann es erleben, daß dann später gar nicht das Gefühl vorhanden ist: Das habe ich durchgemacht, und es war mein Glück, daß ich es durchgemacht habe –, sondern es ist das Gefühl vorhanden: Das habe ich Gott sei Dank vergessen, und es ist gut, daß ich es vergessen habe, was ich da gelernt habe. – Dieses Gefühl sollten wir niemals im Menschen hervorrufen. Unzählige Dinge werden aus dem Unterbewußtsein heraufschießen, wenn wir in unserer Kindheit so unterrichtet worden sind, daß das beobachtet worden ist, was ich eben gesagt habe, wenn wir später hineingehen in einen Betrieb und dergleichen. Heute ist im Leben alles spezialisiert. Dieses Spezialisieren ist eigentlich furchtbar. Und es ist hauptsächlich im Leben so viel spezialisiert, weil wir schon im Unterricht anfangen zu spezialisieren.

Was da ausgeführt worden ist, das könnte man zusammenfassen in den Worten: Es soll alles dasjenige, was das Kind lernt im Laufe seiner Schuljahre, zuletzt irgendwie so verbreitert werden, daß es überall die Fäden hineinzieht ins praktische Menschenleben. Dadurch würden ja sehr, sehr viele Dinge, die heute unsozial sind, zu sozialen gemacht werden können, daß wenigstens bei uns angeschlagen würde die Einsicht in dasjenige, was in der späteren Zeit nicht unmittelbar zu unserem Berufe gehören soll.

So sollte zum Beispiel eigentlich auch das von der äußeren Welt heute gut beobachtet werden, was in Lebenszweigen beachtet wird, die noch auf älteren, guten, wenn auch vielleicht noch atavistischen Unterrichtseinsichten fußen. Ich möchte da immer auf eine sehr bemerkenswerte Erscheinung hinweisen. Als wir, die jetzt schon alten Leute, in

Österreich in die Mittelschule gekommen sind, haben wir verhältnismäßig gute geometrische und arithmetische Lehrbücher gehabt. Sie sind jetzt verschwunden. Ich habe mich vor ein paar Jahren in Wien in allen möglichen Antiquariaten herumgetrieben, um ältere geometrische Bücher zu bekommen, weil ich doch das wiederum einmal vor den physischen Augen haben wollte, was wir Jungen zum Beispiel in Wiener Neustadt zu unserer Freude erlebt haben: Wenn wir in die erste Klasse der Mittelschule gekommen sind, kamen am ersten Tag immer die Schüler der zweiten Klasse zu uns auf den Gang und schrien: Fialkowskiy, Fialkowskiy, morgen muß er bezahlt werden! – Das heißt, wir nahmen als Schüler der ersten Klasse das Geometriebuch von Fialkowskiy von den Schülern der zweiten Klasse und brachten ihnen am nächsten Tage das Geld. Solch einen «Fialkowskiy» habe ich wiederum aufgetrieben, und er hat mich sehr erfreut, weil er zeigt, daß man in dieser älteren Tradition eigentlich viel besser Geometriebücher für die Schulen schreiben konnte als später. Denn die heutigen Bücher, die zum Ersatz gekommen sind, die sind eigentlich schon ganz greulich. Gerade auf dem Gebiete des arithmetischen, des geometrischen Unterrichts ist es schlimm. – Aber wenn man noch ein klein wenig zurückdenkt und die Generationen nimmt, die vor uns waren und die wir noch vor uns gehabt haben, dann gab es damals noch bessere Lehrbücher. Die waren fast alle hervorgegangen aus der Schule der österreichischen Benediktiner. Es waren die Benediktiner, welche die mathematischen und die geometrischen Bücher geschrieben haben, und die waren sehr gut, weil die Benediktiner derjenige katholische Orden sind, der sehr darauf sieht, daß seine Mitglieder einen guten geometrischen und mathematischen Unterricht haben. Es ist im allgemeinen Benediktinergesinnung, daß es eigentlich ein Unsinn ist, wenn einer auf die Kanzel steigt und zum Volke redet, ohne daß er die Geometrie und Mathematik kennt.

Dieses Einheitsideal, das die menschliche Seele erfüllt, das muß den Unterricht durchpulsen. Es muß etwas von der gesamten Welt in jedem Berufe leben. Und insbesondere von den Gegensätzen des Berufes, von dem, was man in seinem Berufe glaubt fast gar nicht anwenden zu können, muß etwas drinnenstecken. Man muß sich mit dem beschäf-

165

tigen, was gleichsam das Entgegengesetzte des eigenen Berufes ist. Dazu wird man aber nur die Sehnsucht erhalten, wenn man so unterrichtet wird, wie ich es jetzt angedeutet habe.

Es ist ja gerade in der Zeit, in welcher der Materialismus sich ganz ausgebreitet hat, im letzten Drittel des 19. Jahrhunderts, dieser Materialismus auch in die Didaktik in so hohem Grade eingedrungen, daß man die Spezialisierung für sehr wichtig hielt. Glauben Sie nicht, daß es idealistisch auf das Kind wirkt, wenn Sie es vermeiden, ihm den Unterrichtsstoff in seiner Beziehung auf das praktische Leben zu zeigen in den letzten Jahren seines Volksschullebens, in den ersten Jahren seines Mittelschullebens. Glauben Sie nicht, daß das Kind für das spätere Leben idealistischer wird, wenn Sie es in diesen Jahren Aufsätze machen lassen über allerlei sentimentalisches Weltempfinden, über die Gutmütigkeit des Lammes, über die Wildheit des Löwen und dergleichen, über die gottdurchwirkte Natur. Sie wirken nicht dadurch idealistisch auf das Kind. Sie wirken tatsächlich viel besser für die Pflege auch des Idealismus in dem Kinde, wenn Sie nicht so direkt, so brutal direkt auf diesen Idealismus losgehen. Wodurch sind denn eigentlich die Menschen in der neueren Zeit so irreligiös geworden? Einfach aus dem Grunde, weil viel zu sentimental und abstrakt gepredigt wird. Deshalb sind die Menschen so irreligiös geworden, weil die Kirche so wenig die göttlichen Gebote beachtet. Zum Beispiel gibt es doch ein Gebot: «Du sollst den Namen des Herrn, deines Gottes, nicht eitel aussprechen.» Wenn man das beobachtet und nicht nach jedem fünften Satz den Namen Jesus Christus nennt, oder von göttlicher Weltordnung spricht, dann bekommt man gleich Vorwürfe von seiten der sogenannten kirchlich gesinnten Menschen, von denen, die am liebsten hören möchten, daß man in jedem Satz Jesus Christus und Gott sagt. Jenes scheue Durchsetztseinlassen von göttlichem Innesein, das sogar vermeidet Herr, Herr! immer auf den Lippen zu führen, das wird heute gerade in kirchlich gesinnten Kreisen nicht als religiöse Gesinnung angesehen. Und wenn dann das, was an die Menschheit herangebracht wird, von diesem scheuwirksamen Göttlichen durchsetzt wird, das man nicht sentimental auf den Lippen trägt, dann hört man heute, durch eine falsche Erziehung bewirkt, von allen Seiten: Ja, der sollte viel mehr vom Christentum und dergleichen sprechen. – Das, was ich hier andeute, muß auch schon durchaus im Unterricht berücksichtigt werden, indem man dasjenige weniger ins Sentimentale zerrt, was vom Kinde gerade im 13., 14., 15. Lebensjahre gelernt wird, sondern indem man das, was vom Kinde gelernt wird, mehr in die Linie des praktischen Lebens hineinführt. So sollte im Grunde genommen kein Kind das 15. Jahr erreichen, ohne daß ihm der Rechenunterricht in die Kenntnisse der Regeln wenigstens der einfachsten Buchführungsformen übergeführt worden ist. Und so sollten die Grundsätze der Grammatik und der Sprachlehre in diesen Jahren weniger in jene Aufsatzform eingeführt werden, die gewissermaßen das menschliche Innenleben überall wie durchspült von Gerstenschleimsaft darstellt – denn das sind meistens die Aufsätze, die man die Kinder pflegen läßt in diesem 13. bis 16. Jahre, so als besseren Aufguß von dem, was beim Dämmerschoppen und in den Kaffeeklatschgesellschaften als Geist herrscht –, es sollte vielmehr darauf gesehen werden, daß die Sprachlehre einläuft in den geschäftlichen Aufsatz, in den Geschäftsbrief. Und kein Kind sollte das 15. Jahr überschritten haben, ohne durchgegangen zu sein durch das Stadium, Musterbeispiele von praktischen Geschäftsbriefen geschrieben zu haben. Sagen Sie nicht, das kann das Kind ja auch später noch lernen. Gewiß, unter Überwindung von furchtbaren Hindernissen kann man es auch später lernen, aber eben nur unter dieser Überwindung von Hindernissen. Sie erweisen dem Kinde eine große Wohltat, wenn Sie es lehren, seine grammatischen Kenntnisse, seine Sprachkenntnisse in geschäftliche Aufsätze, in Geschäftsbriefe einfließen zu lassen. In unserer Zeit sollte es eigentlich keinen Menschen geben, der nicht einen ordentlichen Geschäftsbrief einmal schreiben gelernt hat. Gewiß, er wird es vielleicht im späteren Leben nicht anzuwenden brauchen, aber es sollte doch keinen Menschen geben, der nicht einmal dazu angehalten worden ist, einen ordentlichen Geschäftsbrief zu schreiben. Hat man das Kind vorzugsweise mit sentimentalem Idealismus übersättigt im 13. bis 15. Jahr, so wird ihm später der Idealismus zum Ekel, und es wird ein materialistischer Mensch. Führt man das Kind in diesen Jahren schon in die Praxis des Lebens ein, dann behält das Kind auch ein gesundes Verhältnis zu den idealistischen Bedürfnissen der Seele, die nur dann

167

ausgelöscht werden können, wenn man ihnen in früher Jugend auf eine unsinnige Weise frönt.

Das ist außerordentlich wichtig, und in dieser Beziehung wären sogar gewisse Äußerlichkeiten in der Gliederung des Unterrichts von einer großen Bedeutung. Wir werden ja mit Bezug auf die Unterweisung im Religionsunterricht Kompromisse schließen müssen, das wissen Sie. Dadurch wird in unseren übrigen Unterricht dasjenige nicht hereinfließen können, was einmal den Unterricht als religiöses Element wird durchseelen können. Daß wir solche Kompromisse schließen müssen, rührt ja davon her, daß eben die Religionsgesellschaften sich heute in einer kulturfeindlichen Weise zur Welt stellen. Aber es könnte heute schon, wenn die Religionsgesellschaften ebenso von sich aus Kompromisse mit uns schließen würden, von seiten dieses in den übrigen Unterricht hineingepferchten Religionsunterrichts manches geleistet werden. Wenn zum Beispiel der Religionslehrer sich herbeiließe, ab und zu etwas herauszugreifen aus dem Gebiete des andern Unterrichts, wenn er zum Beispiel, eingestreut in den Religionsunterricht, dem Kinde die Dampfmaschine erklären würde, indem an irgend etwas anknüpfte, etwas Astronomisches oder irgend etwas ganz Weltliches und dergleichen, so würde einfach die Tatsache, daß das der Religionslehrer tut, eine ungeheure Bedeutung für das Bewußtsein der heranwachsenden Kinder haben. Ich sage Ihnen diesen extremen Fall aus dem Grunde, weil im übrigen Unterricht dasjenige wird beachtet werden müssen, was ja auf dem eben gekennzeichneten Gebiete wenig beachtet werden kann. Wir werden nicht pedantisch daran denken dürfen: Jetzt lehrst du Geographie, jetzt Geschichte und kümmerst dich gar nicht um alles andere. – Nein, wir werden schauen, wenn wir dem Kinde erklären, daß das Wort Sofa während der Kreuzzüge aus dem Orient gekommen ist, daß wir dann etwas über den Fabrikationsprozeß des Sofas überhaupt im geschichtlichen Unterricht einfügen. Wir werden dann zu andern Möbeln übergehen, die abendländischer sind, werden also aus dem sogenannten Lehrgegenstand etwas ganz anderes herausgreifen. Das wird namentlich methodisch-didaktisch von ungeheurer Wohltat für das heranwachsende Kind sein aus dem Grunde, weil das Übergehen von einem zum andern, so daß das eine aber mit dem andern zusammenhängt, das Allerwohltätigste für die Entwickelung des Geistes und der Seele und sogar des Leibes ist. Denn man kann sagen: Ein Kind, dem im Geschichtsunterricht zu seiner Freude plötzlich von der Fabrikation des Sofas erzählt wird und von da ausgehend vielleicht gesprochen wird von orientalischen Teppichmustern, aber alles das so, daß das Kind wirklich einen Überblick hat, das verdaut besser als ein Kind, das einfach nach der französischen Stunde eine Geometriestunde bekommt. Es wird auch leiblich gesünder sein. Wir können so den Unterricht innerlich hygienisch gut gestalten. Jetzt haben ja ohnehin die meisten Menschen allerlei Verdauungsstörungen, Störungen des Leibes, die vielfach von unserem unnatürlichen Unterrichten herrühren, weil wir uns mit unserem Unterrichten nicht anpassen können dem, was das Leben fordert. Am schlimmsten sind ja die höheren Töchterschulen eingerichtet in dieser Hinsicht. Und wenn einmal jemand kulturhistorisch den Zusammenhang der Frauenkrankheiten mit der Didaktik des höheren Töchterschulwesens studieren wird, dann wird das ein ganz interessantes Kapitel werden. Man muß nur heute die Gedanken auf so etwas lenken, damit durch das Vermeiden von vielem, was gerade in der letzten Epoche heraufgekommen ist, Gesundung auf diesem Gebiete eintritt. Vor allen Dingen muß man wissen, daß der Mensch ein kompliziertes Wesen ist, und daß dasjenige, was man in ihm pflegen will, vielfach erst vorbereitet werden muß.

Wollen Sie Kinder mit Interesse um sich scharen, um ihnen, religiös durchdrungen, von der Herrlichkeit der göttlichen Kräfte in der Welt zu sprechen, dann werden Sie, wenn Sie dies einfach zu Kindern tun, die von da oder dort ungewählt herkommen, so sprechen, daß es bei einem Ohr herein-, beim andern herausgeht und gar nicht ans Gefühl dringt. Wenn Sie Kinder, nachdem sie vormittags einen Geschäftsbrief geschrieben haben, nachmittags mit dem, was durch den Geschäftsbrief in dem Unterbewußtsein entstanden ist, wieder bekommen und ihnen religiöse Begriffe beibringen wollen, dann werden Sie Glück dabei haben, denn Sie haben dann selbst diejenige Stimmung erzeugt, die ihren Gegenpol haben will. Wahrhaftig nicht aus irgendeinem abstrakten didaktischen Gesichtspunkte werden solche Dinge vor Sie hingetragen, sondern weil sie von ungeheurer Wichtigkeit sind für das Leben. Ich möchte wissen, wer heute im Leben draußen es nicht erfahren hat, wie viele unnötige Arbeit geleistet wird. Geschäftsleute werden einem heute immer wieder recht geben, wenn man sagt: Da ist einer in irgendeinem Geschäft angestellt; man beauftragt ihn, einen Geschäftsbrief zu schreiben zu irgendeiner verwandten Branche oder zu Leuten, die die Sache vertreiben sollen. Er schreibt einen Brief, es kommt ein Brief zurück; dann muß man wieder einen andern Brief schreiben, es kommt wieder einer zurück und so fort. Das ist gerade im Geschäftsleben heute sehr eingerissen, daß auf diese Weise Zeit vergeudet wird. Es ist durchaus so, daß auf diese Weise ungeheuer unökonomisch in unserem öffentlichen Leben verfahren wird. Das kann man auch fühlen. Denn wenn man heute einfach mit gewöhnlichem gesundem Menschenverstand in einem Geschäft ein Kopierbuch in die Hand nimmt, so steht man wirklich Qualen aus. Nicht etwa deshalb, weil man abgeneigt ist, die Redeformen und Interessen, die darinnen spielen, etwa sympathisch zu finden, sondern man empfindet Qualen, weil die Dinge so unpraktisch wie möglich niedergeschrieben sind, weil eigentlich dieses Kopierbuch mindestens auf ein Viertel reduziert werden könnte. Und das rührt lediglich davon her, daß der Unterricht im letzten Volksschuljahr nicht in der entsprechenden Weise eingerichtet ist. Denn das kann einfach nicht ohne fast unüberwindliche Schwierigkeiten für die späteren Lebensalter nachgeholt werden. Sie können nicht einmal in der Fortbildungsschule nachholen, was in dieser Zeit versäumt worden ist, weil eben die Kräfte, die sich da entwickeln, versanden und später nicht mehr so vorhanden sind. Mit diesen Kräften hat man zu rechnen, wenn man bei jemand darauf zählen will, daß er nicht nur äußerlich mit halben Gedanken einen Brief zusammenschustert, sondern daß er bei der Sache ist und mit Umsicht und Übersicht einen solchen Brief formuliert.

Kommt es bei der ersten Epoche, wenn das Kind zur Schule kommt, bis zum 9. Jahr vorzüglich darauf an, daß wir drinnenstecken in der Menschennatur und ganz aus dieser heraus erziehen und unterrichten, so kommt es vom 13. bis 15. Jahr für die Gestaltung des Lehrplans darauf an, daß wir als Lehrende und Unterrichtende im Leben stecken, daß wir Interesse und Sympathie haben mit dem Leben, daß wir aus dem Leben heraus unterrichten. Das alles mußte ich Ihnen sagen, bevor ich Ihnen dann den Ideallehrplan zusammenstellen und zum Vergleichen dieses Ideallehrplanes mit den Lehrplänen übergehen werde, die in Ihren Unterricht auch hineinspielen werden, weil wir ja überall umgeben sind von der äußeren Welt und ihrer Gestaltung.

DREIZEHNTER VORTRAG

Stuttgart, 4. September 1919

Sie haben gesehen, daß wir uns in diesen Vorträgen, die methodisch-didaktischer Natur sind, allmählich der Einsicht genähert haben, die uns den eigentlichen Lehrplan geben soll. Nun habe ich Ihnen schon verschiedentlich erzählt, daß wir ja mit Bezug auf dasjenige, was wir in unserer Schule aufnehmen und wie wir es aufnehmen, Kompromisse schließen müssen mit dem, was heute schon einmal da ist. Denn wir können ja vorläufig nicht zu der Waldorfschule hinzu auch die übrige soziale Welt schaffen, in welche diese Waldorfschule eigentlich hineingehört. Und so wird aus dieser umliegenden sozialen Welt heraus dasjenige strahlen, was uns auch den eventuellen Ideallehrplan der Waldorfschule immerfort durchkreuzen wird. Aber wir werden doch nur dann gute Lehrer in der Waldorfschule sein, wenn wir die Beziehungen kennen zwischen dem Ideallehrplan und dem, was unser Lehrplan zunächst noch sein muß wegen des Einflusses der äußeren sozialen Welt. Da werden sich uns gleich im Anfang der Volksschulzeit die bedeutsamsten Schwierigkeiten bei den Schülern, den Kindern ergeben, auf die wir daher zuerst hinweisen müssen, bei den Schülern, den Kindern gleich im Anfang der Volksschulzeit und dann wiederum am Ende. Gleich am Anfang der Volksschulzeit werden sich ja die Schwierigkeiten ergeben, weil Lehrpläne der Außenwelt vorliegen. In diesen Lehrplänen werden allerlei Lehrziele verlangt, und wir werden es nicht riskieren können, daß unsere Kinder, wenn sie das 1., das 2. Schuljahr absolviert haben, noch nicht so dastehen wie die draußen erzogenen und unterrichteten Kinder. Wenn das 9. Lebensjahr erreicht ist, dann werden ja nach unserer Methode unsere Kinder viel besser dastehen, aber in den Zwischenzeiten könnte es sein, daß verlangt würde, sagen wir, unsere Kinder sollen am Ende des 1. Schuljahres irgendwie vor einer Kommission der Außenwelt zeigen, was sie können. Nun ist es für die Kinder nicht gut, daß sie gerade dasjenige können, was heute eine Kommission in der Außenwelt verlangt. Und unser Ideallehrplan müßte eigentlich auf anderes hinarbeiten, als von einer solchen Kommission verlangt wird. So macht uns dasjenige, was von der Außenwelt diktiert ist, den Ideallehrplan zum Teil zunichte. So ist es am Anfang unseres Unterrichts in der Waldorfschule; in den oberen Klassen der Waldorfschule haben wir es ja mit Kindern, mit Schülern zu tun, welche schon aus den äußeren Unterrichtsanstalten hereinkommen, welche also schon methodisch und didaktisch nicht so unterrichtet worden sind, wie sie unterrichtet werden sollten.

Der hauptsächlichste Fehler, der dem Unterricht zwischen dem 7. und 12. Jahr heute anhaftet, ist ja der, daß viel zu sehr intellektuell unterrichtet wird. Wenn auch immer gepredigt wird gegen das Intellektuelle, es wird viel zu sehr nach dem Intellekt hingearbeitet. Wir werden daher Kinder hereinbekommen, welche schon einen stark greisenhaften Zug in sich haben, welche viel mehr Greisenhaftes in sich haben, als Kinder im 13., 14. Jahr haben sollten. Daher kommt es ja auch, daß – wenn heute unsere Jugend selber reformatorisch auftritt, wie bei den Pfadfindern und ähnlichen Bewegungen, wo sie selber verlangt, wie sie erzogen und unterrichtet werden soll – sie dann die greulichsten Abstraktionen, das heißt Greisenhaftes zutage bringt. Und gerade indem unsere Jugend immer fordert, wie es die Wandervögel fordern, recht jugendlich unterrichtet zu werden, verlangt sie, nach greisenhaften Grundsätzen unterrichtet zu werden. Das erleben wir ja wirklich. Wir haben es selbst bei einer Kulturratssitzung recht anschaulich erlebt, wo solch ein junger Wandervogel oder Angehöriger einer Jugendbewegung aufgetreten ist. Er fing an, seine ganz langweiligen Abstraktionen abzulesen, wie nun die Jugend verlange, unterrichtet und erzogen zu werden. Das war einigen zu langweilig, weil es lauter Selbstverständlichkeiten waren, aber Selbstverständlichkeiten, die etwas an Altersschwäche litten. Da wurden die Zuhörer unruhig, und der junge Redner schleuderte in die Menge hinein: Ich konstatiere, daß heute das Alter die Jugend nicht versteht. – Bloß das lag aber vor, daß dieses halbe Kind zu stark greisenhaft war wegen einer quergegangenen Erziehung und eines quergegangenen Unterrichtes.

Das ist es, was besonders wiederum stark berücksichtigt werden muß bei den Kindern, die wir mit 12 bis 14 Jahren in die Schule bekommen und denen wir sozusagen vorläufig den letzten Schliff geben

173

sollten. Am Anfang und am Ende der Schuljahre entstehen für uns die großen Fragen. Wir müssen so viel als möglich tun, um unserem Ideallehrplan gerecht zu werden, und wir müssen so viel als möglich tun, um die Kinder nicht dem heutigen Leben zu stark zu entfremden.

Nun tritt ja gerade im 1. Schuljahr im Lehrplan etwas sehr Verhängnisvolles zutage. Da wird verlangt, daß die Kinder schon das Ziel erreichen, möglichst viel lesen zu können, woneben sie wenig schreiben lernen. Das Schreiben wird gewissermaßen im Anfang erhalten, und das Lesen soll schon im 1. Schuljahr so weit gebracht werden, daß die Kinder wenigstens solche Lesestücke sowohl in deutscher wie in lateinischer Schrift lesen können, die schon mit ihnen zusammen gelesen oder vorgelesen worden sind. Aber immerhin in deutscher und lateinischer Schrift, während im Schreiben verhältnismäßig wenig verlangt wird. Wir würden, wenn wir idealiter erziehen könnten, selbstverständlich von den Formen, so wie wir das besprochen haben, ausgehen, und die Formen, die wir aber aus sich selbst entwickeln, die würden wir allmählich von dem Kinde in die Schreibbuchstaben umwandeln lassen. Wir werden das tun; wir werden uns nicht abhalten lassen, mit einem Zeichen- und Malunterricht zu beginnen und die Schreibbuchstaben aus diesem Zeichen- und Malunterricht herauszuholen, und wir werden erst dann zur Druckschrift übergehen. Wir werden, wenn das Kind gelernt hat, die geschriebenen Buchstaben zu erkennen, zur Druckschrift übergehen. Da werden wir einen Fehler machen, weil wir ja im 1. Schuljahr nicht die Zeit haben werden, beide Schriftarten, deutsche und lateinische Schrift, fertig herauszugestalten und dann noch deutsche und lateinische Schrift lesen zu lehren. Das würde das 1. Schuljahr zu sehr belasten. Daher werden wir den Weg vom malenden Zeichnen zum Deutschschreiben machen müssen, werden dann übergehen müssen von den deutschgeschriebenen Buchstaben zu deutschgedruckten Buchstaben im einfachen Lesen. Wir werden dann, ohne daß wir erst die lateinischen Buchstaben auch zeichnerisch erreicht haben, von der deutschen zur lateinischen Druckschrift übergehen. Das werden wir also als ein Kompromiß gestalten: Damit wir der wirklichen Pädagogik Rechnung tragen, werden wir das Schreiben aus dem Zeichnen entwickeln, aber, damit wir auf der andern Seite das Kind wiederum so weit bringen, wie es der Lehrplan verlangt, werden wir es auch zum elementaren Lesen der lateinischen Druckschrift bringen. Das wird also unsere Aufgabe bezüglich des Schreibens und Lesens sein.

Ich habe in diesen didaktischen Vorträgen schon darauf hingewiesen, daß, wenn wir die Formen der Buchstaben bis zu einem gewissen Grade entwickelt haben, wir schneller vorgehen müssen.

Dann müssen wir aber vor allen Dingen suchen, daß im 1. Schuljahr viel von dem getrieben wird, was einfaches Sprechen mit den Kindern ist. Wir lesen ihnen womöglich wenig vor, sondern bereiten uns so gut vor, daß wir ihnen alles, was wir an sie heranbringen wollen, erzählen können. Wir versuchen dann zu erreichen, daß die Kinder nach dem von uns Erzählten, Gehörten nacherzählen können. Wir verwenden aber nicht Lesestücke, die die Phantasie nicht anregen, sondern wir verwenden möglichst Lesestücke, die recht stark die Phantasie anregen, namentlich Märchenerzählungen. Möglichst viel Märchenerzählungen. Und wir versuchen, indem wir lange mit dem Kinde dieses Erzählen und Nacherzählen getrieben haben, es dann ein wenig dahin zu bringen, in kurzer Art Selbsterlebtes nachzuerzählen. Wir lassen uns zum Beispiel irgend etwas, was das Kind gern selbst erzählt, von dem Kinde erzählen. Bei all diesem Erzählen, Nacherzählen, Erzählen von Selbsterlebtem entwickeln wir ohne Pedanterie die Überleitung des Dialekts in die gebildete Umgangssprache, indem wir einfach die Fehler, die das Kind macht – zuerst macht es ja lauter Fehler, nachher wohl immer weniger –, korrigieren. Wir entwickeln beim Kind im Erzählen und im Nacherzählen den Übergang von dem Sprechen des Dialektes zur gebildeten Umgangssprache. Das können wir machen, und trotzdem wird das Kind am Ende des 1. Schuljahres das Lehrziel erreicht haben, das heute von ihm verlangt wird.

Dann müssen wir allerdings etwas einfügen, was im allerersten Schuljahre am besten doch wegbliebe und was etwas das kindliche Gemüt Belastendes ist: wir müssen dem Kinde beibringen, was ein Selbstlaut und was ein Mitlaut ist. Wenn wir dem idealen Lehrplan folgen könnten, würden wir das im 1. Schuljahre noch nicht tun. Aber dann könnte irgendein Inspektor am Ende des 1. Schuljahres kommen und das Kind fragen, was ein i ist und was ein l ist und das Kind wüßte

175

nicht, daß das eine ein Selbstlauter, das andere ein Mitlauter ist. Und man würde uns sagen: Nun ja, dies Nichtwissen ist das Ergebnis der Anthroposophie. – Deshalb müssen wir dafür sorgen, daß das Kind Selbstlaute von Mitlauten unterscheiden kann. Wir müssen auch dem Kinde beibringen, was ein Hauptwort ist, was ein Artikel ist. Und nun kommen wir in eine rechte Kalamität hinein. Denn wir sollten nach dem hiesigen Lehrplan die deutschen Ausdrücke gebrauchen und nicht Artikel sagen. Da müssen wir zu dem Kinde nach der hiesigen Vorschrift statt Artikel Geschlechtswort sagen, und da kommt man ja natürlich in eine Kalamität hinein. Besser wäre es, wenn man da nicht pedantisch wäre und das Wort Artikel beibehalten könnte. Nun habe ich Ihnen ja schon Andeutungen darüber gemacht, wie man für das Kind Hauptwort von Eigenschaftswort unterscheidet, indem man das Kind anleitet zu sehen, wie das Hauptwort sich bezieht auf das, was draußen im Raum steht, für sich steht. Man muß da versuchen, dem Kinde zu sagen: Sieh einmal – Baum! Baum ist etwas, was im Raume stehen bleibt. Aber schau dir einen Baum im Winter an, schau dir einen Baum im Frühling an, und schau dir ihn im Sommer an. Der Baum ist immer da, aber er schaut anders aus im Winter, anders im Sommer, anders im Frühling. Wir sagen im Winter: Er ist braun. Wir sagen im Frühling: Er ist grün. Wir sagen im Sommer: Er ist bunt. Das sind seine Eigenschaften. – So bringen wir dem Kinde zuerst den Unterschied zwischen dem Bestehenbleibenden und den wechselnden Eigenschaften bei und sagen ihm dann: Wenn wir ein Wort brauchen für das Bestehenbleibende, ist es ein Hauptwort, wenn wir ein Wort brauchen für das, was an dem Bestehenbleibenden wechselt, ist es ein Eigenschaftswort. – Dann bringen wir dem Kinde den Begriff der Tätigkeit bei. Setz dich einmal auf deinen Stuhl. Du bist ein braves Kind. Brav ist ein Eigenschaftswort. Aber jetzt steh auf und laufe. Da tust du etwas. Das ist eine Tätigkeit. Diese Tätigkeit bezeichnen wir durch ein Tätigkeitswort. – Wir versuchen also, das Kind an die Sache heranzubringen, und dann gehen wir von der Sache zu den Worten über. Auf diese Weise werden wir, ohne zuviel Schaden anzurichten, dem Kinde beibringen können, was ein Hauptwort, ein Artikel, ein Eigenschaftswort, ein Zeitwort ist. Zu verstehen, was ein Artikel ist, das ist ja am allerschwierigsten, weil das Kind noch nicht recht die Beziehung des Artikels zum Hauptwort einsehen kann. Da werden wir ziemlich im Abstrakten herumplätschern, wenn wir dem Kinde beibringen wollen, was ein Artikel ist. Aber es muß es eben lernen. Und es ist viel besser, da im Abstrakten herumzuplätschern, weil es ohnedies etwas Unnatürliches ist, als allerlei künstliche Methoden auszusinnen, um auch den Artikel in seiner Bedeutung und Wesenheit dem Kinde klarzumachen, was ja unmöglich ist.

Kurz, es wird für uns schon gut sein, wenn wir mit vollem Bewußtsein unterrichten, daß wir etwas Neues in den Unterricht hineinbringen. Dazu wird sich uns im 1. Schuljahr reichlich Gelegenheit bieten. Noch in das 2. Schuljahr wird vieles in dieser Beziehung hineinspuken. Wir werden aber im 1. Schuljahr viel darin haben, was eine große Wohltat für das heranwachsende Kind ist. Wir werden im 1. Schuljahr nicht nur das Schreiben darin haben, sondern ein elementares, primitives Malen und Zeichnen, denn davon gehen wir ja behufs des Schreibunterrichts aus. Wir werden im 1. Schuljahr nicht bloß das Singen drin haben, sondern auch ein elementares Erlernen des Musikalischen am Instrument. Wir werden das Kind von Anfang an nicht nur singen lassen, sondern es zum Instrument hinführen. Das wird wiederum eine große Wohltat für das Kind sein. Wir werden ihm die ersten Elemente des Hörens von Tonzusammenhängen beibringen. Und wir werden versuchen, das Gleichgewicht zu halten zwischen dem Hervorbringen des Musikalischen durch den Gesang von innen und dem Hören des Tonlichen von außen oder dem Erzeugen des Tonlichen durch das Instrument.

Diese Dinge, das malende Zeichnen, das zeichnende Malen, das Sich-Hineinfinden in das Musikalische, das wird uns besonders für das 1. Schuljahr ein wunderbares Element der Willensbildung abgeben können, jener Willensbildung, die der heutigen Schule fast ganz fernliegt. Und führen wir dann für die Knirpse auch noch das gewöhnliche Turnen über in die Eurythmie, dann werden wir die Willensbildung ganz besonders fördern.

Es ist mir hier ein Lehrplan für das 1. Schuljahr vorgelegt worden. Der enthält:

Religion	in	2 Stunden
Deutsch	in	11 Stunden

Schreiben, da ist keine Stundenzahl angegeben, aber das
Schreiben wird eben im Deutschunterricht ausführlich
gelehrt, dann

Heimatkunde	2 Stunden
Rechnen	4 Stunden

Singen und Turnen zusammen 1 Stunde wöchentlich.

Das werden wir nicht tun, denn da würden wir zu stark gegen das
Wohl des heranwachsenden Kindes sündigen. Sondern wir werden, so
gut wir nur können, das Gesanglich-Musikalische und das Turnerisch-
Eurythmische auf den Nachmittag verlegen, das andere auf den Vormittag verlegen, und wir werden – in mäßiger Weise allerdings, bis
wir fühlen sollten, es ist zuviel – das Gesanglich-Musikalische und
Turnerisch-Eurythmische mit den Kindern nachmittags üben. Denn
1 Stunde wöchentlich dazu zu verwenden, ist geradezu eine Lächer-
lichkeit. Das beweist Ihnen schon, daß der ganze Unterricht aufs Intellektuelle hin dressiert ist.

Man hat es ja heute im 1. Elementarschuljahr mit sechsjährigen Kindern zu tun oder mit solchen, die höchstens ein paar Monate nach dem
6. Jahr sind. Mit solchen Kindern kann man ganz gut die Elemente des
Zeichnerisch-Malerischen, des Musikalischen treiben und auch ganz
gut Turnen und Eurythmie treiben; aber wenn man mit ihnen im heutigen Stile Religion treibt, dann erteilt man ihnen überhaupt keinen
Religionsunterricht, sondern lediglich einen Gedächtnisunterricht, und
das ist noch das Gute dabei. Denn es ist einfach unsinnig, zu dem sechs-
bis siebenjährigen Kinde von den Begriffen zu sprechen, die in der
Religion eine Rolle spielen. Das kann es nur seinem Gedächtnis ein-
prägen. Das Gedächtnispflegen ist ja ganz gut, aber man muß sich
dessen bewußt sein, daß man da eigentlich mit allerlei an das Kind herantritt, wofür es in dieser Zeit nicht das allergeringste Verständnis hat.

Ein anderes noch, was hier schon für das erste Schuljahr steht, wird
uns veranlassen, mindestens im praktischen Unterricht eine andere Ansicht darüber zu gewinnen, als man gewöhnlich hat. Im 2. Schuljahr
tritt es ja dann noch in einer besonderen Weise auf, sogar als ein beson-

derer Unterrichtsgegenstand: das ist das Schönschreiben. Wir werden, indem wir das Schreiben aus dem malenden Zeichnen herausholen, doch gar nicht nötig haben, bei dem Kinde extra zu pflegen das Häßlichschreiben und das Schönschreiben. Wir werden uns bemühen, zwischen dem Häßlichschreiben und dem Schönschreiben keinen Unterschied zu machen und allen Schreibunterricht so zu gestalten – und das werden wir trotz des äußeren Lehrplanes können –, daß das Kind immer schön schreibt, so schön, als es notwendig ist, daß es niemals den Unterschied macht zwischen Schönschreiben und Häßlichschreiben. Und wenn wir uns bemühen, dem Kinde ziemlich lange zu erzählen und es nacherzählen zu lassen und uns dabei auch bemühen, richtig zu sprechen, dann werden wir das Rechtschreiben auch nur korrigierend zunächst zu treiben brauchen. Wir werden also auch nicht das Rechtschreiben und Unrechtschreiben als zwei besondere Strömungen des Schreibenlernens anzuführen brauchen.

Sehen Sie, in dieser Beziehung müssen wir natürlich sehr auf uns selber achtgeben. Uns Österreichern ist das beim Unterricht eine ganz besondere Schwierigkeit. Denn in Österreich gab es außer den zwei Sprachen, dem Dialekt und der gebildeten Umgangssprache, noch eine dritte. Das war die besondere österreichische Schulsprache. Da sprach man alle langen Vokale kurz und alle kurzen Vokale lang, und während man im Dialekt richtig sagt «d'Sun», sagt die österreichische Schulsprache nicht etwa die Sonne, sondern «die Sohne», und das gewöhnt man sich unwillkürlich an. Man fällt immer wieder zurück wie die Katze auf die Pfoten. Aber auch für den Lehrer hat es etwas sehr Störendes. Immer mehr gerät man in dieses Übel hinein, je weiter man von Nord nach Süd kommt. In Südösterreich grassiert das Übel am allerstärksten. Der Dialekt sagt ganz richtig «der Suu»; die Schulsprache lehrt uns sagen «der Son». So daß man sagt «der Son» für den Knaben und «die Sohne» für das, was am Himmel scheint. Das ist nur das alleräußerste Extrem. Aber wenn wir uns bemühen, im Erzählen alles wirklich Lange lang und alles Kurze kurz, alles Scharfe scharf, alles Gedehnte gedehnt, alles Weiche weich zu halten und beim Kinde wieder achtgeben und fortwährend korrigieren, daß es richtig spricht, dann werden wir ihm die Vorbedingungen auch für ein richtiges

Schreiben schaffen. Im 1. Schuljahr brauchen wir uns nicht viel mehr als die richtigen Vorbedingungen dazu zu schaffen. So können wir – wir brauchen das Kind noch nicht Dehnungen und Schärfungen schreiben zu lassen, weil das ja auch der Schulplan gestattet – in bezug auf die Rechtschreibung möglichst lange beim bloßen Sprechen bleiben und erst zu allerletzt das Schreiben in das Rechtschreiben einlaufen lassen. Das ist so etwas, was wir beachten müssen, wenn es sich darum handelt die Kinder richtig zu behandeln, die im Anfang ihrer Schulzeit stehen.

Die Kinder, die am Ende ihrer Schulzeit stehen, die dreizehn- bis vierzehnjährigen, die bekommen wir intellektualistisch verbildet. Es ist zuviel bei dem Unterricht auf ihre Intellektualität Rücksicht genommen worden. Sie haben viel zu wenig die Wohltat der Willens- und Gemütsbildung erfahren. Daher werden wir, was sie zu wenig erfahren haben, gerade in diesen letzten Jahren nachholen müssen. Wir werden daher bei jeder Gelegenheit den Versuch machen müssen, Wille und Gemüt in das bloß Intellektuelle hineinzubringen, indem wir vieles, was die Kinder rein intellektuell aufgenommen haben, dann in dieser Zeit noch in ein solches umwandeln, das sich an den Willen und ans Gemüt richtet. Wir können unter allen Umständen annehmen, daß die Kinder, die wir da in diesem Jahre bekommen, zum Beispiel den pythagoräischen Lehrsatz falsch gelernt haben, daß sie ihn nicht in der richtigen Weise gelernt haben, wie wir das besprochen haben. Es fragt sich, wie wir uns da helfen, so daß wir gewissermaßen nicht nur das geben, was das Kind nicht erhalten hat, sondern daß wir ihm noch mehr geben, so daß gewisse Kräfte, die schon abgetrocknet und abgedorrt sind, wieder belebt werden, soweit sie wieder belebt werden können. Daher versuchen wir zum Beispiel dem Kinde noch einmal den pythagoräischen Lehrsatz ins Gedächtnis zurückzurufen. Wir sagen: Du hast ihn gelernt. Sage mir, wie heißt er? – Sieh einmal, du hast mir jetzt den pythagoräischen Lehrsatz gesagt: das Quadrat der Hypotenuse ist gleich der Summe der Quadrate über den zwei Katheten. – Aber es ist ganz gewiß seelisch in dem Kinde das nicht darin, was von dem Erlernen dieses pythagoräischen Lehrsatzes darin sein sollte. Daher tue ich ein übriges. Ich mache ihm nicht nur die Sache anschaulich, sondern ich mache ihm die Anschauung auch noch genetisch. Ich lasse ihm die Anschauung auf eine ganz besondere Weise entstehen. Ich sage: Kommt einmal, drei von euch, heraus. Der erste überdeckt diese Fläche hier mit der Kreide: gebt acht, daß er nur so viel Kreide verwendet, als notwendig ist, um die Fläche mit Kreide zu bedecken. Der zweite bedeckt diese Fläche mit Kreide, er nimmt ein anderes Kreidestück; der dritte diese, wiederum mit einem andern Kreidestück. – Und jetzt sage ich dem Jungen oder dem Mädchen, welches das Hypotenusenquadrat bedeckt hat: Sieh einmal, du hast gerade so viel Kreide gebraucht wie die beiden andern zusammen. Du hast auf das Quadrat so viel draufgeschmiert, wie die beiden zusammen, weil das Quadrat der Hypotenuse gleich ist der Summe der Quadrate der Katheten. – Ich lasse ihm also die Anschauung entstehen durch den Kreideverbrauch. Da legt es sich mit der Seele noch tiefer hinein, wenn es auch noch daran denkt, daß da von der Kreide etwas abgeschunden ist, was nicht mehr an der Kreide ist, was jetzt da auf der Tafel ist. Und jetzt gehe ich noch dazu über, zu sagen: Sieh einmal, ich teile die Quadrate ab, das eine in 16 Quadrate, das andere in 9 Quadrate, das andere in 25. In die Mitte von jedem Quadrat stelle ich jetzt einen von euch hinein,

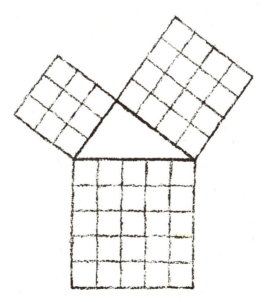

und ihr denkt euch, das ist ein Acker und ihr müßt den Acker um-
graben. – Die Kinder, welche die 25 kleinen Quadrate auf dieser Fläche
bearbeitet haben, haben dann gerade so viel gearbeitet wie die in der
Fläche mit 16 Quadraten und die in der Fläche mit 9 Quadraten zusammen. Aber durch eure Arbeit ist das Quadrat über der Hypotenuse
umgegraben worden; durch eure Arbeit das über der einen Kathete, und
durch eure Arbeit das über der andern Kathete. – So verbinde ich mit
dem pythagoräischen Lehrsatz etwas, was wollend ist in dem Kinde,
was wenigstens die Vorstellung hervorruft, daß es mit seinem Willen
sinnvoll in der äußeren Welt drinnensteht, und ich belebe ihm das, was
ziemlich unlebendig in seinen Schädel hineingekommen ist.

Nehmen wir nun an, das Kind habe schon Lateinisch, Griechisch
gelernt. Jetzt versuche ich, die Kinder dahin zu bringen, daß sie nicht
nur lateinisch und griechisch sprechen, sondern daß sie sich auch anhören, methodisch sich anhören, wenn der eine lateinisch, der andere
griechisch spricht. Und ich versuche, ihnen anschaulich, lebendig zu
machen, welches der Unterschied ist im Leben des Griechischen und im
Leben des Lateinischen. Das würde ich bei dem gewöhnlichen Unterricht nicht brauchen, denn das ergibt sich von selbst im Ideallehrplan.
Aber bei den Kindern, die wir bekommen, brauchen wir das, weil das
Kind fühlen soll: Wenn es griechisch spricht, so spricht es eigentlich
nur mit dem Kehlkopf und der Brust; wenn es lateinisch spricht, so
tönt immer etwas mit vom ganzen Menschen. Darauf muß ich das Kind
aufmerksam machen. Ich werde dann auch das Kind aufmerksam
machen auf das Lebendige, wenn es französisch spricht, das dem Lateinischen sehr ähnlich ist. Wenn es englisch spricht, spuckt es die Buchstaben fast aus; da ist die Brust weniger daran beteiligt als beim Fran-
zösischsprechen, da wird viel, viel abgeworfen. Es werden namentlich
manche Silben geradezu ausgespuckt, bevor sie vollständig wirken.
Sie brauchen den Kindern nicht zu sagen ausgespuckt, aber Sie werden
ihm begreiflich machen, wie das Wort gegen sein Ende hin erstirbt
gerade in der englischen Sprache. So werden Sie versuchen, das artiku-
lierende Element besonders scharf hineinzubringen in den Sprachunterricht für die Kinder im 13., 14. Lebensjahr, die Sie übernommen haben
aus der gegenwärtigen Schule.

VIERZEHNTER VORTRAG

Stuttgart, 5. September 1919

Wenn Sie zurückblicken würden auf die Lehrpläne, die noch vor verhältnismäßig kurzer Zeit, vor sechs oder fünf Jahrzehnten ausgegeben worden sind, dann würden Sie sehen, daß diese Lehrpläne verhältnismäßig kurz waren. Es wurde in ein paar kurzen Sätzen dasjenige angegeben, was in jedem Schuljahr für den einen oder andern Unterrichtsgegenstand getan werden sollte. Höchstens 2, 3, 4 Seiten waren die Lehrpläne lang, alles übrige überließ man in jener Zeit dem pädagogisch-didaktischen Unterricht selbst, der aus eigenen Voraussetzungen und aus eigenen Kräften heraus in den Lehrern anregen wollte, was sie mit den Lehrplänen zu tun hatten. Heute ist das anders geworden. Heute ist der Lehrplan für die höhere Schule schon zu einem Buch angeschwollen, wo oben «Amtsblatt» steht. Und in diesem Buche findet sich nicht nur eine Angabe desjenigen, was verlangt wird, sondern es finden sich auch allerlei Anweisungen, wie man es in der Schule machen soll. Das heißt, man war in den letzten Jahrzehnten auf dem Wege dahin, die Pädagogik aufsaugen zu lassen von der Staatsgesetzgebung. Und vielleicht ist es ein Ideal manches Gesetzgebers, nach und nach alles dasjenige, was in den alten Literaturwerken über Pädagogik gestanden hat, als «Amtsblatt-Publikationen», als «Verordnungen» auszugeben. Die sozialistischen Führer haben im Unterbewußtsein ganz entschieden dieses Bestreben – wenn sie sich auch heute noch schämen, das ganz offen zu sagen, es sitzt doch in ihrem Unterbewußtsein drinnen –, sie haben das Ideal, dasjenige in Verordnungen einzuklammern, was noch vor verhältnismäßig kurzer Zeit freies Geistesgut auch auf dem Gebiete der Pädagogik war.

Aus diesem Grunde muß es sein, daß wir hier, die wir das Erziehungs- und Unterrichtswesen bewahren wollen vor ihrem Leninschen Untergang, der auch Mitteleuropa ergreifen könnte, uns dem Verstehen des Lehrplans ganz anders nähern müssen, als heute der gewöhnliche Lehrer sich dem «Amtsblatt» nähert, das er schon mit ernster Miene in den Zeiten der Monarchie und in den Zeiten des gewöhnlichen, demokratischen Parlamentarismus angeschaut hat, das er aber mit ganz besonderen Gehorsamkeitsgefühlen anschauen wird, wenn es ihm von seinen Diktatorengenossen ins Haus geschickt wird. Das, was im Sozialismus als Tyrannis liegen kann, das würde man ganz besonders zu spüren bekommen auf dem Gebiete des Unterrichts- und Erziehungswesens. Wir mußten uns also in einer ganz andern Weise auch dem Lehrplan nähern. Das heißt, wir mußten uns diesem Lehrplan so nähern, daß wir uns in die Lage versetzen, ihn eigentlich in jedem Augenblick uns selber zu bilden, so daß wir ablesen lernen dem 7., 8., 9., 10. Jahre und so weiter, was wir in diesen Jahren zu treiben haben. Wir werden uns morgen den Ideallehrplan und dann den Lehrplan, wie er einmal jetzt in den äußeren Schulen Mitteleuropas üblich ist, nebeneinanderstellen. Aber wir werden uns gründlich zu diesem Abschlusse vorbereitet haben, wenn wir alles das wirklich gefühlsmäßig in uns aufgenommen haben, was wir auf dem Wege zur Lehrplanerkenntnis aufnehmen sollten.

Da ist auch noch etwas außerordentlich wichtig, was heute in der offiziellen Pädagogik ziemlich falsch beurteilt wird. Ich habe die vorherige Stunde gerade damit geschlossen, daß ich von der Moral der Pädagogik gesprochen habe. Diese Moral der Pädagogik muß aber in der Didaktik Unterrichtspraxis werden. Unterrichtspraxis wird sie nur, wenn man dasjenige vermeidet, was heute vielfach in den Beispielen gegeben wird, die in den Büchern stehen, die von Didaktik handeln. Da wird von Anschauungsunterricht gesprochen. Er ist schon recht, wir haben auch darauf hingewiesen, wie er gepflegt werden soll. Aber immer mußten wir betonen, daß dieser Anschauungsunterricht nirgends trivial werden darf, daß er nirgends über ein notwendiges Maß hinausgehen darf. Das ewige Abfragen des Schülers nach selbstverständlichen Dingen zur Pflege des Anschauungsunterrichts, das heißt: über den ganzen Unterricht eine Sphäre der Langweile breiten, die nicht da sein darf. Und es nimmt dem Unterricht gerade dasjenige, was ich eben am Schlusse der vorigen Stunde als so notwendig hervorgehoben habe: die Ausbildung der Phantasiefähigkeit bei den Zöglingen. Besprechen Sie mit den Zöglingen die Form eines beliebigen Kochtopfes, um Anschauungsunterricht zu treiben, vergleichsweise gesprochen, so werden Sie seine Phantasie untergraben. Besprechen Sie mit ihm die Formen einer griechischen Vase und überlassen Sie ihm selbst, von der Auffassung der Formen der griechischen Vase die Seelenkräfte auch zum Verstehen eines gewöhnlichen, trivialen Kochtopfes hinüberzuziehen, dann werden Sie etwas Besseres tun, als was heute oftmals der Anschauungsunterricht treibt. Denn dieser Anschauungsunterricht ist oftmals gerade für die Phantasie ertötend. Und es ist nicht uneben für den Unterricht, wenn Sie gerade daran denken, mancherlei im Unterricht unausgesprochen sein zu lassen, so daß das Kind veranlaßt ist, sich in seinen Seelenkräften weiter mit dem zu befassen, was es im Unterricht aufgenommen hat. Es ist gar nicht gut, bis zum allerletzten i-Tüpfelchen alles erklären zu wollen im Unterricht. Dann geht das Kind nur aus der Schule und hat das Gefühl, daß es alles schon aufgenommen hat und sucht nach anderem Allotria. Während, wenn Sie der Phantasie beim Kinde Keime geben, dann bleibt das Kind gefesselt durch dasjenige, was ihm im Unterricht geboten wird und sucht weniger nach anderem Allotria. Daß heute unsere Kinder solche Rangen werden, das hängt nur damit zusammen, daß wir zu viel falschen Anschauungsunterricht und zu wenig Willens- und Gefühlsunterricht treiben.

Aber noch in einer andern Weise ist es notwendig, wirklich ganz innerlich seelisch zusammenzuwachsen mit dem Lehrplan.

Wenn Sie das Kind für die ersten Volksschuljahre bekommen, dann ist es ein ganz anderes Wesen als in den letzten Volksschuljahren. Wenn Sie das Kind in den ersten Volksschuljahren bekommen, dann ist es noch sehr, sehr leiblich, es steckt noch sehr in seinem Leibe drin. Wenn Sie das Kind aus der Schule entlassen, so müssen Sie in ihm die Fähigkeit veranlagt haben, nicht mehr mit allen Fibern der Seele im Leibe drinnenzustecken, unabhängig geworden zu sein vom Leibe in bezug auf Denken, Fühlen und Wollen. Versuchen Sie, sich etwas intimer in die Natur des werdenden Menschen zu vertiefen, so werden Sie finden, daß, verhältnismäßig, besonders dann, wenn die Kinder nicht schon in den allerersten Jahren verzogen worden sind, in den ersten Schuljahren die Zöglinge noch gesunde Instinkte haben. Sie haben in den ersten Schuljahren noch nicht durchaus den Hang, sich mit Süßigkeiten und dergleichen zu überfressen. Sie haben noch gewisse gesunde Instinkte für ihre Ernährung, wie ja auch das Tier, weil es ganz im Leibe steckt, sehr gute Instinkte hat für seine Ernährung. Es vermeidet das Tier, eben weil es in seinem Leibe drinsteckt, dasjenige, was ihm schädlich ist. Mindestens gehört es zu den Ausnahmen, daß sich in der Tierwelt solche Übel verbreiten, wie der Alkohol sich verbreitet hat in der Menschenwelt. Die Verbreitung solcher Übel wie des Alkohols, kommt nur davon her, daß der Mensch ein so geistiges Wesen ist, so unabhängig werden kann von der Leiblichkeit. Denn die Leiblichkeit in ihrer Vernunft ist niemals dazu veranlagt, Alkoholiker zu werden zum Beispiel. Also gesunde Ernährungsinstinkte leben verhältnismäßig noch in den Kindern der ersten Schuljahre. Diese hören auf; sie hören auf um der Entwickelung des Menschen willen mit den letzten Schuljahren. Und wenn die Geschlechtsreife an den Menschen herangerückt ist, dann bedeutet das zugleich auch, daß er seine Instinkte für die Ernährung verloren hat, daß er dasjenige, was ihm früher die Instinkte gegeben haben, durch die Vernunft ersetzen muß. Deshalb ist es so, daß Sie gewissermaßen die letzten Offenbarungen der Ernährungs- und Gesundheitsinstinkte noch abfangen können in den letzten Volksschuljahren des werdenden Menschen. Da kommen Sie gerade noch heran an die letzten Offenbarungen der gesunden Ernährungsinstinkte, Wachstumsinstinkte und so weiter. Später kommen Sie nicht mehr an das innere Fühlen der richtigen Ernährungs- und Gesundheitspflege heran. Daher gehört gerade in die letzten Volksschuljahre hinein eine Unterweisung über die Ernährung und die Gesundheitspflege des Menschen. Man sollte gerade in dieser Beziehung Anschauungsunterricht treiben. Denn dieser Anschauungsunterricht, der kann wiederum die Phantasie recht gut unterstützen. Legen Sie dem Kinde dreierlei vor, legen Sie ihm vor, oder erinnern Sie es daran, denn es hat ja diese Dinge schon gesehen, irgendeine Substanz, die im wesentlichen Stärke oder Zucker ist, eine Substanz, die im wesentlichen Fett ist, eine Substanz, die im wesentlichen Eiweiß ist. Das Kind kennt das. Aber erinnern Sie das Kind daran, daß sich im wesentlichen aus diesen drei Bestandteilen die Tätigkeit des menschlichen Organismus herschreibt. Davon ausgehend, gehen Sie dann dazu über, dem Kinde in den letzten Volksschuljahren auseinan-

derzusetzen die Geheimnisse der Ernährung. Dann beschreiben Sie ihm
genau die Atmung und entwickeln ihm alles dasjenige, was in bezug auf
Ernährung und Atmung mit der menschlichen Gesundheitspflege zusammenhängt. Sie gewinnen für Ihre Erziehung und Ihren Unterricht
ungeheuer viel dadurch, daß Sie diese Unterweisung gerade in diesen
Jahren vornehmen. Da fangen Sie eben noch die letzten instinktiven
Offenbarungen der Gesundungs- und Ernährungsinstinkte ab. Daher
kommt es, daß Sie das Kind in diesen Jahren über die Ernährungs- und
Gesundheitsbedingungen unterrichten können, ohne daß Sie das Kind
für das ganze spätere Leben durch diesen Unterricht egoistisch machen.
Es ist dem Kinde noch natürlich, instinktiv seine Gesundheits- und
Ernährungsbedingungen zu erfüllen. Deshalb kann man ihm davon
reden, und es schlägt dieser Rede noch etwas von dem entgegen, was
dem Menschen natürlich ist und ihn nicht egoistisch macht. Werden die
Kinder nicht in diesen Jahren über Ernährungs- und Gesundheitsverhältnisse unterrichtet, dann müssen sie sich später erst durch Lesen oder
durch Mitteilungen von andern darüber unterrichten. Was später, nach
der Geschlechtsreife, über Ernährungs- und Gesundheitsverhältnisse
auf irgendeinem Wege an den Menschen herankommt, das erzeugt in
ihm den Egoismus. Es kann gar nicht anders, als den Egoismus erzeugen. Wenn Sie eine Ernährungsphysiologie, wenn Sie einen Abriß von
Regeln für Gesundheitspflege lesen, dann machen Sie sich, das liegt einfach in der Natur der Sache, durch diese Lektüre egoistischer, als Sie
vorher gewesen sind. Dieser Egoismus, der fortwährend ausgeht von
unserer verstandesgemäßen Bekanntschaft mit unserer eigenen Pflege,
dieser Egoismus muß ja gerade durch die Moral bekämpft werden.
Brauchten wir uns nicht physisch zu pflegen, so brauchten wir ja seelisch keine Moral zu haben. Aber der Mensch ist den Gefahren des
Egoismus im späteren Leben weniger ausgesetzt, wenn er in Ernäh-
rungs- und Gesundheitslehre unterrichtet wird in den letzten Volksschuljahren, wo der Unterricht über Ernährungsfragen und Gesundheitslehre noch nicht auf den Egoismus geht, sondern auf das dem
Menschen Natürliche.

Sie sehen, in welch hohem Maße Lebensfragen darinnen liegen, im
rechten Zeitpunkte den Menschen in irgend etwas zu unterrichten. Sie

sorgen wirklich für das ganze Leben vor, wenn Sie den Menschen in irgendeinem Zeitpunkte vom Rechten unterrichten. Könnte man natürlich die siebenjährigen oder achtjährigen Kinder mit der Ernährungslehre, mit der Gesundheitslehre durchdringen, dann wäre das das Allerbeste. Dann würden sie in der unegoistischsten Weise diese Ernährungs- und Gesundheitslehre aufnehmen, denn sie wissen noch kaum, daß sie sich auf sie selbst bezieht. Sie würden sich selbst wie ein Objekt, nicht wie ein Subjekt betrachten. Aber sie verstehen es noch nicht; die Urteilskraft ist noch nicht so weit, daß sie es verstehen. Daher können Sie Ernährungs- und Gesundheitslehre nicht in diesen Jahren treiben, müssen sie also auf die letzten Schuljahre aufsparen, wo das Feuer des inneren Instinktes für Ernährung und Gesundheit schon abglimmt, wo aber gegenüber diesem abglimmenden Instinkte die Fähigkeit schon vorhanden ist, das, was für sie in Betracht kommt, aufzufassen. Bei jeder Gelegenheit ist es möglich, für die älteren Kinder irgend etwas einfließen zu lassen, was sich auf die Gesundheits- und Ernährungslehre bezieht. In der Naturgeschichte, in dem physikalischen Unterricht, auch in dem Unterricht, der die Geographie sehr verbreitert, sogar in dem geschichtlichen Unterricht, überall läßt sich Ernährungs- und Gesundheitslehre einflechten. Sie werden daraus ersehen, daß es nicht notwendig ist, es als Lehrgegenstand in den Schulplan aufzunehmen, und daß vieles so im Unterrichte leben muß, daß wir es eben in den Unterricht einfließen lassen. Wenn wir Verständnis haben für dasjenige, was das Kind aufnehmen soll, dann sagt uns jeden Tag das Kind selber, oder die Gemeinschaft der Kinder, die in der Schule versammelt sind, was wir an Zwischensätzen gewissermaßen in den andern Unterricht einzufügen haben, wie wir nur als Lehrer auch eine gewisse Geistesgegenwart zu entwickeln haben. Wenn wir als Fachlehrer der Geographie oder der Geschichte dressiert sind, dann werden wir nicht diese Geistesgegenwart entwickeln, denn dann haben wir nur das Bestreben, von Anfang der Geschichtsstunde an bis zum Ende der Geschichtsstunde Geschichte zu treiben. Und da können dann jene außerordentlich unnatürlichen Verhältnisse eintreten, deren schädliche Wirkungen auf das Leben noch gar nicht voll in Betracht gezogen werden.

Es ist eine intime Wahrheit, daß wir dem Menschen etwas Gutes tun, etwas, was seinen Egoismus weniger hochkommen läßt, wenn wir ihm Ernährungs- und Gesundheitslehre in den letzten Volksschuljahren erteilen, wie ich es Ihnen auseinandergesetzt habe.

Da aber ist es auch möglich, schon auf manches hinzuweisen, was den ganzen Unterricht durchdringt mit Gefühlsmäßigem. Und wenn Sie Ihrem Unterrichtsstoff überall etwas Gefühlsmäßiges anhängen, dann bleibt das, was durch den Unterricht erreicht werden soll, durch das ganze Leben hindurch. Wenn Sie aber in dem Unterricht in den letzten Volksschuljahren nur Verstandesmäßiges, Intellektualistisches vermitteln, dann bleibt fürs Leben sehr wenig da. Daher müssen Sie darauf sinnen, dasjenige, was Sie in den letzten Volksschuljahren phantasievoll ausgestalten, zugleich mit Gefühlsmäßigem in ihrem eigenen Selbst zu durchdringen. Sie müssen versuchen, anschaulich, aber gefühlsmäßig anschaulich, Geographie, Geschichte, Naturgeschichte in den letzten Schuljahren vorzubringen. Zum Phantasiemäßigen muß das Gefühlsmäßige kommen.

Da gliedert sich Ihnen in der Tat die Volksschullehrzeit in bezug auf den Lehrplan deutlich in die drei Teile, die wir befolgt haben: Zunächst bis gegen das 9. Jahr hin, wo wir das Konventionelle, das Schreiben, das Lesen hauptsächlich an das werdende Menschenwesen heranbringen; dann bis zum 12. Jahr, wo wir alles dasjenige an das werdende Menschenwesen heranbringen, was sich ebenso von dem Konventionellen herleitet, wie auf der andern Seite von dem, was in der eigenen Urteilskraft des Menschen begründet ist. Und Sie haben ja gesehen: Wir versetzen in diese Schulzeit Tierkunde, Pflanzenkunde aus dem Grunde, weil der Mensch da noch ein gewisses instinktives Gefühl hat für die Verwandtschaften, die vorhanden sind. Ich habe Ihnen im Didaktischen gezeigt, wie Sie ein Gefühl für die Verwandtschaft des Menschen mit der ganzen Naturwelt an Tintenfisch, Maus, Lamm, Mensch entwickeln sollen. Wir haben uns auch viel Mühe gegeben – und ich hoffe, sie wird nicht vergeblich sein, denn sie wird Blüten und Früchte tragen im Botanikunterricht –, die Verwandtschaft des Menschen mit der Pflanzenwelt zu entwickeln. Diese Dinge sollen wir mit gefühlsmäßigen Vorstellungen in dieser Mittelzeit des Volksschulunterrichts entwickeln, wo die Instinkte noch vorhanden sind für ein solches

Sich-Verwandtfühlen mit den Tieren, mit den Pflanzen, wo schließlich immerhin, wenn es auch nicht in die gewöhnliche Helle des urteilenden Bewußtseins heraufsteigt, der Mensch sich bald als Katze fühlt, bald als Wolf, bald als Löwe oder als Adler. Dieses Sich-Fühlen bald als das eine, bald als das andere, das ist so nur noch gleich nach dem 9. Jahr vorhanden. Vorher ist es stärker vorhanden, aber es kann nicht durchdrungen werden, weil die Fassungskraft nicht dazu vorhanden ist. Würden Kinder ganz frühreif sein und schon im 4., 5. Jahr viel von sich sprechen, so würden die Vergleiche von sich mit dem Adler, mit der Maus und so weiter bei Kindern sehr, sehr häufig sein. Aber wenn wir mit dem 9. Jahr beginnen, so wie wir darauf hingewiesen haben, Naturgeschichte zu unterrichten, so stoßen wir immerhin noch auf viel verwandtes, instinktives Empfinden beim Kinde. Später reift dieses Instinktive auch für das Empfinden der Verwandtschaft mit der Pflanzenwelt. Daher zuerst Naturgeschichte des Tierreiches, dann Naturgeschichte des Pflanzenreiches. Die Mineralien lassen wir uns eben bis zuletzt übrig, weil zu ihnen fast nur Urteilskraft notwendig ist, und diese appelliert nicht an irgend etwas, wodurch der Mensch verwandt ist mit der Außenwelt. Der Mensch ist ja auch nicht mit dem Mineralreich verwandt. Er muß es ja vor allen Dingen auflösen, wie ich es Ihnen gezeigt habe. Selbst das Salz duldet der Mensch nicht unaufgelöst in sich; sobald er es aufnimmt, muß er es auflösen. Es liegt also durchaus in der Menschennatur, den Lehrplan so einzurichten, wie wir es angedeutet haben. Da ist ein schönes Gleichgewicht in der mittleren Volksschulzeit vom 9. bis zum 11. Jahr zwischen dem Instinktiven und der Urteilskraft. Wir können überall voraussetzen, daß das Kind uns Verständnis entgegenbringt, wenn wir auf ein gewisses instinktives Verstehen rechnen, wenn wir nicht – besonders in der Naturgeschichte und in der Botanik nicht – zu anschaulich werden. Wir müssen das äußerliche Analogisieren gerade mit Bezug auf die Pflanzenwelt vermeiden, denn das widerstrebt eigentlich dem natürlichen Gefühl. Das natürliche Gefühl ist schon so veranlagt, daß es seelische Eigenschaften in den Pflanzen sucht; nicht die äußere Leibesgestalt des Menschen in dem oder jenem Baum, sondern seelische Beziehungen, wie wir sie eben versuchten für das Pflanzensystem festzustellen.

Und dasjenige, was eigentlich Urteilskraft ist, wobei wir auf das verstandesmäßige, intellektuelle Verstehen des Menschen rechnen können, das gehört in die letzte Volksschulzeit. Deshalb benützen wir gerade das 12. Jahr, wo es nach dem urteilenden Verstehen hingeht, um dieses zusammenfließen zu lassen mit demjenigen, wozu noch ein gewisser Instinkt notwendig ist, der aber schon sehr stark überdeckt wird von der Urteilskraft. Da sind gewissermaßen die Abenddämmerungsinstinkte der Seele, die wir mit der Urteilskraft überwinden müssen.

In dieser Zeit ist zu berücksichtigen, daß der Mensch einen Instinkt hat für Zinsbezug, für dasjenige, was einzuheimsen ist, was im Diskont liegt und so weiter. Das appelliert an die Instinkte; aber wir müssen das schon sehr stark mit Urteilskraft übertönen, daher müssen wir die Beziehungen, die zwischen dem Rechnerischen und zwischen der Warenzirkulation und den Vermögensverhältnissen bestehen, also Prozentrechnung, Zinsrechnung und so weiter, Diskontrechnung und ähnliches schon in diese Zeit versetzen.

Das ist von großer Wichtigkeit, daß wir diese Begriffe dem Kinde nicht zu spät beibringen. Ihm diese Begriffe zu spät beibringen heißt eigentlich, beim Beibringen nur auf seinen Egoismus rechnen. Wir rechnen noch nicht auf den Egoismus, wenn wir so zum 12. Jahr hin dem Menschen etwas vom Begreifen des Wechsels und dergleichen, von den Begriffen der kaufmännischen Rechnung und so weiter beibringen. Das eigentliche Buchführen können wir dann später machen; da ist schon mehr Verstand drinnen. Aber diese Begriffe beizubringen, das ist von großer Bedeutung für diese Zeit. Denn es regen sich noch nicht die inneren selbstischen Gefühle für Zinsen, Wechselausstellung und dergleichen, wenn das Kind noch so jung ist. In der Handelsschule wird das dann schon bedenklicher, wenn der Mensch älter ist.

Das sind solche Dinge, die Sie ganz gründlich als Unterrichtende, als Lehrende in sich aufnehmen müssen. Versuchen Sie, nur ja nicht zu viel zu tun, sagen wir im Beschreiben der Pflanzen. Versuchen Sie gerade den Pflanzenunterricht so zu geben, daß noch viel übrigbleibt für die Phantasie der Schüler, daß das Kind noch viel, viel aus der Empfindung heraus sich phantasievoll ausbilden kann über dasjenige, was als seelische Beziehungen waltet zwischen der menschlichen Seele und der Pflanzenwelt. Wer gar zu viel von dem Anschauungsunterricht fabelt, der weiß eben nicht, daß es dem Menschen Dinge beizubringen gibt, die sich eben nicht äußerlich anschauen lassen. Und wenn man versucht, durch Anschauungsunterricht dem Menschen Dinge beizubringen, die man ihm eigentlich beibringen sollte durch moralische, gefühlsmäßige Wirkung auf ihn, so schadet man ihm gerade durch den Anschauungsunterricht. Man darf eben nicht vergessen, daß das bloße Anschauen und Veranschaulichen sehr stark eine Beigabe unserer materialistischen Zeitgesinnung ist. Natürlich muß man die Anschauung da, wo sie am rechten Platz ist, pflegen, aber man darf nicht dasjenige in Anschauung umwandeln, was dazu geeignet ist, eine moralisch-gemütvolle Wirkung von dem Lehrer auf den Schüler ausgehen zu lassen.

Jetzt glaube ich, haben Sie so viel aufgenommen, daß wir dann wirklich unseren Lehrplan formieren können.

Damit schließen die Ausführungen Rudolf Steiners am 5. September 1919.

Am folgenden Tag gab er dann in den drei Lehrplanvorträgen eine skizzenhafte Darstellung der Lehrziele für die einzelnen Fächer auf den verschiedenen Altersstufen, in den einzelnen Klassen; er wies auf die Fächer hin, welche in der Behandlung miteinander verknüpft werden können.

Als Schluß dieser vierzehntägigen Arbeit mit den Lehrern sprach dann Rudolf Steiner die folgenden Worte:

SCHLUSSWORTE

Stuttgart, 6. September 1919

Heute möchte ich nun diese Betrachtungen schließen, indem ich Sie noch einmal auf das hinweise, was ich Ihnen gewissermaßen ans Herz legen möchte; das ist, daß Sie an vier Dinge sich halten:

Erstens daran, daß der Lehrer im großen und auch im einzelnen in der ganzen Durchgeistigung seines Berufes und in der Art, wie er das einzelne Wort spricht, den einzelnen Begriff, jede einzelne Empfindung entwickelt, auf seine Schüler wirkt. Denken Sie daran, daß der Lehrer ein Mann der Initiative sei, daß er niemals lässig werde, das heißt, nicht voll bei dem dabei sei, was er in der Schule tut, wie er sich den Kindern gegenüber benimmt. Das ist das erste: Der Lehrer sei ein Mensch der Initiative im großen und kleinen Ganzen.

Das zweite, meine lieben Freunde, ist, daß wir als Lehrer Interesse haben müssen für alles dasjenige, was in der Welt ist und was den Menschen angeht. Für alles Weltliche und für alles Menschliche müssen wir als Lehrer Interesse haben. Uns irgendwie abzuschließen von etwas, was für den Menschen interessant sein kann, das würde, wenn es beim Lehrer Platz griffe, höchst bedauerlich sein. Wir sollen uns für die großen und für die kleinsten Angelegenheiten der Menschheit interessieren. Wir sollen uns für die großen und für die kleinsten Angelegenheiten des einzelnen Kindes interessieren können. Das ist das zweite: Der Lehrer soll ein Mensch sein, der Interesse hat für alles weltliche und menschliche Sein.

Und das dritte ist: Der Lehrer soll ein Mensch sein, der in seinem Inneren nie ein Kompromiß schließt mit dem Unwahren. Der Lehrer muß ein tief innerlich wahrhaftiger Mensch sein, er darf nie Kompromisse schließen mit dem Unwahren, sonst würden wir sehen, wie durch viele Kanäle Unwahrhaftiges, besonders in der Methode, in unseren Unterricht hereinkommt. Unser Unterricht wird nur dann eine Ausprägung des Wahrhaftigen sein, wenn wir sorgfältig darauf bedacht sind, in uns selbst das Wahrhaftige anzustreben.

Und dann etwas, was leichter gesagt als bewirkt wird, was aber auch eine goldene Regel für den Lehrerberuf ist: Der Lehrer darf nicht verdorren und nicht versauern. Unverdorrte, frische Seelenstimmung! Nicht verdorren und nicht versauern! Das ist dasjenige, was der Lehrer anstreben muß.

Und ich weiß, wenn Sie das, was wir in diesen vierzehn Tagen von den verschiedensten Seiten her beleuchtet haben, richtig aufgenommen haben in Ihre Seelen, dann wird gerade auf dem Umweg durch die Empfindungs- und Willenswelt das scheinbar Fernliegende Ihnen sehr nahe kommen, indem Sie den Unterricht ausüben. Ich habe gerade in diesen vierzehn Tagen nichts anderes gesagt, als was im Unterricht unmittelbar dann praktisch werden kann, wenn Sie es in Ihren Seelen wirken lassen. Aber die Waldorfschule wird darauf angewiesen sein, daß Sie so in Ihrem eigenen Inneren verfahren, daß Sie wirklich die Dinge, die wir jetzt durchgenommen haben, in Ihren Seelen wirksam sein lassen.

Denken Sie an manches, was ich versucht habe klarzumachen, um ein Begreifen des Menschen, namentlich des werdenden Menschen, psychologisch herbeizuführen. Und wenn Sie nicht wissen, wie Sie das eine oder das andere im Unterricht vorzubringen haben oder wann und an welcher Stelle, dann wird Ihnen überall ein Gedanke kommen können über solche Einrichtungen des Unterrichts, wenn Sie sich an das richtig erinnern, was in diesen Tagen vorgekommen ist. Natürlich müßte vieles viele Male mehr gesagt werden, aber ich möchte ja aus Ihnen auch nicht lehrende Maschinen machen, sondern freie, selbständige Lehrpersonen. So ist auch dasjenige gehalten worden, was in den letzten vierzehn Tagen an Sie herangebracht worden ist. Die Zeit war ja so kurz, daß appelliert werden mußte im übrigen an Ihre hingebungsvolle, verständnisvolle Tätigkeit.

Denken Sie aber immer wiederum an das, was zum Verständnis des Menschen und namentlich des Kindes jetzt vorgebracht worden ist. Bei allen methodischen Fragen wird es Ihnen dienen können.

Sehen Sie, wenn Sie zurückdenken, dann werden sich schon bei den verschiedenen Impulsen dieser vierzehn Tage unsere Gedanken begegnen. Denn ich selbst, des kann ich Ihnen die Versicherung geben, werde zurückdenken. Denn es lastet diese Waldorfschule gar sehr heute wohl

194

auf dem Gemüte derjenigen, die an ihrer Einleitung und Einrichtung beteiligt sind. Diese Waldorfschule muß gelingen! Daß sie gelinge, davon wird viel abhängen! Mit ihrem Gelingen wird für manches in der Geistesentwickelung, das wir vertreten müssen, eine Art Beweis erbracht sein.

Wenn ich persönlich jetzt am Schlusse mit ein paar Worten sprechen darf, möchte ich sagen: Für mich selbst wird diese Waldorfschule ein wahrhaftiges Sorgenkind sein. Und ich werde immer wieder und wiederum mit meinen Gedanken sorgend auf diese Waldorfschule zurückkommen müssen. Aber wir können, wenn wir den ganzen Ernst der Lage betrachten, wirklich gut zusammenarbeiten. Halten wir uns namentlich an den Gedanken, der ja unser Herz, unseren Sinn erfüllt: daß mit der geistigen Bewegung der Gegenwart doch ebensogut geistige Mächte des Weltenlaufes verbunden sind. Glauben wir an diese guten geistigen Mächte, dann werden sie inspirierend in unserem Dasein sein, und wir werden den Unterricht erteilen können.

HINWEISE

Angaben zum bestimmten Auflagen (GA) beziehen sich auf Bände der Rudolf Steiner-Gesamtausgabe

Zu dieser Ausgabe

Am 7. September 1919 wurde in Stuttgart die erste «Freie Waldorfschule» als «einheitliche Volks- und höhere Schule» eröffnet. Der Gründung unmittelbar vorausgegangen war ein von Rudolf Steiner gehaltener Schulungskurs, in dem die von ihm ausgewählten Lehrer auf ihre zukünftige Arbeit vorbereitet wurden. Dieser vom 21. August bis 6. September dauernde Kurs war wie folgt gegliedert: Täglich morgens um neun Uhr Vorträge über allgemein menschenkundliche und pädagogische Fragen; in der zweiten Vormittagshälfte folgten Vorträge zu vorwiegend methodisch-didaktischen Fragen, und am Nachmittag wurden in seminarischer Form verschiedenste menschenkundliche und methodisch-didaktische Fragen behandelt. Bei den in dem vorliegenden Band enthaltenen Vorträgen handelt es sich um die in der zweiten Vormittagshälfte gehaltenen. Der erste und dritte Kursteil sind innerhalb der Rudolf Steiner Gesamtausgabe publiziert unter den Titeln: *Allgemeine Menschenkunde als Grundlage der Pädagogik.* Vierzehn Vorträge, Stuttgart, 21. August bis 5. September 1919, GA 293, sowie *Erziehungskunst. Seminarbesprechungen und Lehrplanvorträge.* Fünfzehn Seminarbesprechungen und drei Lehrplanvorträge, Stuttgart, 21. August bis 6. September 1919, GA 295.

In Ergänzung zu den Kursvorträgen und -besprechungen liegen, zum einen das Inhaltliche und zum anderen die Entstehungsgeschichte betreffend, als Veröffentlichungen des Archivs der Rudolf Steiner-Nachlaßverwaltung innerhalb der Schriftenreihe *Beiträge zur Rudolf Steiner Gesamtausgabe* folgende Publikationen vor:

Heft 31, Michaeli 1970: Notizbucheintragungen Rudolf Steiners zu den Stuttgarter Lehrerkursen 1919/21

Heft 27/28, Michaeli 1969: 1919 – das Jahr der Dreigliederungsbewegung und der Gründung der Waldorfschule. Eine Chronik

Textgrundlagen: Der hier vorliegende Wortlaut basiert auf der maschinenschriftlichen Übertragung der stenographischen Nachschrift. (Die Originalstenogramme sind nicht erhalten geblieben.) Vermutlich wurden die Vorträge von Frau Hedda Hummel mitstenographiert. Mit hinzugezogen wurde eine in früheren Jahren in Umlauf gebrachte hektographierte Vervielfältigung der Vorträge, die einige Ergänzungen aus den Notizen der Teilnehmer enthält. Diese Ergänzungen sind jedoch nicht immer deutlich zu unterscheiden von redaktionellen Änderungen, die für die erste Buchausgabe (Dornach 1934) vorgenommen worden sind. Die Erstveröffentlichung erfolgte durch Marie Steiner, ebenso die 2. und 3. Auflage (1940 bzw.

1948). Die Herausgabe im Rahmen der Rudolf Steiner Gesamtausgabe besorgte Hans Rudolf Niederhäuser (4. und 5. Auflage). Die Durchsicht der 6. Auflage besorgten Martina Sam und Walter Kugler. Insbesondere wurden die *Hinweise* überarbeitet und ergänzt; ferner wurden *ausführliche Inhaltsangaben* erstellt und ein *Namenregister* hinzugefügt.

Zu den Tafelzeichnungen: Die Originaltafelzeichnungen liegen nicht vor, da sie jeweils nach Ende der Kursstunde gelöscht worden waren. Den Zeichnungen dieser Buchausgabe liegen als Vorlage die Skizzen in der Maschinenübertragung des Stenogrammes sowie Nachzeichnungen der Teilnehmer aus ihren Notizheften zugrunde.

Der Titel des Bandes stammt vermutlich von Marie Steiner und entspricht dem der von ihr besorgten Erstveröffentlichung. Als Grundlage dienten Angaben Rudolf Steiners im Rahmen seiner Begrüßungsansprache.

Hinweise zum Text

Werke Rudolf Steiners, die innerhalb der Gesamtausgabe (GA) erschienen sind, werden in den *Hinweisen zum Text* mit der jeweiligen Bibliographie-Nummer angeführt. Siehe auch die Übersicht am Schluß des Bandes.

zu Seite

7   *wir werden trennen müssen:* Siehe oben «Zu dieser Ausgabe».

8   *innerhalb des physischen Lebens:* In der Erstübertragung des Stenogrammes heißt es: des physischen Leibes.

14   *ich verweise dabei auf meine «Erkenntnistheorie der Goetheschen Weltanschauung»:* Siehe Rudolf Steiner, «Grundlinien einer Erkenntnistheorie der Goetheschen Weltanschauung, mit besonderer Rücksicht auf Schiller» (1886), GA 2.

16   *Vortrag, in welchem ich versucht habe, ein Gefühl zu erwecken für die Entstehung des Akanthusblattes:* Siehe Rudolf Steiner, «Wege zu einem neuen Baustil», GA 286, Vortrag vom 7. Juni 1914.

23   *was ich gerade eben in der vorhergehenden Stunde vorgebracht habe:* Siehe Rudolf Steiner, «Allgemeine Menschenkunde als Grundlage der Pädagogik», Stuttgart, 14 Vorträge, GA 293, Vortrag vom 22. August 1919.

25   *die berühmte linguistische «Wauwau-Theorie:* Über die sogenannte «Wauwau-» und «Bimbam-Theorie» in der Sprachwissenschaft siehe auch Vortrag vom 7. April 1921 im Band «Die befruchtende Wirkung der Anthroposophie auf die Fachwissenschaften», GA 76. Siehe auch Max Müller, «Die Wissenschaft der Sprache», Leipzig 1892.

29   *Der Romane drückt nicht die Form des Kopfes aus; er sagt testa:* Dieser ganze Abschnitt entstammt der Erstübertragung des Stenogramms dieses Vortrages. Das Beispiel «testa» stimmt auch überein mit den Notizen von mehreren Kursteilnehmern, die nachgeprüft werden konnten.

Die erste Vervielfältigung hat «caput» und fährt weiter: «Er bringt zum Ausdruck, daß der Kopf der Erfassende, der Begreifende ist.» Und entsprechend weiter unten: «Nehmen Sie ‹caput›, das a = Verehrung. Man muß das zu Begreifende hinnehmen, wenn der andere etwas behauptet. Diese Gefühlsnuance drückt sich sehr gut aus, wenn der Volkscharakter dem Begreifen gegenübersteht, beim Kopf.»

30   *auf eine bestimmte Art:* Wortlaut nach Erstübertragung des Stenogramms. In früheren Ausgaben hieß es: auf eine bedeutsame Art.

31   *unser Ein- und Ausatmen, das in 4 Minuten 72mal geschieht:* Wortlaut nach Erstübertragung des Stenogramms.

im planetarischen Weltenjahr: In der Erstübertragung des Stenogramms heißt es an dieser Stelle und den folgenden «planetarisch»; in der Vervielfältigung heißt es hier «planetarisch» und im folgenden immer «platonisch».

32   *von der alten Saturnentwickelung ... bis zum Vulkan:* Über die Entwicklungsstufen der Erde siehe Rudolf Steiner, «Die Geheimwissenschaft im Umriß» (1910), GA 13.

34   *Johann Friedrich Herbart,* 1776–1841. «Allgemeine Pädagogik» 1806, Neuausgabe 1910; «Umriß pädagogischer Vorlesungen» 1835, Neuausgabe 1910.

35   *wie wir es in unserer seminaristischen Besprechung versuchten:* Siehe Rudolf Steiner «Erziehungskunst. Seminarbesprechungen», GA 295, Besprechung vom 21. August.

Durch das, was wir im Seminar versuchten: Es wurde über die Behandlung der kindlichen Temperamente gesprochen. Siehe oben.

37   *Ich habe gestern schon darauf aufmerksam gemacht:* Siehe Rudolf Steiner, «Allgemeine Menschenkunde...», GA 293, Vortrag vom 22. August 1919.

Sie brauchen sich nur an gewisse Auseinandersetzungen von Heinrich Heine zu erinnern: Heinrich Heine (1797–1856) unterscheidet im ersten Buch seiner Denkschrift «Ludwig Börne» «nazarenische» und «hellenische» Menschen. Bei den ersteren handelt es sich um «Menschen mit asketischen, bildfeindlichen, vergeistigungssüchtigen Trieben», mit «hellenisch» bezeichnet er «Menschen von lebensheiterem, entfaltungsstolzem und realistischem Wesen». Auch in seinen «Gedanken und Einfällen» finden sich Ausführungen über die Neigung der Griechen zur plastisch-bildnerischen Kunst (III. Abschnitt, Kunst und Literatur).

38   *Wie können wir nun diese Tendenz ... richtig charakterisieren?:* Wortlaut aufgrund von Teilnehmernotizen. In der Erstübertragung des Stenogramms heißt es: Wie können wir nun dieses Talent ... charakterisieren.

39   *die Dreigliederung des sozialen Organismus:* Siehe Rudolf Steiner, «Die Kernpunkte der sozialen Frage in den Lebensnotwendigkeiten der Gegenwart und Zukunft» (1919), GA 23. Ferner die Vorträge GA 328 bis GA 341 sowie die Schriftenreihe «Beiträge zur Rudolf Steiner Gesamtausgabe», Heft 24/25, 27/28, 88, 93/94, 103.

40   *Goethe in dem didaktischen Teil seiner Farbenlehre:* Siehe «Entwurf einer Farbenlehre», 6. Abteilung: «Sinnlich-sittliche Wirkung der Farbe», in J. W. Goethe, «Naturwissenschaftliche Schriften», mit Einleitungen und Erläuterungen im Text herausgegeben von Rudolf Steiner. 1884–1897 in «Kürschners Deutsche National-Litteratur», 5 Bde., Nachdruck Dornach 1975, GA 1a-e, 3. Band.

40 *wie sie erst aus einer geisteswissenschaftlichen Auffassung der Farbenwelt entstehen können:* Siehe Rudolf Steiner, «Das Wesen der Farben», 12 Vorträge 1914-1924, GA 291; ferner «Farbenerkenntnis. Ergänzungen zu dem Band ‹Das Wesen der Farben›», herausgegeben und kommentiert von H. Wiesberger und H. O. Proskauer, GA 291a.

an der kleinen Kuppel des Dornacher Baues: Siehe Rudolf Steiner, «Wege zu einem neuen Baustil. ‹Und der Bau wird Mensch›», Acht Vorträge, Berlin und Dornach 1911-1914, mit einem Anhang und 22 Abbildungen, GA 286. Rudolf Steiner, «Der Dornacher Bau als Wahrzeichen geschichtlichen Werdens und künstlerischer Umwandlungsimpulse», 5 Vorträge und eine Besprechung, Dornach, Oktober 1914, mit zahlreichen Abbildungen, GA 287.

43 *Tatjana Kisseleff,* 1881-1970, Eurythmielehrerin am Goetheanum von 1914-1927, dann als Eurythmistin an der Goetheanum-Bühne tätig.

45 *in einem Shakespeareschen Stücke:* «Der Kaufmann von Venedig», V. Akt, 1. Szene.

46 *bei den paar Worten, die ich den eurythmischen Vorstellungen manchmal voranstelle:* Siehe Rudolf Steiner, «Eurythmie. Die Offenbarung der sprechenden Seele», Ansprachen zu Eurythmie-Aufführungen aus den Jahren 1918 bis 1924, mit Notizbucheintragungen und den dazugehörigen Programmen, GA 277.

47 *Nehmen Sie zum Beispiel jenen in Wien gehaltenen Zyklus:* Siehe Rudolf Steiner, «Inneres Wesen des Menschen und Leben zwischen Tod und neuer Geburt», 8 Vorträge Wien, April 1914, GA 153.

«Kernpunkte der sozialen Frage»: Siehe Hinweis zu Seite 39.

48 *Schillers «Spaziergang»:* Gedicht aus dem Jahre 1795.

49 *daß die Zeile im Rezitativ verfließt, das Reimwort ariengemäß gesungen wird:* Diese Anregungen hat der Musiklehrer Paul Baumann aufgegriffen. Siehe seine «Lieder der Freien Waldorfschule».

Jupiter-, Venus- und Vulkanentwickelung: Siehe Hinweis zu Seite 32.

52 *in der Stunde über Allgemeine Pädagogik:* Siehe Rudolf Steiner, «Allgemeine Menschenkunde als Grundlage der Pädagogik», Stuttgart, 14 Vorträge, GA 293, Vortrag vom 25. August 1919.

53 *Ein sehr bekannter Erzieher einer noch viel bekannteren Persönlichkeit:* Georg Hinzpeter (1827-1907). 1866 Erzieher des Prinzen Wilhelm von Preußen, begleitete ihn auch nach Kassel. Er schrieb: «Kaiser Wilhelm II.», 1888.

59 *der mehr republikanische Charakter:* Wortlaut nach Notizen von Teilnehmern. In der Erstübertragung des Stenogramms heißt es: der mehr republikanische Eindruck.

61 *bei meinen jetzigen Vorträgen:* Rudolf Steiner bezieht sich hier auf Erfahrungen bei öffentlichen Vorträgen über soziale Fragen, die er damals vor allem in Stuttgart gehalten hatte. Siehe Rudolf Steiner, «Neugestaltung des sozialen Organismus», 14 Vorträge Stuttgart, April bis Juli 1919, GA 330 und «Betriebsräte und Sozialisierung. Diskussionsabende mit den Arbeiterausschüssen der großen Betriebe Stuttgarts 1919», GA 331.

62 *Eurythmiestunde:* Siehe Hinweis zu Seite 46. Siehe auch Rudolf Steiner, «Eurythmie. Die neue Bewegungskunst der Gegenwart», Vorträge und Ansprachen 1918-1924. Taschenbuchausgabe, Rudolf Steiner Verlag Dornach, Tb 642.

65 *die Kraft des Ich durch die Sprache:* «des Ich durch die» vom Herausgeber ergänzt.

68 *daß es eine Reihe von Buchstaben gibt:* Dieser Satzteil wurde vom Herausgeber hinzugefügt.

72 *wie sie sich aus einem Bilde ergeben:* Dieser Satzteil wurde vom Herausgeber hinzugefügt.

77 *zwischen Novalis und einer weiblichen Gestalt:* Siehe Novalis, «Hymnen an die Nacht». Es handelt sich um Sophie von Kühn, die am 17.3.1797 starb.

78 *Puttkamersche Orthographie:* Durch den Erlaß des preußischen Kultusministers Robert Viktor von Puttkamer (1828-1900) vom 21.1.1880 wurde eine vereinfachte deutsche Rechtschreibung in den Schulen Preußens eingeführt.

81 *Ernst Meumann,* 1862-1915; Wundt-Schüler, Begründer der experimentellen Pädagogik. «Vorlesungen zur Einführung in die experimentelle Pädagogik», 1907.

84 *erziehen:* Korrektur eines möglichen Hörfehlers. In der Übertragung des Stenogramms heißt es: erzwingen.

86 *und sich wieder daran erinnert, das erst verstehen kann:* Wortlaut gemäß Übertragung des Stenogramms.

95 *wenn zum Beispiel Schopenhauer alle die Mittel zur Verfügung gestanden hätten:* Arthur Schopenhauer (1788-1860) studierte in Göttingen und Berlin Naturwissenschaften und Philosophie, promovierte in Jena, lebte dann in Weimar und Dresden, habilitierte erfolglos in Berlin. Schließlich ließ er sich 1833 in Frankfurt nieder, wo er vereinsamt und verbittert lebte, da er sich zurückgesetzt und verkannt fühlte. Erst ab den vierziger Jahren des 19. Jahrhunderts fand er mehr Beachtung und wurde in den siebziger Jahren geradezu «Modephilosoph». Bezüglich seines Hauptwerkes «Die Welt als Wille und Vorstellung» siehe auch Seite 147 f. des vorliegenden Bandes.

96 *so wie ich gestern im Seminar ... gesprochen habe:* Siehe Rudolf Steiner, «Erziehungskunst. Seminarbesprechungen», GA 295, Besprechung vom 27. August 1919.

99 *es ist gut, wenn man das dem Kind andeutet:* Wortlaut gemäß Übertragung des Stenogramms.

das Verständnis für: Vom Herausgeber hinzugefügt.

108 *wie es zum Ausdruck gebracht ist in dem schönen Brief:* Siehe den Brief Schillers an Goethe vom 23. August 1794.

Der Mensch ist auf den Gipfel der Natur gestellt...: Siehe in Goethes Aufsatz «Winckelmann», Abschnitte «Antikes» und «Schönheit». Dort heißt es: «..., denn indem der Mensch auf den Gipfel der Natur gestellt ist, so sieht er sich wieder als eine ganze Natur an, die in sich abermals einen Gipfel hervorzubringen hat...».

109 *Schiller schrieb dann in seinen ästhetischen Briefen über Erziehung:* Diese Briefe Schillers «Über die ästhetische Erziehung des Menschen» an den Herzog Friedrich Christian von Holstein-Augustenburg erschienen erstmals 1795 in der Zeitschrift «Die Horen». – Über die Beziehung zwischen den «Ästhetischen Briefen» und Goethes «Märchen» siehe auch die Ausführungen Rudolf Steiners im Vortrag vom 24. Januar 1919, enthalten in dem Band «Der Goetheanismus, ein Umwandlungsimpuls und Auferstehungsgedanke», GA 188. Über die «Ästhetischen Briefe» im Zusammenhang mit der Anthroposophie und der Dreigliederung siehe den Vortrag vom 24. Oktober 1920 in dem Band «Die neue Geistigkeit und das Christus-Erlebnis des zwanzigsten Jahrhunderts», GA 200.

Karl Julius Schröer, 1825–1900, Literaturhistoriker; ab 1867 Professor an der Technischen Hochschule in Wien. Veröffentlichte u. a. «Deutsche Weihnachtsspiele aus Ungarn» (1858). Siehe Rudolf Steiner, «Mein Lebensgang», GA 28.

Jean Paul, 1763–1825, eigentlich Johann Paul Friedrich Richter; studierte Theologie in Leipzig, war als Hauslehrer und Schulleiter tätig, bevor er zum Legationsrat ernannt wurde. Als Erzähler und Humorist hatte er auf viele bedeutende Dichter großen Einfluß, aber auch als Ästhetiker und Pädagoge ist er durch seine Schriften wegweisend geworden. «Levana oder Erziehungslehre» erschien 1806 als Frucht seiner fast zehnjährigen Tätigkeit als Lehrer. Nach seiner Auffassung ist Erziehung «Nichts ... als das Bestreben, den Idealmenschen, der in jedem Kinde unverhüllt liegt, frei zu machen durch einen Freigewordenen». Siehe auch Rudolf Steiners biographische Skizze über Jean Paul in «Biographien und biographische Skizzen 1894–1905», GA 33.

112 *Ich habe Ihnen an einem Probebeispiel das Walten solcher geschichtlicher Kräfte so dargelegt:* Siehe Rudolf Steiner, «Erziehungskunst. Seminarbesprechungen», GA 295, Besprechung vom 28. August 1919.

120 *Was kurze oder lange Unterbrechung ist:* Wortlaut gemäß Stenogrammübertragung sowie Manuskriptvervielfältigung (vgl. «Zu dieser Ausgabe»).

122 *Jetzt vergleichen Sie die eine Erscheinung mit der andern:* Siehe Rudolf Steiner, «Allgemeine Menschenkunde als Grundlage der Pädagogik», GA 293, Vortrag vom 28. August 1919.

126 *in der «Allgemeinen Pädagogik»:* Siehe Rudolf Steiner, «Allgemeine Menschenkunde...», GA 293, Vortrag vom 30. August 1919.

127 *die nur im tätigen Weben leben:* Das Wort «leben» wurde vom Herausgeber hinzugefügt.

128 *Franz von Miklosic,* 1813–1891, bedeutender Slawist.

Franz Brentano, 1838–1917, Philosoph.

Anton Marty, 1847–1914, Schüler von Franz Brentano.

129 *wenn Sie nur Sätze aus dem Leben verwenden:* In der Stenogrammübertragung heißt es «nicht» statt «nur».

129 *wie wir sie gestern als Übung besprochen haben:* Siehe Rudolf Steiner, «Erziehungs-kunst. Seminarbesprechungen», GA 295, Besprechung vom 29. August 1919 und folgende.

zu pflegen: Ergänzung des Herausgebers.

130 *Heft, woraus:* Ergänzung des Herausgebers.

139 *heute nachmittag zeigen wollen:* Siehe Rudolf Steiner, «Erziehungskunst. Seminar-besprechungen», GA 295. Besprechungen vom 30. August, 1. und 2. September 1919.

147 *Schopenhauer hat sich ... geärgert, weil in den Schulen der pythagoräische Lehrsatz nicht so gelehrt wurde:* Siehe in «Die Welt als Wille und Vorstellung»: «Der Welt als Wille und Vorstellung erste Betrachtung», Erstes Buch, § 15. Dort spricht Schopenhauer von der «Anschauung» als «erste Quelle aller Evidenz» unter anderem am Beispiel des pythagoräischen Lehrsatzes.

149 *Geographisches* und die Klammer gemäß Stenogrammübertragung.

154 *entlang, vom Genfer See:* Ergänzung des Herausgebers.

Arlberg ..., dann die Linie Drau: Ergänzung aus den Notizen der Teilnehmer. In der Stenogrammübertragung heißt es «Brenner» statt «Arlberg».

Enns: Ergänzung des Herausgebers. In den Notizen der Teilnehmer heißt es «Rienz».

mit Gneis: «mit» vom Herausgeber eingefügt. In der Stenogrammübertragung heißt es «und».

157 *zum Leben:* Ergänzung des Herausgebers.

160 *Verständnis für das Zusammengegliederte:* In der Stenogrammübertragung heißt es «Zusammengliedern».

wie Sie es im Seminar gesehen haben: Siehe Rudolf Steiner, «Erziehungskunst. Semi-narbesprechungen», GA 295. Besprechung vom 30. August sowie vom 1. und 2. Sep-tember 1919.

schildernd an die Besprechung des Gebirges an: Ergänzung des Herausgebers.

163 *Emil Molt,* 1876–1936; Direktor der Waldorf-Astoria-Zigarettenfabrik in Stuttgart, Kommerzienrat. Begründer der Waldorfschule in Stuttgart 1919 für die Kinder seiner Arbeiter. Für den Aufbau und die Leitung der Schule berief er Rudolf Steiner. Emil Molt und seine Gattin nahmen als «Schulvater» und «Schulmutter» an dem Schulungs-kurs für die Lehrer im August und September 1919 teil. Frau Molt gehörte dem ersten Lehrerkollegium als Handarbeitslehrerin an. Siehe auch Emil Molt, «Entwurf meiner Lebensbeschreibung», Stuttgart 1972.

165 *Nikolaus Fialkowskiy,* Architekt und Professor der Geometrie und des geometrischen Zeichnens an der Wiener Communal-Realschule. Gemeint ist sein «Lehrbuch der Geo-metrie und des Zeichnens geometrischer Ornamente», Wien und Leipzig 1882, Verlag J. Klinkhardt.

165   *dann gab es damals noch bessere Lehrbücher:* Rudolf Steiner gab einmal die folgenden Bücher an, die während seiner Schulzeit gebräuchlich waren: Münch: Physik; Stondigl: Neuere Geometrie; Lorscheid: Chemie; Mocnitz: Mathematik; Sonndorfer: Mathematik.

166   *seines Volksschullebens, in den ersten Jahren seines:* Ergänzung des Herausgebers.

175   *Das wird also unsere Aufgabe bezüglich des Schreibens und Lesens sein:* Es wurde dann beim Beginn des Unterrichtes so eingerichtet, daß vom malenden Zeichnen der Antiqua ausgegangen, hierauf zur lateinischen Druck- und Schreibschrift und erst im dritten Schuljahr zur deutschen Druck- und Schreibschrift übergegangen wurde.

184   *Wir werden uns morgen den Ideallehrplan und dann den Lehrplan, wie er ... in Mitteleuropa üblich ist, nebeneinanderstellen:* Siehe Rudolf Steiner, «Erziehungskunst. Seminarbesprechungen», GA 295, drei Lehrplanvorträge vom 6. September 1919.

       Ich habe die vorherige Stunde gerade damit geschlossen: Siehe Rudolf Steiner, «Allgemeine Menschenkunde als Grundlage der Pädagogik», GA 293, Vortrag vom 5. September 1919.

       was ich eben am Schlusse der vorigen Stunde als notwendig hervorgehoben habe: Siehe voranstehenden Hinweis.

190   *wie ich es Ihnen gezeigt habe:* Siehe Rudolf Steiner, «Allgemeine Menschenkunde...», GA 293, Vortrag vom 4. September 1919.

       wie wir sie eben versuchten für das Pflanzensystem festzustellen: Siehe Rudolf Steiner, «Erziehungskunst. Seminarbesprechungen», GA 295, Besprechungen vom 30. August sowie 1. und 2. September 1919.

192   *daß wir dann wirklich unseren Lehrplan formieren können:* Am folgenden Tag (6. September) hielt Rudolf Steiner drei Lehrplanvorträge (siehe «Erziehungskunst. Seminarbesprechungen und Lehrplanvorträge», GA 295) und gab eine skizzenhafte Darstellung der Lehrziele für die einzelnen Fächer auf den verschiedenen Altersstufen.

195   *Für mich selbst wird diese Waldorfschule ein Sorgenkind sein:* In den folgenden Jahren, bis kurz vor seinem Tode am 30. März 1925, hatte Rudolf Steiner die Leitung der Schule inne. Anläßlich seiner regelmäßigen Besuche nahm er auch an Unterrichtsstunden teil und hielt mit den Lehrern Konferenzen ab. Siehe Rudolf Steiner, «Konferenzen mit den Lehrern der Freien Waldorfschule 1919 bis 1924», drei Bände, GA 300 a-c. Ferner «Rudolf Steiner in der Waldorfschule. Vorträge und Ansprachen für die Kinder, Eltern und Lehrer der Waldorfschule Stuttgart 1919–1924», GA 298. Siehe ferner die unter den Nummern GA 296–311 erschienenen Bände innerhalb der Gesamtausgabe, die Vorträge und Kurse zu menschenkundlichen, allgemein pädagogischen sowie methodisch-didaktischen Fragen, gehalten im In- und Ausland, enthalten.

NAMENREGISTER

* ohne Namensnennung

Brentano, Franz 128
Einstein, Albert 122f.
Fialkowskiy, Nikolaus · 165
Gay-Lussac, Joseph Louis 90
Goethe, Johann Wolfgang von 40, 77,
86, 108f.
Heine, Heinrich 37
Herbart, Johann Friedrich 34, 81
Hinzpeter, Georg* 53
Homer 137
Jean Paul 109

Kisseleff, Tatjana 43
Lenin, Wladimir Iljitsch 183
Marty, Anton 128
Meumann, Ernst 81
Miklosic, Franz von 128
Molt, Emil 163
Novalis 77
Puttkamer, Robert Viktor von 78f.
Schiller, Friedrich von 46–48
Schopenhauer, Arthur 95, 147
Schröer, Karl Julius 109

Steiner, Rudolf, Werke und Vorträge:

Grundlinien einer Erkenntnistheorie der Goetheschen Weltanschauung (GA 2) 14

Die Kernpunkte der sozialen Frage (GA 23) 47

Inneres Wesen des Menschen und Leben zwischen Tod und neuer Geburt (GA 153) 47

Wege zu einem neuen Baustil (GA 286) 16

Allgemeine Menschenkunde als Grundlage der Pädagogik (GA 293) 23, 37, 52, 126,
184, 190

Erziehungskunst. Seminarbesprechungen und Lehrplanvorträge (GA 295) 35, 96, 112,
129, 139, 160, 184, 192

AUSFÜHRLICHE INHALTSANGABEN

ERSTER VORTRAG, Stuttgart, 21. August 1919. 7

Die Harmonisierung des oberen (Geist-Seelenmenschen) mit dem unteren (körperleiblichen) Menschen als Ziel der Methodik. Lesen und Schreiben als ganz physisches, Rechnen als halbüberphysisches, Künstlerisches als überphysisches Gebiet des Unterrichtens. Die Verbindung der drei Impulse im rationell betriebenen Unterricht am Beispiel der Einführung des «F». Das Entwickeln der Buchstaben aus Bildformen. Die Notwendigkeit der Durchdringung des Unterrichts mit einem künstlerischen Element; die Wirkung des Künstlerischen auf die Willensnatur. Das Erziehen als Kunst. «Von-dem-Ganzen-ins-Einzelne-Gehen» als Grundsatz der Methodik mit Beispielen aus dem Schreib- und Rechenunterricht. Die Pflege des rechten Autoritätsgefühles. Das Erwecken des Interesses an der Form im Zeichenunterricht. Die Vorbereitung und Ausbildung gewisser Fähigkeiten in bestimmten Lebensaltern am Beispiel der Eurythmie im 3./4. Lebensjahr. Die Pflege des ätherischen und physischen Leibes «von oben» durch das Kopfelement, des astralischen Leibes und des Ich «von unten» durch Erwecken von Gefühlen und Affekten im Kinde. Das Finden von Vergleichen für das Geistig-Seelische in der Natur am Beispiel der unsterblichen Seele und dem Schmetterling.

ZWEITER VORTRAG, 22. August 1919 23

Die Begegnung von Sympathie und Antipathie im Kopfsystem in der Sinnestätigkeit, im Brustmenschen beim Sprechen. Die Verankerung der Sprache im Fühlen. Die «Wau-Wau»- und die «Bim-Bam»-Theorie der Linguisten. Der Ausdruck innerer, auf Sympathie beruhender Seelenregungen in den Selbstlauten: Die Nuance des Staunens im O, der Furcht im U, der Bewunderung im A, des Widerstandleistens im E, des Sich-Näherns im I, der Ehrfurcht im AOU. Das Nachahmen äußerer Dinge in den Mitlauten, das Element der Antipathie in ihnen. Die Sprache als eine Synthese eines musikalischen Elementes in den Selbstlauten und eines plastischen Elementes in den Mitlauten. Die Sprachworte als Ausdruck der Form im Deutschen, als Ausdruck des Seelischen beim Romanen (Kopf-testa, Fuß-pes). Die Ordnung irdischer und kosmischer Vorgänge nach der Zahl 25 920: Die Anzahl der täglichen Atemzüge, der Lebenstage und des platonischen Weltenjahres. Der Mensch als Atemzug des Kosmos. Die Erkenntnis der Beziehung des Menschen zum Kosmos als Grundlage der Erziehung. Der Bezug des Vorstellens zum Vorgeburtlichen, des Fühlens zum Leben, des Wollens zum Nachtodlichen. Verstandes- und Willenserziehung durch richtige Anwendung von Antipathie und Sympathie. Karmische Beziehungen zwischen Zögling und Erzieher.

DRITTER VORTRAG, 23. August 1919 37

Die zwei Strömungen des Künstlerischen: die plastisch-bildnerische und die musikalisch-dichterische. Die Veranlagung der Griechen zum Plastischen, der Juden zum Musikalischen. Vereinigung beider Strömungen in der Eurythmie. Die Einführung des Kindes in die Farbenwelt: Entwickeln von Empfindungsnuancen im Sinne Goethes. Das Entstehen der Naturformen aus der Farbe heraus; Zeichnen als ein Abstrahierendes. Der notwendige Übergang vom abstrakt zum konkret Künstlerischen im Kunstgewerblichen. Die Wichtigkeit des Heranbringens von noch nicht Verständlichem an das Kind. Die Verwendung des Musikalisch-Dichterischen im Unterricht. Individualisierung durch alles Plastisch-Bildnerische, Förderung des sozialen Lebens durch alles Dichterisch-Musikalische. Über das Betonen des musikalischen Elementes in der Rezitation und den Umgang mit Gedichten. Über den inneren Aufbau der Vortragszyklen. Über das Wesen des Gesanges: Verbinden des Kosmischen in der Tonfolge mit dem menschlichen Wort – Singen als Ausdruck der der Welt zugrundeliegenden Weisheit. Das Nachbilden der Welten-Himmelsordnung im Plastisch-Bildnerischen, Neuschaffen im Musikalisch-Dichterischen. Naturkunde im Schulgebäude im Wechsel mit der Betrachtung der Schönheit der Natur im Freien.

VIERTER VORTRAG, 25. August 1919 52

Die Bedeutung der ersten Schulstunde. Das Erregen einer gewissen Achtung vor den Erwachsenen und ihrer Kultur. Betrachtungen des Lehrers mit dem Kind über das zu Lernende. Die Bewußtmachung des Gewohnheitsmäßigen. Die Vermeidung bloßer Spielereien im Unterricht. Das Wirken auf die Willensbildung und die Wichtigkeit der Wiederholung an Beispielen aus dem Unterricht: Die Bewußtmachung der Hände als Arbeitsorgane durch Zeichnen einer geraden und einer krummen Linie, Malen verschiedenfarbiger Flächen, Anschlagen von kon- und dissonierenden Tönen. Daran Erwecken der Empfindung für das Schöne und weniger Schöne. Das Erregen von Hoffnung, Wunsch, Vorsatz in bezug auf das zu Lernende. Die Bedeutung der Grammatik: Erheben der Sprache in das Bewußtsein. Über die Prozesse im Menschen bei einzelnen Wortarten: Hauptwort – Absonderung vom Gegenstand; Eigenschaftswort – Vereinigung mit dem Gegenstand; Tätigkeitswort – Mittun des Ich. Eurythmie als Offenbarung der Tätigkeit des zuhörenden Menschen und als Hygiene der Seele. Das Wirken des Sprachgenius im Aufbau der Sprache. Die Wirkung der Sprache in früheren Zeiten (Beispiel: altjüdische Kultur). Die Erweckung des rechten Ich-Gefühles bei den Kindern durch die Gestaltung des Sprachunterrichtes.

FÜNFTER VORTRAG, 26. August 1919 67

Die Grundlagen des Schreib- und Leseunterrichtes. Der Weg vom Zeichnen zum Schreiben (Beispiele: B–Bad, Bär, M–Mund) nach dem Prinzip der Schriftentwicklung von der Bilderschrift (Ägypten) über die Zeichenschrift (Phönizier) zur heutigen Buchstabenschrift. Die Mitlaute als Zeichnung von äußeren Dingen, die Vokale als Wiedergabe von Gefühlen. Die Entwicklung der Formen der Selbstlaute aus der Gestalt des Hauches (Beispiele A und I). Das Hevorrufen einer Empfindung für die Kulturentwicklung (am Beispiel der Einführung des D–Dach). Das organische

Schreiben. Die «Puttkamersche Orthographie»; die einheitliche Gestaltung der Orthographie als soziales Moment; das Stellen des orthographischen Schreibens auf Autorität und Entwickeln von Respekt.

SECHSTER VORTRAG, 27. August 1919 80

Über die Experimentalpsychologie auf pädagogischem Gebiet am Beispiel des Auffassungsvorganges beim Lesen; Sinnenthüllung als Ziel, bloßes Erziehen zum denkenden Erkennen als Folge. Übertriebene Sinnenthüllung als Unart in der theosophischen Bewegung. Die Ausbildung des Willens durch das Künstlerische und sich wiederholendes Tun. Die Ausbildung des Gefühls durch rein gedächtnismäßiges Aufnehmen von dem Kinde noch Unverständlichem. Die Bedeutung feinerer Seelenbeobachtung, tieferer Lebensbetrachtung und der Kenntnis gewisser Lebensgeheimnisse für den Erzieher. Das Aufsteigen des Lehrers mit den Schülern durch die verschiedenen Schulstufen als Notwendigkeit für das Eingehen-Können auf den Rhythmus des Lebens. Rhythmische Wiederholung als Erziehungsprinzip. Die Unbrauchbarkeit der Untersuchungsergebnisse der Experimentalpsychologie über die Gedächtnisarten für eine innerliche Pädagogik. Die Nachwirkungen des griechischlateinischen Zeitalters in der gegenwärtigen Pädagogik.

SIEBENTER VORTRAG, 28. August 1919 95

Landschulen und Stadtschulen in bezug auf Lehrmethoden und Lehrmittel. Die Frage der Lehrmittel und die Aufnahme des Naturgeschichteunterrichtes vom 9. Lebensjahre an. Der Mensch als Zusammenfassung der übrigen Naturreiche; die Beschreibung seiner äußeren Gliederung, der Formtendenzen und Aufgaben der Hauptteile: Kopf (Kugelform), Rumpf (Mondform), Gliedmaßen (Eingesetztsein in den Rumpf). Das Anschauen der Welt durch den Kopf; der egoistische Dienst der Füße und der selbstlose Dienst der Hände. Der Übergang zum Tierreich. Die künstlerische Beschreibung der Tiere am Beispiel des Tintenfisches und der Maus; das Herausarbeiten der Unterschiede. Die Durchorganisierung der Gliedmaßen als das Vollkommenste am Menschen; Arme und Hände als Sinnbild der menschlichen Freiheit. Der Kopfcharakter der niederen Tiere, der Rumpfcharakter der höheren Tiere, der Gliedmaßencharakter des Menschen. Der Mensch als Ausgangspunkt für alle Naturgeschichte. Das Sichverstärken des Selbstbewußtseins um das 9. Lebensjahr. Goethes Naturanschauung; Schillers «Briefe über die ästhetische Erziehung des Menschen» und Jean Pauls «Levana» als bedeutende pädagogische Schriften.

ACHTER VORTRAG, 29. August 1919 111

Die Gestaltung des Lehrplans zwischen äußerer Gesetzlichkeit und wirklicher Menschenerkenntnis. Das Hinweisen auf den Menschen als Synthese der äußeren Naturwelt um das 9. Lebensjahr. Die Verstärkung des Geistig-Seelenhaften zwischen dem 12. und 13. Jahr: Der Beginn des Verständnisses für geschichtliche Impulse und Zusammenhänge. Die Besprechung physikalischer Vorgänge zwischen dem 9. und dem 12. Jahr, ihre Anwendung auf den Menschen ab dem 12. Jahr am Beispiel des Auges. Das Entwickeln der physikalischen Begriffe am Leben (Beispiel: die Luftbewegung im geheizten Zimmer). Das Registrieren von Widersprüchen durch das Unterbewußtsein des Kindes am Beispiel der Elektrisiermaschine und der Theorie der Blitzentstehung. Die Bedeutung der Bewahrung der richtigen Kindlichkeit des Lehrers. Das gefühlsmäßige Ergreifen physikalischer Vorgänge am Beispiel des Morse-Telegraphen. Das Einführen des Begriffes der Schwerkraft als Einströmen fester Körper in eine Richtung; der Vergleich mit dem Einströmen der Luft in einen leeren Raum. Die ungesunde Begriffe der heutigen Kultur am Beispiel der Relativitätstheorie Einsteins.

Neunter Vortrag, 30. August 1919 124

Das Erreichen der von außen geforderten Lehrziele durch ökonomischen Unterricht: Ausscheiden des die Seelenentwicklung Belastenden. Der fremdsprachliche Unterricht: Übersetzen als Zeitverschwendung, stattdessen freies Erzählen in der eigenen und fremden Sprache. Die Verbindung des fremdsprachlichen Unterrichtes mit der Sprachlehre; Schluß, Urteil und Begriff; subjektlose Sätze als Ausgangspunkt. Verwendung lebenspraktischer oder aus dem Wesen der Sprache kommender Sätze. Die übende Anwendung der Regeln: Das Geben und Finden-Lassen von Beispielsätzen im Gespräch, Vermeidung ihrer schriftlichen Fixierung. Das gegenseitige Stützen der einzelnen Sprachen durch ihr Nebeneinandergehen im Unterricht und ihre Erteilung durch denselben Lehrer.

Zehnter Vortrag, 1. September 1919 136

Der Aufbau eines Lehrplans für die drei Unterrichtsstufen der Volksschule: 1. Der Unterricht bis zum 9. Lebensjahr: Das Künstlerische als Ausgangspunkt. Anknüpfen der «geschriebenen Formen» an «Weltenformen» im Schreibunterricht. Über die Stenographie. Der Erziehungsprozeß als Heilungsprozeß. 2. Der Unterricht vom 9.–12. Lebensjahr: Verstärkte Ausbildung des Selbstbewußtseins mit Hilfe der Grammatik, Naturgeschichte, Geometrie, Fremdsprachen, Physik. 3. Der Unterricht vom 12.–14. Lebensjahr: Satzlehre, Verknüpfung der Mineralkunde mit Geometrie und Physik; Geschichte, Geographie. Der Umgang mit befähigten und minderbefähigten Schülern. Der fremdsprachliche Unterricht: Pflege der Konversation, Anknüpfung von Grammatik und Syntax an gedächtnismäßig Aufgenommenes; die Frage der Hausaufgaben. Das Üben der exakten Nacherzählung von Gesehenem und Gehörtem statt dem freien Aufsatz. Die Verbindung des Willensmäßigen mit dem Intellektuellen im Sprachunterricht. Geometrie als Anschauungsunterricht am Beispiel des pythagoräischen Lehrsatzes. Übersicht über den Lehrplan für die drei Unterrichtsstufen.

Elfter Vortrag, 2. September 1919 150

Beginn des Geographieunterrichtes mit dem 9. Lebensjahr: das Erstellen einer Karte der nächsten Umgebung zur Erweckung einer Vorstellung von den wirtschaftlichen

Zusammenhängen zwischen Naturgestaltung und menschlichen Lebensverhältnissen. – Der Übergang zu größeren Erdenverhältnissen am Beispiel der Geographie der Alpen: Die Verbindung von geographischem und mineralogischem Unterricht; die Behandlung der Vegetation, Bodenbeschaffenheit und des Sich-Hineinstellens des Menschen in seine Umgebung. Allmähliche Verbindung von Geographie und Geschichte und Behandlung der ganzen Erde um das 12. Jahr; die Kulturverhältnisse und Charakterunterschiede der Völker. – Die Pflege der Verbindung zwischen dem Leben des Kindes und dem Leben in der Welt. Das Herstellen der Einheit im Unterricht durch die Geographie. Die Konzentration des Unterrichtes durch die Behandlung des gleichen Lehrgegenstandes über lange Zeit. Der Gang vom Ganzen zum Einzelnen in Mineral- und Planzenkunde, vom Einzelnen zum Ganzen in der Tierkunde.

ZWÖLFTER VORTRAG, 3. September 1919 161

Die Bedeutung der Erziehung der unter- und unbewußten Seelenkräfte. Das allgemeine Nichtwissen der heutigen Menschheit gegenüber der aus «Menschengedanken hervorgegangenen Umgebung», insbesondere der Technik. Sicherheit des Handelns, Willens- und Entschlußfähigkeit im späteren Leben durch Aneignung elementarer Kenntnisse technischer und wirtschaftlicher Vorgänge. Die heutige Tendenz zur Spezialisierung in Unterricht und Leben im Gegensatz zum die menschliche Seele erfüllenden Einheitsideal. Die Übersättigung der 13–15jährigen mit sentimentalem Idealismus als Ursache für Materialismus im Alter. Die Pflege des Idealismus im Kinde durch die Einführung in die Praxis des Lebens; Beispiel: Buchführung und Geschäftsbriefe. Die Bedeutung der Verknüpfung der einzelnen Unterrichtsgebiete für die Entwicklung des Kindes am Beispiel des Religionsunterrichtes.

DREIZEHNTER VORTRAG, 4. September 1919 72

Die nötigen Kompromisse zwischen dem Ideallehrplan der Waldorfschule und den Lehrplänen der Außenwelt. Die Erziehung zur Greisenhaftigkeit durch zu intellektuellen Unterricht zwischem dem 7. und 12. Lebensjahr unter anderem am Beispiel der reformatorisch auftretenden Jugend. Der Lehrplan der ersten Klasse zwischen dem idealen und dem von außen verlangten: Schreiben und Lesen; die Überleitung des Dialektes in die gebildete Umgangssprache im Erzählen und Nacherzählen von Märchen und Selbsterlebtem; die Anfangsgründe der Wortlehre (Selbst- und Mitlaute, Wortarten); Willensbildung durch Malen und Zeichnen, Musik, Turnen und Eurythmie. Das «Schönschreiben». Richtig Sprechen als Vorbedingung für das Rechtschreiben. Die Belebung des Intellektuellen durch die Willens- und Gemütskräfte am Beispiel des pythagoräischen Lehrsatzes. Der Vergleich der Artikulation verschiedener Fremdsprachen im Sprachunterricht um das 13./14. Jahr.

VIERZEHNTER VORTRAG, 5. September 1919 183

Lehrpläne einst und jetzt: Das Aufsaugen der Pädagogik durch die Staatsgesetzgebung. Die drohende Tyrannis des Sozialismus auf dem Gebiete des Unterrichts-

und Erziehungswesens. Die Verwandlung der Moral in der Pädagogik zur Unterrichtspraxis in der Didaktik. Der die Phantasie ertötende heutige Anschauungsunterricht; rechte Ausbildung der Phantasiekräfte durch Unausgesprochenes. Die enge Verbindung des Kindes mit seinem Leib in den ersten Schuljahren als Grundlage für den inneren Instinkt für Ernährung und Gesundheit. Unterweisungen über Ernährung und Gesundheitspflege in den letzten Volksschuljahren; die Erzeugung von Egoismus durch spätere Beschäftigung damit. Die Durchdringung des Unterrichts mit Phantasie- und Gefühlsmäßigem. Die drei Abschnitte der Volksschulzeit: Der Weg vom Instinktiven zur Urteilskraft am Beispiel der Naturgeschichte und der Behandlung kaufmännischer Grundbegriffe.

SCHLUSSWORTE, 6. September 1919. 193

Vier Erfordernisse für das Lehrersein: Der Lehrer 1. als ein Mensch der Initiative 2. als ein Mensch mit Interesse für alles weltliche und menschliche Sein 3. als ein das Wahrhaftige anstrebender Mensch 4. als ein Mensch mit unverdorrter, frischer Seelenstimmung. – Das Wirksamwerden der im Kurs gegebenen Impulse in der Seele als Hilfe für den Unterricht. Die Bedeutung des Gelingens der Waldorfschule. Das Verbundensein geistiger Mächte des Weltlaufes mit der geistigen Bewegung der Gegenwart.

LITERATURHINWEIS

Zur Weiterführung und Vertiefung der Darstellungen des vorliegenden Bandes
sei auf folgende Ausgaben von Rudolf Steiner verwiesen:

GA = Rudolf Steiner Gesamtausgabe / TB = Rudolf Steiner Taschenbücher

Schulungskurse in drei Teilen, gehalten
anläßlich der Begründung der Freien Waldorfschule in Stuttgart

Allgemeine Menschenkunde als Grundlage der Pädagogik
Vierzehn Vorträge, Stuttgart 1919   GA 293 (TB 617)

Erziehungskunst. Methodisch-Didaktisches
Vierzehn Vorträge, Stuttgart 1919   GA 294 (TB 618)

Erziehungskunst. Seminarbesprechungen und Lehrplanvorträge
Fünfzehn Seminarbesprechungen und drei Vorträge, Stuttgart 1919

GA 295 (TB 639)

Notizbucheintragungen Rudolf Steiners
Zu den Stuttgarter Lehrerkursen 1919–1921 in der Schriftenreihe
«Beiträge zur Rudolf Steiner Gesamtausgabe»   Heft 31

Vorträge und Kurse für die Lehrer der
Freien Waldorfschule in Stuttgart

Geisteswissenschaftliche Sprachbetrachtungen Eine Anregung für Erzieher
Sechs Vorträge, Stuttgart 1919/1920   GA 299

Menschenerkenntnis und Unterrichtsgestaltung
Acht Vorträge, Stuttgart 1921   GA 302 (TB 657)

Erziehung und Unterricht aus Menschenerkenntnis
Meditativ erarbeitete Menschenkunde – Erziehungsfragen im Reifealter. Zur künstlerischen Gestaltung des Unterrichts – Anregungen zur inner-lichen Durchdringung des Lehr- und Erzieherberufes.
Neun Vorträge, Stuttgart 1920/22/23   GA 302a (Teil in TB 730)

Öffentliche Kurse und Vortragsreihen

Die Erneuerung der pädagogisch-didaktischen Kunst durch Geisteswissenschaft. Vierzehn Vorträge, Basel 1920   GA 301 (TB 708)

Die gesunde Entwickelung des Menschenwesens Eine Einführung in die anthroposophische Pädagogik und Didaktik. Sechzehn Vorträge, Dornach 1921/22.   GA 303 (TB 648)

Die geistig-seelischen Grundkräfte der Erziehungskunst. Dreizehn Vorträge und zwei Ansprachen, Oxford 1922   GA 305 (TB 604)

Die pädagogische Praxis vom Gesichtspunkte geisteswissenschaftlicher Menschenerkenntnis. Die Erziehung des Kindes und jüngeren Menschen. Acht Vorträge Dornach 1923.GA 306 (TB 702)

Gegenwärtiges Geistesleben und Erziehung. Vierzehn Vorträge, Ilkley/England 1923
GA 307

Anthroposophische Pädagogik und ihre Voraussetzungen. Fünf Vorträge, Bern 1924
GA 309

Der pädagogische Wert der Menschenerkenntnis und der Kulturwert der Pädagogik. Neun Vorträge, Arnheim 1924 GA 310

Die Kunst des Erziehens aus dem Erfassen der Menschenwesenheit. Sieben Vorträge, Torquay/England 1924 GA 311 (TB 647)

Einzelausgaben

Die pädagogische Grundlage und Zielsetzung der Waldorfschule
Drei Aufsätze 1919/1920 Best.-Nr. 5060

Die Waldorfschule und ihr Geist. Welche Gesichtspunkte liegen der Errichtung der Waldorfschule zugrunde? Best.-Nr. 5202
Drei Vorträge bei der Gründung der Freien Waldorfschule, Stuttgart 1919

Neuorientierung des Erziehungswesens im Sinne eines Freien Geisteslebens
Drei Vorträge über Volkspädagogik, Stuttgart 1919 Best.-Nr. 5411

Zeitgemäße Erziehung im Kindheits- und Jugendalter
Zwei Vorträge, London 1922 Best.-Nr. 5063

Das Tonerlebnis im Menschen. Eine Grundlage für die Pflege des musikalischen Unterrichts
Zwei Vorträge für Pädagogen, Stuttgart 1923 Best.-Nr. 5064

Schriften und Vorträge zur sozialen Frage

Die Kernpunkte der Sozialen Frage in den Lebensnotwendigkeiten der Gegenwart und Zukunft (1919) GA 23 (TB 606)

Geisteswissenschaftliche Behandlung sozialer und pädagogischer Fragen. 17 Vorträge Stuttgart 21. April bis 28. September 1919 GA 192 (TB 733)

Die Befreiung des Menschenwesens als Grundlage für eine soziale Neugestaltung. Altes Denken und neues soziales Wollen. 9 öffentliche Vorträge in Basel, Bern, Winterthur zwischen 11. März und 10. Nov. 1919 GA 329

Neugestaltung des sozialen Organismus. 14 Vorträge Stuttgart 22. April bis 30. Juli 1919
GA 330

Betriebsräte und Sozialisierung. Diskussionsabende mit den Arbeiterausschüssen der großen Betriebe Stuttgarts 1919 GA 331

RUDOLF STEINER – LEBEN UND WERK

Das Lebenswerk Rudolf Steiners ist überliefert in den geschriebenen Werken und in den Nachschriften seiner stets frei gehaltenen Vorträge. Hinzu kommen zahlreiche künstlerische Arbeiten, von denen die beiden Goetheanumbauten weltweite Beachtung gefunden haben. Seine Ausführungen über Pädagogik, Landwirtschaft, Medizin, Nationalökonomie usw. führten zur Begründung zahlreicher Einrichtungen, die als Bereicherung des öffentlichen Kulturlebens immer mehr Anerkennung finden.

Im Auftrag Rudolf Steiners hat Marie Steiner-von Sivers die Vortragsnachschriften durchgesehen und veröffentlicht. Nach ihrem Tod (1948) wurde gemäß ihren Richtlinien von der durch sie 1943 begründeten Rudolf Steiner-Nachlaßverwaltung mit der Herausgabe der Rudolf Steiner Gesamtausgabe begonnen. Diese wird etwa 350 Bände umfassen. In den beiden ersten Abteilungen erscheinen die *Schriften* und das *Vortragswerk,* in der dritten Abteilung wird das *Künstlerische Werk* in entsprechender Form wiedergegeben.

Einen systematischen Überblick über die Gesamtausgabe (GA) gibt der Band «Bibliographische Übersicht. Das literarische und künstlerische Werk von Rudolf Steiner». Über den jeweiligen Stand der erschienenen Bände orientieren die Bücherverzeichnisse und der Gesamtkatalog des Rudolf Steiner Verlages.

Chronologischer Lebensabriß

(zugleich Übersicht über die geschriebenen Werke)

1861	Am 27. Februar wird Rudolf Steiner in Kraljevec (damals Österreich-Ungarn, heute Jugoslawien) als Sohn eines Beamten der österreichischen Südbahn geboren. Seine Eltern stammen aus Niederösterreich. Er verlebt seine Kindheit und Jugend an verschiedenen Orten Österreichs.
1872	Besuch der Realschule in Wiener-Neustadt bis zum Abitur 1879.

1879-1882	Studium an der Wiener Technischen Hochschule: Mathematik und Naturwissenschaft, zugleich Literatur, Philosophie und Geschichte. Grundlegendes Goethe-Studium.
1882	Erste schriftstellerische Tätigkeit.
1882-1897	Herausgabe von Goethes Naturwissenschaftlichen Schriften in Kürschners «Deutsche National Litteratur», 5 Bände (GA 1a-e). Eine selbständige Ausgabe der Einleitungen erschien 1925 unter dem Titel *Goethes Naturwissenschaftliche Schriften* (GA 1).
1884–1890	Privatlehrer bei einer Wiener Familie.
1886	Berufung zur Mitarbeit bei der Herausgabe der großen «Sophien-Ausgabe» von Goethes Werken. *Grundlinien einer Erkenntnistheorie der Goetheschen Weltanschauung mit besonderer Rücksicht auf Schiller* (GA 2).
1888	Redakteur bei der «Deutschen Wochenschrift», Wien (Aufsätze daraus in GA 31). Vortrag im Wiener Goethe-Verein: *Goethe als Vater einer neuen Ästhetik* (in GA 30).
1890–1897	Weimar. Mitarbeit am Goethe- und Schiller-Archiv. Herausgeber von Goethes Naturwissenschaftlichen Schriften.
1891	Promotion zum Doktor der Philosophie an der Universität Rostock. 1892 erscheint die erweiterte Dissertation: *Wahrheit und Wissenschaft. Vorspiel einer «Philosophie der Freiheit»* (GA 3).
1894	*Die Philosophie der Freiheit. Grundzüge einer modernen Weltanschauung. Seelische Beobachtungsresultate nach naturwissenschaftlicher Methode* (GA 4).
1895	*Friedrich Nietzsche, ein Kämpfer gegen seine Zeit* (GA 5).
1897	*Goethes Weltanschauung* (GA 6). Übersiedlung nach Berlin. Herausgabe des «Magazin für Litteratur» und der «Dramaturgischen Blätter» zusammen mit O. E. Hartleben (Aufsätze daraus in GA 29–32). Wirksamkeit in der «Freien literarischen Gesellschaft», der «Freien dramatischen Gesellschaft», im «Giordano Bruno-Bund», im Kreis der «Kommenden» u. a.
1899–1904	Lehrtätigkeit an der von W. Liebknecht gegründeten Berliner «Arbeiter-Bildungsschule».
1900/01	*Welt- und Lebensanschauungen im 19. Jahrhundert*, 1914 erweitert zu: *Die Rätsel der Philosophie* (GA 18). Beginn der anthroposophischen Vortragstätigkeit auf Einladung der

Theosophischen Gesellschaft in Berlin. *Die Mystik im Aufgange des neuzeitlichen Geisteslebens* (GA 7).

1902–1912	Aufbau der Anthroposophie. Regelmäßig öffentliche Vortragstätigkeit in Berlin und ausgedehnte Vortragsreisen in ganz Europa. Marie von Sivers (ab 1914 Marie Steiner) wird seine ständige Mitarbeiterin.
1902	*Das Christentum als mystische Tatsache und die Mysterien des Altertums* (GA 8).
1903	Begründung und Herausgabe der Zeitschrift «Luzifer», später «*Lucifer – Gnosis*» (Aufsätze in GA 34).
1904	*Theosophie. Einführung in übersinnliche Welterkenntnis und Menschenbestimmung* (GA 9).
1904/05	*Wie erlangt man Erkenntnisse der höheren Welten?* (GA 10). *Aus der Akasha-Chronik* (GA 11). *Die Stufen der höheren Erkenntnis* (GA 12).
1910	*Die Geheimwissenschaft im Umriß* (GA 13)
1910–1913	In München werden die *Vier Mysteriendramen* (GA 14) uraufgeführt.
1911	*Die geistige Führung des Menschen und der Menschheit* (GA 15)
1912	*Anthroposophischer Seelenkalender. Wochensprüche* (in GA 40, und selbständige Ausgaben). *Ein Weg zur Selbsterkenntnis des Menschen* (GA 16).
1913	Trennung von der Theosophischen und Begründung der Anthroposophischen Gesellschaft.
	Die Schwelle der geistigen Welt (GA 17).
1913–1922	Errichtung des in Holz als Doppelkuppelbau gestalteten ersten Goetheanum in Dornach/Schweiz. Im gleichen Zeitraum entstanden in Dornach ebenfalls nach Entwürfen Rudolf Steiners mehrere Wohn- und Zweckbauten, so das Haus Duldeck, Haus de Jaager, drei Eurythmiehäuser, Heizhaus, Transformatorenhäuschen, Glashaus, Verlagshaus u. a.
1914–1923	Dornach und Berlin. In Vorträgen und Kursen in ganz Europa gibt Rudolf Steiner Anregungen für eine Erneuerung auf vielen Lebensgebieten: Kunst, Pädagogik, Naturwissenschaften, soziales Leben, Medizin, Theologie. Weiterbildung der 1912 inaugurierten neuen Bewegungskunst «Eurythmie».

1914	*Die Rätsel der Philosophie in ihrer Geschichte als Umriß dargestellt (GA 18).*
1916–1918	*Vom Menschenrätsel (GA 20). Von Seelenrätseln (GA 21). Goethes Geistesart in ihrer Offenbarung durch seinen «Faust» und durch das «Märchen von der Schlange und der Lilie» (GA 22).*
1919	Rudolf Steiner vertritt den Gedanken einer «Dreigliederung des sozialen Organismus» in Aufsätzen und Vorträgen, vor allem im süddeutschen Raum. *Die Kernpunkte der sozialen Frage in den Lebensnotwendigkeiten der Gegenwart und Zukunft (GA 23). Aufsätze über die Dreigliederung des sozialen Organismus (GA 24).* Im Herbst wird in Stuttgart die «Freie Waldorfschule» begründet, die Rudolf Steiner bis zu seinem Tode leitet.
1920	Beginnend mit dem Ersten anthroposophischen Hochschulkurs finden im noch nicht vollendeten Goetheanum fortan regelmäßig künstlerische und Vortragsveranstaltungen statt.
1921	Begründung der Wochenschrift «Das Goetheanum» mit regelmäßigen Aufsätzen und Beiträgen Rudolf Steiners (in GA 36).
1922	*Kosmologie, Religion und Philosophie (GA 25).* In der Silvesternacht 1922/23 wird der Goetheanumbau durch Brand vernichtet. Für einen neuen in Beton konzipierten Bau kann Rudolf Steiner in der Folge nur noch ein erstes Außenmodell schaffen.
1923	Unausgesetzte Vortragstätigkeit, verbunden mit Reisen. Zu Weihnachten 1923 Neubegründung der «Anthroposophischen Gesellschaft» als «Allgemeine Anthroposophische Gesellschaft» unter der Leitung Rudolf Steiners.
1923–1925	Rudolf Steiner schreibt in wöchentlichen Folgen seine unvollendet gebliebene Selbstbiographie *Mein Lebensgang (GA 28)* sowie *Anthroposophische Leitsätze (GA 26)*, und arbeitet mit Dr. Ita Wegman an dem Buch *Grundlegendes für eine Erweiterung der Heilkunst nach geisteswissenschaftlichen Erkenntnissen (GA 27).*
1924	Steigerung der Vortragstätigkeit. Daneben zahlreiche Fachkurse. Letzte Vortragsreisen in Europa. Am 28. September letzte Ansprache zu den Mitgliedern. Beginn des Krankenlagers.
1925	Am 30. März stirbt Rudolf Steiner in Dornach.

RUDOLF STEINER GESAMTAUSGABE
Überblick über das literarische und künstlerische Werk

Erste Abteilung: Die Schriften

I. Werke

Goethes Naturwissenschaftliche Schriften, eingeleitet und kommentiert von Rudolf Steiner, 5 Bände (GA 1a-e); separate Ausgabe der Einleitungen (GA 1)
Grundlinien einer Erkenntnistheorie der Goetheschen Weltanschauung (GA 2)
Wahrheit und Wissenschaft. Vorspiel einer «Philosophie der Freiheit» (GA 3)
Die Philosophie der Freiheit (GA 4)
Friedrich Nietzsche, ein Kämpfer gegen seine Zeit (GA 5)
Goethes Weltanschauung (GA 6)
Die Mystik im Aufgange des neuzeitlichen Geisteslebens und ihr Verhältnis zur modernen Weltanschauung (GA 7)
Das Christentum als mystische Tatsache u. die Mysterien des Altertums (GA 8)
Theosophie. Einführung in übersinnliche Welterkenntnis und Menschenbestimmung (GA 9)
Wie erlangt man Erkenntnisse der höheren Welten? (GA 10)
Aus der Akasha-Chronik (GA 11)
Die Stufen der höheren Erkenntnis (GA 12)
Die Geheimwissenschaft im Umriß (GA 13)
Vier Mysteriendramen: Die Pforte der Einweihung – Die Prüfung der Seele – Der Hüter der Schwelle – Der Seelen Erwachen (GA 14)
Die geistige Führung des Menschen und der Menschheit (GA 15)
Anthroposophischer Seelenkalender (in GA 40)
Ein Weg zur Selbsterkenntnis des Menschen (GA 16)
Die Schwelle der geistigen Welt (GA 17)
Die Rätsel der Philosophie in ihrer Geschichte als Umriß dargestellt (GA 18)
Vom Menschenrätsel (GA 20)
Von Seelenrätseln (GA 21)
Goethes Geistesart in ihrer Offenbarung durch seinen «Faust» und durch das «Märchen von der Schlange und der Lilie» (GA 22)
Die Kernpunkte der sozialen Frage in den Lebensnotwendigkeiten der Gegenwart und Zukunft (GA 23)
Aufsätze über die Dreigliederung des sozialen Organismus und zur Zeitlage 1915-1921 (GA 24)
Kosmologie, Religion und Philosophie (GA 25)
Anthroposophische Leitsätze (GA 26)
Grundlegendes für eine Erweiterung der Heilkunst nach geisteswissenschaftlichen Erkenntnissen. Von Dr. Rudolf Steiner und Dr. Ita Wegman (GA 27)
Mein Lebensgang (GA 28)

II. Gesammelte Aufsätze

Gesammelte Aufsätze zur Dramaturgie 1889–1900 (GA 29)

Methodische Grundlagen der Anthroposophie. Gesammelte Aufsätze zur Philosophie, Naturwissenschaft, Ästhetik und Seelenkunde 1884–1901 (GA 30)

Gesammelte Aufsätze zur Kultur- und Zeitgeschichte 1897–1901 (GA 31)

Gesammelte Aufsätze zur Literatur 1886–1902 (GA 32)

Biographien und biographische Skizzen 1894–1905 (GA 33)

Lucifer–Gnosis. Grundlegende Aufsätze zur Anthroposophie und Berichte aus den Zeitschriften «Luzifer» und «Lucifer – Gnosis» 1903–1908 (GA 34)

Philosophie und Anthroposophie. Gesammelte Aufsätze 1904–1918 (GA 35)

Der Goetheanumgedanke inmitten der Kulturkrisis der Gegenwart. Gesammelte Aufsätze aus der Wochenschrift «Das Goetheanum» 1921–1925 (GA 36)

III. Veröffentlichungen aus dem Nachlaß

Briefe – Wahrspruchworte – Bühnenbearbeitungen – Entwürfe zu den vier Mysteriendramen 1910–1913 – Anthroposophie. Ein Fragment aus dem Jahre 1910 – Gesammelte Skizzen und Fragmente – Aus Notizbüchern und -blättern (GA 38–47)

Zweite Abteilung: Das Vortragswerk

I. Öffentliche Vorträge

Die Berliner öffentlichen Vortragsreihen (Architektenhaus-Vorträge) 1903/04 bis 1917/18 (GA 51–67)

Öffentliche Vorträge, Vortragsreihen und Hochschulkurse an andern Orten Europas 1906–1924 (GA 68–84)

II. Vorträge vor Mitgliedern der Anthroposophischen Gesellschaft

Vorträge und Vortragszyklen allgemein-anthroposophischen Inhalts – Evangelien-Betrachtungen – Christologie – Geisteswissenschaftliche Menschenkunde – Kosmische und menschliche Geschichte – Die geistigen Hintergründe der sozialen Frage – Der Mensch in seinem Zusammenhang mit dem Kosmos – Karma-Betrachtungen (GA 91–244)

Vorträge und Schriften zur Geschichte der anthroposophischen Bewegung und der Anthroposophischen Gesellschaft – Veröffentlichungen zur Geschichte und aus den Inhalten der Esoterischen Schule (251–270)

III. Vorträge und Kurse zu einzelnen Lebensgebieten

Vorträge über Kunst: Allgemein-Künstlerisches – Eurythmie – Sprachgestaltung und Dramatische Kunst – Musik – Bildende Künste – Kunstgeschichte (GA 271–292)

Vorträge über Erziehung (GA 293–311)

Vorträge über Medizin (GA 312–319)

Vorträge über Naturwissenschaft (GA 320–327)

Vorträge über das soziale Leben und die Dreigliederung des sozialen Organismus (GA 328–341)

Vorträge und Kurse über christlich-religiöses Wirken (GA 342–346)

Vorträge für die Arbeiter am Goetheanumbau (GA 347–354)

Dritte Abteilung: Das künstlerische Werk

Reproduktionen und Veröffentlichungen aus dem künstlerischen Nachlaß

Originalgetreue Wiedergaben von malerischen und graphischen Entwürfen und Skizzen Rudolf Steiners in Kunstmappen, als Einzelblätter oder in Buchform:
Entwürfe für die Malerei des Ersten Goetheanum – Entwürfe für die Fenster des Ersten Goetheanum – Schulungsskizzen für Maler – Programmbilder für Eurythmie-Aufführungen – Eurythmieformen – Entwürfe zu den Eurythmiefiguren – Wandtafelzeichnungen aus dem Vortragswerk u. a.

Die Bände der Rudolf Steiner Gesamtausgabe sind innerhalb einzelner Gruppen einheitlich ausgestattet. Jeder Band ist einzeln erhältlich. Ausführliche Verzeichnisse können beim Verlag angefordert werden.